탈식민지 시대 지식인의
글 읽기와 삶 읽기 2

각자 선 자리에서

탈식민지 시대 지식인의
글 읽기와 삶 읽기 2
각자 선 자리에서

조혜정 지음

도서출판
또 하나의 문화

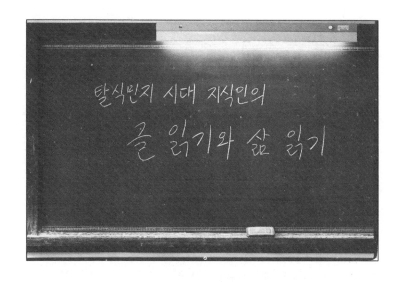

식민지성이란
자신의 문제를 풀어 갈
언어를 갖지 못한 상태를 말한다.
탈식민화란
기존의 권위적 언설을 해체하고
식민지적 상태에서 심하게 타자화된 주체를
다시 '타자'화함으로 새롭게
재구성해 가는 것이다.

책 머리에

1.

《글 읽기와 삶 읽기》 1권이 나간 후 편지나 사적 대화를 통해, 또는 〈저자와의 만남〉 등의 모임을 통해 독자들로부터 반응을 들을 기회가 있었다. 자기 고백을 강요하는 책이라며 불평하는 대학원생이 있는가 하면, 제도 교육으로 인해 망가진 자신의 모습을 보면서 국가를 상대로 고소를 하고 싶다는 대학 초년생도 있었고, 삶을 찾자는 말을 따뜻하게 풀어 주어서 고맙다는 스님도 있었으며, 자신과 똑같은 문제로 고민하는 사람을 만나 기쁘다는 교수도 적지 않았다. 그 책에서는 문제만 던져 주고 있는데 대안이 무엇이냐고 다그치는 이들도 많았다.

어쨌든지 나는 그 반응을 통해 더 이상 겉도는 말을 하고 싶지 않다는 동지들을 만나 기뻤다. 그러면서 우리 사회가 자기 이야기하는 것을 심하게 금하고 있는 사회임을 다시 한번 확인하게 되어 슬펐다. 자기 진술을 금기시하는 사회, 이야기하는 것을 회피하는 문화 속에 우리는 살고 있다. 왜 우리는 계속 기억 상실의 세상을 헤매며, 자기 성찰을 위한 말이 없는 사회에서 괴로와하고, 또 괴로와하는 것조차 잊은 채 살아가고 있는 걸까? 왜 우리는 삶을 담아내지 못하는 글을 재생산해 내는 악순환의 고리를 끊지 못하고 있는 걸까?

우리는 왜 늘 학생들에게, 아이들에게 미안해 하기만 해야 할까? 그들에게 좋은 선배와 스승을 찾아내기 힘든 사회를, 문서가 소멸되고 없는 텅 빈 도서관을 물려 준 것이 못내 부끄럽다. 두고 두고 읽힐 고전이 없으며, 손꼽아 기다렸다 사보는 학술지나 문학 잡지가 없는, 장기 공연물이 없는 사회에서 우리는 참으로 오랫동안 '기쁨' 없이 시달리며 살아왔다. 사방에서 나는 이런 척박한 사회에 대한 불만과 원망의 소리를 듣는다. 달라지고 싶어하는 사람들을 만난다. 그 동안 자기 성찰과 자기 표현을 금지당해 온 식민지 주민이었던 '나 / 우리'는 이제 타자화의 역사 속으로 들어간다. 그것을 지우기 위해 ……

2.

첫번째 책에서 나는 교육 현장을 중심으로 '식민지성'의 문제를 풀어 보았다. 교실 상황에 나타난 학생들의 모습을 '들여다봄으로' 한가닥 해결의 실마리를 찾아보려고 했던 것이다. 그리고 이 문제를 현재의 입시 위주 교육과 관련시켜 논의를 진전시켰었다. 학생들의 경직된 글 읽기, 삶을 읽어 내려 하지 않는 태도는 분명 입시 위주 교육의 산물이다. 그러나 문제의 뿌리는 실은 더 깊은 데 있다.

이 두번째 책은 교실을 벗어나 광범위한 삶의 장으로 돌아와서 쓰는 책이다. 나는 이 책에서 지식 / 권력 / 경험의 개념을 중심으로 우리 사회 전반에 드러나고 있는 '식민지성'을 풀어 보고 있다. 우리는 그래서 다양한 삶의 공간과 지나온 시간 속으로 들어간다. 내가 선 자리에서 나는 / 우리는 따로 / 또 함께 역사 속으로 들어간다. 나 / 우리의 역사성을 느껴 본다. 자신의 경험이 녹아 있는 학문을 하는 것은 가능할까? 우리는 선배 지식인들로부터 어떤 조건을 물려받았으며, 또 급격하게 변하고 있는 국내외 정세와 신세대의 대두는 그러한 조건을 변화시켜 나가는 데 어떤 의미를 지니는가? 이런 상황에서 식민지 지식인의 옷을 벗는다는 것은 무엇을 의미하며, 도대체 '지식인 사회'라는 것이 있어야 하는가?

이런 질문은 아래와 같은 또 다른 방법론적 탐구로 이어진다. 그 동안 우리 모두가 '유일하고 보편적'인 인류 발전의 틀이라고 믿어 온 거대한 담론의 그늘에서 벗어난다는 것은 어떤 상태를 말하며 어떤 방법을 통해 가능할까? 남 / 지배자의 언어에 길들여진 사람이 자신이 타자화되었음을 인식하고 극복해 가는 언어는 어떤 것일까? 지배 언술이 재생산되는 조건을 변화시키기 위한 전략은 무엇일까? '중심' 권력에 의해 조종당하지 않기 위해서는 '주변인 의식'을 날카롭게 세우고 있어야 한다는 말은 무엇을 의미할까?

나는 여기서 탈식민화의 방법론으로 지난 4－5세기 동안 '보편성'의 자리에서 군림해 온 서구를 상대화시켜 볼 것을 제안한다. '세계주의'라는 목표 아래 만들어진 그들의 역사와 그들이 만들어 낸 권위적인 언설을 해체하고, 식민지적 상태에서 심하게 '타자화'되어 버린 우리 자신을 다시 '타자화'함으로 재구성해 나갈 것을 말하고 있다. 이때 우리는 아버지 언어에서 벗어나 상대주의적 시각에서 '다름'을 포용해 가는 훈련을 해야 하며, 자기가 선 '주변'의 자리에서 역사를 기억해 내고, 자신의 일상을 이론화해 낼 수 있어야 한다.

　물론 이 제안은 지식인 사회의 물에서 상당히 긴 세월을 산 사람이, 그가 선 '자리'에서 내놓는 하나의 대안일 뿐이다. 이 책에는 체질적으로 자유로와야 하며 무정부주의자의 기질이 농후한 사람의 목소리가 담겨 있다. 체험과 말이 따로 노는 것, 말과 글이 따로 노는 것을 유난히 견디지 못하는 한 사람이 풀어 낸 이야기가 실려 있다.

　최대한 '객관적'이고자 노력한 '주관적' 산물이며, 따라서 여전히 부분적이고 제한적이다. 나는 내 자신의 특성을 숨기기보다 드러냄으로 그것이 '하나의 목소리'임을 분명히 하고자 했다. 저자는 자기가 사는 시대에 하나의 기능을 맡을 뿐이며, 내가 이 글을 쓰면서 하고자 하는 기능 중의 하나는 저자로부터 불필요한 권위를 걸어 내는 일도 포함되어 있다.

　3.

　나는 《글 읽기와 삶 읽기》 1권에서와 마찬가지로 이 책을 쓰면서도 무엇을 쓸 것인지에 관한 생각 못지않게 어떻게 쓸 것인지의 문제를 놓고 많은 시간을 보냈다. 왜냐하면 우리는 지금 '겉도는 말'과 '헛도는 삶'으로 매우 지쳐 있는 상태이기 때문이다. 그나마 힘겹게 지탱하고 있는 상태에서 더 기운을 빼는 일은 말아야 하지 않는가? 그래서 더욱 서술하는 방식과 '말투'를 놓고 씨름을 해야 했다. 형식이 내용을 한계짓는다는 말은 옳은 말이다. 원래 초고가 있던 상태였음에도 불구하고 이 두번째 책이 일 년이 지난 지금에야

출판하게 된 것은 바로 이런 글쓰기의 어려움 때문이다.

여전히 글이 모호하다고 느껴진다면 그것은 우리의 체험의 장이 다르기 때문일 것이다. 함께 생각할 여지를 두기 위해 여백이 있는 글을 쓰려고 노력했지만 충분한 여백을 남기지 못하고 말았다. 문체 역시 자신의 일부이고 보면, 구제 불가능하게 '근대'에 속하는 존재인 나의 빛깔을 감출 수가 없었다. 강한 계몽주의적 목소리에 몹시 식상해 있다는 것을 알면서도 그런 투의 말을 여전히 하고 있는 내 자신을 발견하고 스스로 지겹게 느껴질 때도 많았다.

그러나 한편, 착실한 계몽주의의 시대는 이제야 비로소 시작되고 있는 것 아닌가? 이때 우리의 계몽주의는 '진보'된 유토피아를 향한, '진보'라는 이름으로 '타자'를 경멸하고 배제하고 파괴한 제국주의적인 것이 아니라 '더불어 살아 남기 위한 것'이라는 점에서 서양의 그것과는 다르다. 가장 '계몽주의적'이어야 할 시대에 '계몽주의적 어투'에 질려 버린 우리, 이것이 우리의 역사적 비극을 단적으로 말해 주고 있지 않는가? 이럴 때 나는 문화 이론 수업 중에 한 대학원생이 표현한 대로, 패배를 예감하고도 싸움에 나서야만 하는 병사처럼 슬퍼진다.

구태여 내가 이 책을 통해서 한 작업을 규정지으라고 한다면 이 넘적으로는 페미니즘과 탈식민 담론에 참여하는 학문적 토론의 언저리에서, 학문 분과로 따진다면 반성적 기운이 일고 있는 인류학계 내의 새로운 실험적 작업의 연장선에서, 지성사적으로는 위기감이 감돌고 있는 현 인문 사회 과학계 전반에 걸친 새로운 탐색 작업의 연장선에서 이루어진 문화 비평이라고 할 수 있을 것이다. 이 책이 그 탐색의 전반적인 과정을 담고 있는 반면, 이 책과 함께 출판되는 '하노이에서 신촌까지'라는 부제가 달린 《글 읽기와 삶 읽기》3권에는 교육, 성과 사랑, 지역과 세계화, 그리고 사회 운동에 관한 각론적인 글들이 실려 있다.

4.

이 책에 읽을 거리가 있다면 그것은 이 책이 책상 앞에 붙어 앉아 독서를 한 결산물이 아니라 삐거덕거리는 삶의 소리를 들으며 수시로 쓴 메모들을 기초로 쓴 것이기 때문일 것이다. 강의를 하다가도, 신문이나 학생들이 제출한 리포트나 우연히 보게 된 전자 광고판 속에서도 나는 삶의 소리를 듣는다. 강의 준비를 채 하지 못해서 잠을 설친 아침에, 여성 운동을 하면서 생기는 문제를 놓고 친구들과 토론을 하고 온 날 밤에, 세계적으로 깔리고 있는 컴퓨터 통신망과 관련하여 우리나라가 21세기에 미아가 될지도 모른다는 이야기를 남편에게 들은 날 저녁에, 또는 언제까지 이런 식으로 학교를 다니며 기쁨 없이 살아야 하는지를 묻는 아이와 이야기를 나누다가 잠이 든 날 아침에는 어김없이 내 머리 속에 메모가 들어 있다. 밤새 누가 숙제를 한 것인가? 내 무의식이? 어떤 집착이?

나는 이 메모들을 가지고 조용한 곳에 가서 글을 썼다. 악착스럽게 한가한 시간을 마련하여, 산보를 하면서 책을 썼다. 그런 만큼 이 책은 지식으로가 아니고 깨달음으로 쓴 책이고, 독자에게도 그렇게 다가갈 수 있으면 좋겠다.

1994년 1월 신촌에서 지은이 씀

10

감사의 말

이 책이 나오기까지 구체적으로 도움을 준 이들이 많았다. 먼저, 초고를 읽고 계속 고치라고 압력을 가해 온 이들에게 감사해야 할 것 같다. 이 책이 나름대로 차분한 골격을 가지게 된 것은 바로 그들의 성화와 비판의 덕분이다. 조형은 책의 전체 포맷에 대해 의논해 주었고, 김은실은 페미니즘과 탈식민 담론 논의에서 보충해야 할 부분을 지적해 주었으며, 송도영은 민족주의 담론에서 내가 부린 억지를 지적해 주었다. 송화수는 불필요하게 현학적이거나 껄끄러운 부분을 지적해 주어 많은 도움이 되었다. 대학원 조교로 있을 때부터 내 글을 자세히 읽고 논평을 해온 김경미는 밑줄을 치고 싶어지게 하는 학습용 문체를 다 지우라고 압력을 넣었고 서론을 세 번이나 고치게 했다. 그들은 게으른 나를 가만두지 않는다.

탐구하는 맑은 눈빛으로 내게 계속 글 쓸 것을 요구해 오는 제자들, 송제숙, 최현희, 정순진, 이지연, 전일주, 홍지영 역시 일반 독자의 입장에서, 고쳐야 할 부분들을 예리하게 지적해 주었다. 92년과 93학년도에 내 강의를 들은 학부와 대학원 학생들, 〈또 하나의 문화〉 동인들, 그리고 문화 / 권력 세미나 팀에게도 감사한다. 우린 말을 통해, 표정을 통해 서로의 삶에 깊숙이 관여해 왔다. 이 책 구석구석에 담겨 있는 자신들의 목소리를 찾아내 읽으며 잠시 즐거울 수 있으면 좋겠다.

지식인의 한 전형을 가까이서 보여준 아버지와, '주변'의 자리가 바로 새로 역사가 시작되는 곳임을 일러준 어머니, 늘 토론의 장을 열어 놓고 있는 길남, 엄마의 '사유의 자유로움'을 위해서라면 언제나 불편함을 감수할 각오가 되어 있는 노자와 해원에게 사랑을 전한다. 일상의 노동을 덜어 주어 글쓰는 시간을 벌게 해주는, 종종 삶의 진리가 얼마나 가까이 있는지를 알려 주는 이소순 씨께도 감사한다.

필요한 책들을 제때 제때 보내준 박혜란, 국문학 관련 자료를 찾아준 김영민, 글을 길게 인용하게 해준 서동진 외 학생들 …… 그림과 사진을 쓰게 해준 김정헌, 박불똥, 박은국, 신학철, 황지선 선생, 그리고 태흥 영화사에 감사한다.

언제나처럼 정성스럽게 책을 만드는 〈도서출판 또 하나의 문화〉 안희옥, 유승희, 간영희, 최상남, 표지 디자인을 맡아 준 정병규 선생께도 고마움을 전한다. 끝으로 이 책을 빨리 내달라고 독촉을 한 독자들이 없었다면, 끝없이 이어질 것만 같던 작업 중에 나는 그만 손을 놓아 버렸을 것이다. 어찌 고맙다는 말 없이 넘어가랴!

차례

|

탈식민지 시대 지식인의

글 읽기와 삶 읽기 2

각자 선 자리에서

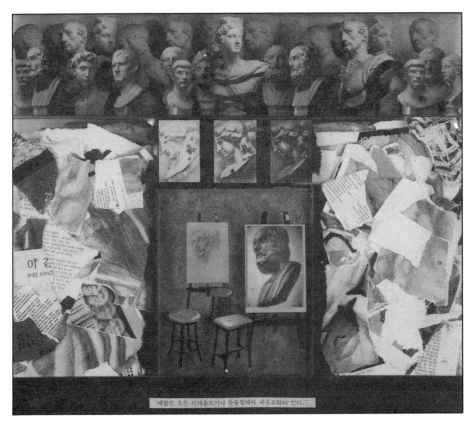

박은국, 〈미술의 출발〉, 1992

미술 교육은 서양의 고전적 인물의 석고 데생에서부터 시작되고,
석고 데생은 예술 고등학교나 미술 대학 입학 실기 시험에서 큰 비중을 차지해 왔다.
이 땅에서 미술 교육을 체계적으로 받은 이들은 따라서 우리 얼굴을 그리기 위해서는
또 한번의 고된 '탈훈련 과정'을 거쳐야만 한다.
조만간 대학 입시에서 석고 데생 부문이 빠진다는 기쁜 소식도 들린다.
탈식민를 준비하는 움직임일까, 종주국에서 일고 있는 변화를
또다시 모방하는 것에 지나지 않는 것일까?

1장 겉도는 말, 헛도는 삶

지식을 유행옷처럼 멋스럽게 걸칠 줄 아는 나는
파우스트를 멋드러지게 패러디를 해낸 움베르트 에코를 읽으며
여든살이 넘어서도 참신한 글을 써내는
레비스트로스와 갈브레이스에 관한 외신 기사를 읽으며
부러움에 젖는다.

스승이 없는 나는
문서가 소멸되는 것을 염려하지 않아도 되는 사회
역사를 쓸 계획이 없어서
구태여 기억을 할 필요가 없는 사회에 살면서
홀가분해 한다.

순발력 있는 나는
표방 가치와 실천 가치의 괴리를
갈등으로 느끼지 않으며
두 개의 언어를 가지고
두 개의 삶의 공간을 적절히 넘나들며
가끔씩 쓸쓸해 할 뿐이다.

이런 땅에서
반역을 도모한다는 것은 가능한 일일까?

식민지성에 대하여

《글 읽기와 삶 읽기》 1권에서 나는 "우리의 지식인 사회는 식민지성에 찌들어 있다. 우리는 자신의 문제를 토론할 언어를 가지고 있지 못하다"는 명제를 내걸었고, '식민지성'이라는 이름 아래 모아질 수 있는 지식인 담론의 특성을 '보편적 이론에 대한 집착,' '외부의 권위에 기댐,' '일상성으로부터 유리된 지식 생산'으로 표현하였다. 세련되고 어려운 말, 추상적 논의가 되지 못한 글에 대한 경멸감은 곧 '식민지적' 지식인이 갖는 어떤 공포와 관련이 있으며, 내적 억압에 대한 외면이라든가 '헛소리'에 대한 무감각, 또는 급진적 보상주의와 자기 분열 등의 특정한 심리적 작용도 이러한 지적 풍토와 밀접한 관련을 가지면서 우리네 삶을 헛돌게 해왔다고 말했다.

사실상 학문의 식민지성에 관한 논의는 별로 새로운 것이 아니다. 오히려 너무 많이 이야기해 와서 이제는 진부한 주제가 되어버린 감이 없지 않다. 바로 그렇게 만성화된 주제가 되어버렸기 때문에 문제를 풀어 가기가 어려워진 상태라고도 할 수 있다. 아니면 말이 너무 무성하여 그만 주눅이 들어 버린 상태인지도!

지적 사대주의와, '학문의 불모성'에 관련된 문제는 70년대부터 정치학, 철학, 문학 분야에서 자성적 논의를 불러일으켜 왔다. '무사상의 사회'[1] 또는 '표방 가치와 실천 가치의 괴리' 등의 표현으로 종종 토론을 불러일으켜 왔지만 토론이 활발하게 이어져서 학문 풍토를 바꾸기 위한 체계적인 움직임으로 발전하지는 못했다. 왜 단편적인 지적에만 그치고 말았을까?

생각을 적나라하게 표현하는 재주를 가진 김용옥은 자생력을 기를 의도가 없이 이어져 온 인문학의 풍토를 번역 작업과 관련하여 이렇게 말한 바 있다.[2]

---

1) 최정호, 1989, 〈무사상(無思想)의 사회, 그 구조와 내력〉, 《사상》, 창간호.
2) 김용옥, 1985, 《동양학 어떻게 할 것인가?》, 민음사, 40-41쪽.

"번역이란 정보의 대중화, 민중화, 즉 민주화를 뜻한다 …… 칸트의 번역은 우리말을 하는 사람이면 누구든지 칸트 철학에 같이 참여할 수 있다는 것을 전제로 한다. 칸트의 저작이 우리말로 번역되어 있지 않은 상황에서 칸트에 대하여 강의한다는 것은 칸트를 독점한 자가 그러한 능력이 없는 자들에게 칸트를 강요하는 일방적 부과에 불과하다. 이것이 바로 해방 후 오늘날까지 우리 학계를 지배해 온 주입식 교육의 정체다. 정보가 민주화되지 않은 상황에서는 그 정보를 독점한 자만이 특권을 누리게 된다. 그리고 그들은 말한다. "칸트를 알고 싶으면 나만큼 독일어를 마스터해라. 나는 이 무기를 얻기 위해 독일에서 십년이나 배를 굶주렸는데 너희들이 감히 칸트 운운해? 시건방지게 ……" …… 이런 상황에서는 수강자가 강의자의 칸트에 대한 이해의 타당성을 확인할 길이 없다. 강의자만이 절대적 권위를 가질 뿐, 진정한 의미에서의 토론은 부재하며 상호간의 자극, 발전이 없게 되고, 따라서 그러한 학계는 정체되고 마는 것이다."

외국의 지식도 〈자기〉 언어와 문화에 정통하여야만 제대로 번역이 될 수 있는데 그런 번역이 제대로 이루어지지 않았던 상황과 결과를 이 글은 잘 그려내 주고 있다. 외국에서 가져온 소화 불량 상태의 지식을 독점함으로써 권력을 얻는 식의 학문 풍토 속에서 자생력 있는 지식이 나올 것을 기대하기는 어렵다는 것이다. 실제로 식민지적 상황에서 지식은 너무나 직접적으로 권세와 관련이 되어 있었다. '진짜 학문'을 하는 바다 건너 '종주국'에 다녀온 이들이 그곳에 다녀오지 못한 동포들 앞에서 위세를 부리며 '사또 밑의 아전' 행세를 오랫동안 해온 것은 사실이다. 그들은 자신의 능력에 따라 손쉽게 사리 사욕을 채울 수도 있었다.

미처 그런 욕심을 채우지 못한 '순수한' 이들은 늘 '진짜 학문'을 하는 수평선 너머를 동경하며 헛바퀴 도는 학문을 해왔다. 오랫동안의 파리 유학 생활을 끝내고 "삶의 참맛을 포기하고 죽은 듯 살기로" 결심을 하고 귀국했다는 친구, 또 오랜 동안의 독일 유학 생활을 끝내고 오는 비행기 안에서 '인식에 바쳐진 삶'이 어떤 것인지, 언어란 것이 왜 있는지를 일깨워 준 독일어 / 독일 지성인 문화와의 결별이 서러워 몹시 울었다는 후배를 만나면서 나는 묻지 않을 수 없다. 이 땅에는 문화도, 언어도 없었단 말인가? 그리고 이들의 결심과 눈물은 이 땅에 문화를, 언어를 심는 데 어떤 거름이 되어 왔는가?

어쨌든지 우리의 인문학은 여기까지 왔다. 어디까지? 소수의 번역 전문가 집단이 해결할 수 있는 일을 많은 수의 지식인들이 들러붙어 "그 문장이, 또는 그 이론이 진짜 의미하는 것이 무엇인지" 왈가왈부하는 데 대부분의 시간을 소비하는 여기까지. '말' 없이 사는 괴로움으로 각자의 밀실에서 슬퍼 눈물을 흘리며 자폐증에 걸리는 여기까지.

베버를, 맑스를, 데리다를 그의 시대적 고민을 통해 이해한다는 것은 중요하다. 위대한 사상가를 많이, 올바르게 읽는 작업은 물론 중요하다. 그리고 남의 연구 작업을 총정리하는 것에 일생을 보내는 학자들도 물론 필요하다. 문제는 그러한 논의가 우리 지식인들의 논의에서 차지하는 비중이다. 자기 문제를 인식하고 그것을 풀어 낼 틀을 갖지 못한 상태에서의 외국 이론 읽기는 위험하다. 일상적 삶을 무시함으로 평면적 분석만 하게 되고, 자체 내 토론과 합의의 기준을 마련하지 못했기 때문에 최종 결론을 외국 이론가의 권위에 기댈 수밖에 없는 악순환이 이어진다. 그리고 우리는 계속 허망한 느낌 속에서 서로를 원망하며 살게 된다.

외국 이론에 의존하지 않는 사학이나 국문학의 경우도 이런 악순환에서 크게 벗어나 있지는 않은 것 같다. 일제 시대에 잡힌 학문적 틀에서 단절을 이루어 내지 못하고 있다는 느낌을 지우기 어렵다. 우리 자신의 시선으로 읽어 낸 현실을 토론하는 틀을 새롭게 형성해 내지 못한 상태에 있기 때문에 급변하는 현실에서 적절한 질문을 순발력 있게 물어 가지 못하고 있다. 열린 토론을 통해 변화하는 사회를 읽어 내기 위한 기본적 논의의 골격과 기준 자체를 새롭게 만들어 나갈 수 없을 때 아무리 많은 훌륭한 학자들이 노력을 기울여도 그 개별적 노력들은 간단히 식민주의적 패러다임 속에 묻혀 버린다.

일제 식민지적 자본주의화 과정에서 문학인들이 현해탄 콤플렉스에 시달렸듯이 해방 후 문학인들이 서양 콤플렉스에 시달려 왔다는 것은 우리가 잘 알고 있는 사실이다. 식민지 시대 지식인으로서 복잡한 행로를 거친 시인이자 문학 비평가인 임화는 1940년에 신문학 연구 방법론을 논하면서 다음과 같이 쓰고 있다.[3] "신문학이 서구적인 문학 '장르'(구체적으로 자유시와 현대 소설)를 채용하면서부터 형성되고, 문학사의 모든 시대가 외국 문학의 자극과 영향과 모방으로 일관되었다 하여 과언이 아닐 만큼 신문학사란 이식(移植) 문화의 역사다." 그는 이어서 "외래 문화의 수입이 우리 조선과 같이 이식 문화, 모방 문화의 길을 걷는 역사의 지방에서는 (문화의) 유산은 부정될 객체로 화하고 오히려 외래 문화가 주체적인 의미를 띠우지 않는가?"라고 물으면서 문학계가 외래 문화에 탐닉할 수밖에 없는 시대적 상황을 언급하고 있다. 근대 문학이 소개된 후 40여년이 지난 일제 말엽 당시까지 문학 이론과 비평은 일본의 그것을 민첩하게 이식하는 식으로 이루어져 왔다는 것인데, 실제로 근대 문학적 '장르'를 빌려온 이후 최근까지, 그런 경향은 크게 바뀌지 않았다. 이 땅의 문학인들이 외국 문학을 준거틀로 삼고 외국 이론과 경향을 수입하는 데 첨예한 촉각을 세우고 있었으며, 수입된 '근대적 장르'로 담아 낼 수 없는 거대한 삶의 영역을 인식의 지평에서 지워 왔다는 것은 부정하지 못할 사실이다.

자연 과학계는 어떤가? 자성적 기운이 아직 별로 없다는 점에서 보아도 식민지성의 정도가 오히려 심한 편에 속하지 않을까? 의학의 경우를 보자. 우리의 전통 의학인 한의학은 신흥 귀족들의 보약학 정도로 전락하고, 이식된 서양 근대 의학이 이제 온전하게 지배권을 장악하고 있다. 한의학은 서양 의학에 손님을 뺏긴 상태에서 명맥을 유지하느라, 오히려 학문적으로 퇴행을 하였지, 그 동안의 엄청난 사회 변화에 보조를 맞추어 스스로를 발전시켜 나가지는 못했다. 반면에 서구 편향의 의학계는 이식된 지식을 이 땅의 사람들

---

3) 1940년 1월 13–20일 《동아일보》 연재 글 〈신문학사의 방법〉 중에서 인용. 1940년 12월에 학예사에서 단행본으로 나왔음. 임화에 관한 연구로 김윤식, 1989, 《임화 연구》, 문학사상사를 참고할 것.

을 치료하기에 적절한 것으로 만들어 가려는 본격적 작업을 시작하지도 않고 있다.

'근대 의학'은 곧 서양 의학인데, 근대 의학이 이식된 100년이 지난 지금도 의사들은 아직 기록부를 영어로 쓴다. 의과 대학 교과서는 아직도 영어책 — 흥미롭게도 원서라 불리운다 — 이다. 서양에서 만들어진 책에만 의존한다는 것은 서양인의 해부도에 맞춘, 서양 사람에게 흔한 질병 위주로 공부를 한다는 것을 의미한다. 우리나라의 많은 사람들이 병원에 와서 호소하는 '화병'에 대해 이 땅의 근대 의학자들은 과연 얼마나 많이 알고 있는가?

주요한 의료 기자재는 중진국을 훨씬 넘어섰다는 지금에도 거의가 서양에서 수입해 들어온다. 능력 있는 의학자와 의사들은 서양에서 개발된 최신 장비나 기자재를 구입할 자금을 마련하고 국제 학회에 가서 귀동냥을 하느라 늘 헉헉거린다. 자체적인 연구나 장비의 개발에 투여할 여분의 경제적 정신적 힘을 좀체 모으지 못한다. 그리고 그런 면을 비판하면 이 정도로 하는 것만 해도 얼마나 힘든데 비판이나 하느냐고 분개한다. 의료 행위를 통해서 번 돈의 대부분이 식민 종주국으로부터 비싼 의료 기구를 사들이는 데 쓰이므로 우리 의료계는 늘 가난하다. 워낙 빨리 돌아가는 의학계의 지식 축적에 따라 본국에서는 이미 못쓰게 된 기구들이 비싼 가격으로 제3세계로 수출되고, 서구의 식민 모국은 이렇게 지식 이전을 통해 군림하면서 일거 양득의 성과를 얻는다는 것을 아직도 모르는 이들이 의학계에는 많다. 이 효과적인 경제 고리를 통해 식민지성은 지속된다.

소프트웨어의 경우에도 마찬가지이다. 예뻐지기 위한 성형 수술의 경우를 예를 들어 보면, 치료의 기준이 되는 성장 양상이나 통계 수치에 있어서도 그 기술을 수입해 온 사회에서 통용되는 수치를 전용함으로 전혀 '서구적' 얼굴을 갖고자 하지 않은 환자도 도리없이 그런 얼굴을 가질 수밖에 없게 되거나, 아주 균형 — 이때의 균형이 누구의 시각에서 본 균형인지는 또 다른 문제라 하더라도 — 이 깨진 얼굴을 가지게 된다. 그만큼 '이식'을 제대로 할 기초 연구를 할 생각도 못했고, 또 해오지 않은 것이다.[4] 이런 예들은 무수하게 많다. 우리의 삶을 공간적으로 구조화하는 건축학에서도, 기업과 사람을 관리하는 경영학에서도, 그 기준이 되는 공간 개념이나 사람에 대한 규정은 지금 여기에 살고 있는 우리가 아니고 우리가 가진 개념이 아니다.

물론 과학 기술계의 고충을 모르는 바 아니다. 병을 당장 고쳐야 하고 공장을 짓고 자동차를 생산해 내며 컴퓨터 통신을 깔기 위해서 지금 당장 기술을 뽑아내 와야 하는 고충을 말이다. 최소한의 '근대적인 언어'를 할 수 있어야 응용도 하고 자체 내 개발도 가능하다는 말은 십분 타당한 말이다. 그래서 어느 대학에서는 박사 학위를 받으려면 서양에서 명성이 높은 이른바 '세계적 수준'의 학술지에 논문이 실려야 한다. 이것은 학문의 수준을 서양의 수준만큼 높이고자 한다는 면에서 매우 야심적이고 효과적인 방법이다. 기술 민족주의도 그런 능력을 갖출 때 성립될 수 있다. 그런데 그런 규정이 적극적으로 자체 내 학문 공동체를 만들어 감으로써 조만간 외국 학술지 없이도 스스로 공정한 평가를 내릴 수 있는 방향으로 나아가려는 작업과 병행되지 않을 때는 오히려 역작용을 한다.

따라서 '주체적' 학문을 한다는 것은 매우 어렵고 복잡한 문제이다. 그러나 여느 유기체와 마찬가지로 조직도 자생력을 길러 가는 것을 그 첫번째 과제로 삼아야 한다. 아예 자생력을 포기하거나 억제해 버리는 일은 없는지 되물어 가야 한다는 것이다. 그런 면에서 식민지성을 벗어나고자 하는 학문계는 국외의 수준을 익히면서 동시에 국내에 수준 높은 학술지를 만들고자 하는 노력을 병행해 가야 하는 것이며, 이때 중요한 것은 서구인들이 묻는 질문의 틀을 벗어날 수 있는 상상력과 자신들 내부 성원들에 대한 애정과 신뢰이다. 그래서 우리 삶에 필요한 '중간 수준의 기술'이나 우리 사회에 맞는 '과학하기'에 대한 질문을 던져야 하는 것이다.

식민지적 근대화가 초래한 가장 심각한 병폐는 물질주의에 치우치는 세계관과 과학 기술주의임을 우리는 이미 잘 알고 있다. 이것

---

4) 이런 문제는 연세대 치과 대학 김진 교수와의 대화를 통해 알게 된 것이다.

은 문화 / 삶의 영역의 상실을 뜻한다. 경제적이고 정치적인 것, 그리고 과학 기술의 힘이 문화를 결정짓는다는 식의 과학 기술주의는 식민지적 이식 자본주의 시대를 살아온 엘리트들이 가장 열렬히 신봉해 온 종교이며, 아직도 많은 제3세계 엘리트들은 문화적 능력이나 자기 성찰 능력에 대한 감이 없다. '과학성' '객관성'에 대한 맹신에서 헤어나지 못하고 있다.

'우리 것'이 밀려난 상황은 물론 학문 분야에서만 나타나는 것이 아니다. 미술이나 연극이나 무용 등 표현 분야에서도 그대로 나타난다. 나는 집에 무용을 하는 아이가 있어서 무용계를 관찰할 기회를 자주 갖게 되는데, 이 아이는 무용을 배우는 것이 아니라 기술자가 되어가고 있다. 무용은 몸으로 자신을 표현하는 것이고, 따라서 몸으로 하는 언어를 많이 알아야 자기에게 맞는 것을 찾아낼 수 있다. 그래서 나는 어릴 때부터 아이가 발레로부터 리듬 체조에 이르기까지 기회만 있으면 다양한 모든 표현법을 익힐 수 있게 도와왔다. 그러는 내게 한 무용 선생이 염려스러운 듯 말했다. 딴 것을 하면 나쁜 버릇이 들 가능성이 높으니 때묻지 않게 딴 것을 시키지 말라는 것이다. 특히 발레는 그렇다고 힘주어 말하였다. 맞는 말인지 모른다. 서구 중세와 근대 초기에 형성된 '무용의 정형'을 재현해 내는 것이 목표라면 그 당시 도제와 장인처럼 한 사람의 것만을 배우고 모방해야 하는지도 모르겠다. 특히 '몸'을 잘 만들어야 한다는 말을 하는데, 전문적인 기계 같은 몸을 만드는 것이 그때의 목표였다면 그래야 할 것이다. 물론 그때의 몸은 대영 제국의 또는 볼쇼이 발레단의 〈백조의 호수〉에 나오는 주인공의 몸이 기준일 것이고, 그의 몸짓이 표준일 것이다. 그러나 우리는 곧 기계적인 몸짓에 진력이 날 것이고 어느 표준형보다 '표준형'인 인조 인간을 곧 만들어 낼 수 있게 될지도 모른다. 기계적인 몸을 만든 다음에 무슨 몸으로 하고 싶은 말을 할 것인가? '소 잃고 외양간 고치는 일'이 이곳 저곳에서 일어날까 염려스럽다.

최근에 프랑스에서 온 한 무용 선생이 특강을 하였는데, 요즘 그곳에서는 전혀 다른 식으로 '몸'을 만들어 가고 있다고 했다. 긴장의 언어가 아닌, 풀어 주는 언어를 할 수 있는 몸을 만들어 가고 있다는 것이다. 그 선생은 레슨을 시작하면서 "이 무용실에서는 무거운 것은 없습니다. 가벼워야 합니다. 넘어진다 생각하고 잔뜩 긴장했다가 넘어지고, 일어난다고 또 힘주어 일어나지 않습니다. 그냥 자연스럽게 넘어지면 자연스럽게 일어나지는 겁니다. 몸 어디 한 군데에만 중심을 잡으면 되지요. 그 나머지는 모두 자유롭게, 편안하게 아메바처럼 움직이면 됩니다." 이 무용 선생은 하루를 가르치고는 이곳의 무용수들은 무겁기가 그지 없다면서, 그런 무용을 힘들어서 누가 보러 오겠냐고 말했다. 근대 초기에는 정제된 인형 같은 춤을, 후기에는 인간의 소외를 다루는 심각한 현대 춤이 서양에서 유행했다. 이것을 식민지 무용가들이 흉내내어 왔고, 그 과정에서 긴장과 기술과 '무거움'만 남은 것이 아닌지 모르겠다. 이제 '무용의 원산지'에서는 혁명이 일어나 '가벼움'의 원리로 '몸'을 다시 만들고 있다는데, '무거움'과 '가벼움'의 틈바구니에 낀 예비 무용수들은 자기 표현은커녕 갈피를 잡지 못한 채 방황하는 것이 애처롭다.

식민지적 모방이 가장 첨예하게 드러나는 부분은 아마도 대중 매체 영역일 것이다. 일제 식민 지배의 홍보 수단으로 시작된 신문 매체와 라디오 방송, 미국이 세계 시장을 겨냥해 생산해 낸 극영화와 텔레비전 방송, 그리고 최근에는 일본 방송의 포맷을 그대로 모방해 생산해 내는 제작에 이르기까지 우리의 틀로 담아 내는 인기있는 프로그램은 별로 없다. 최근 들어서서 신세대 영상 문법을 만들어 가는 뮤직 비디오 상품을 포함한 비디오 산업과 여러 개의 위성 방송 채널을 통해서 우리는 더욱 머리 속을 외부에서 온 것들로 가득 채우고 있다.

간혹 아주 독창적이라고 만들어 내는 것도 거의가 서구나 일본에서 만든 것들과 별로 차별성이 없다. 어차피 '창조'의 시대는 지났고, 이제 '모방의 시대'가 아닌가? 빨리 모방해서 우리 것으로 만들면 되지 않느냐는 말을 많이 듣는다. 이제 모방할 나라는 무수하게 많아 더 이상 한 나라에 매이지 않아도 되니 더욱 마음을 놓아도 된다고 말하는 이도 있다. 어린이 프로그램은 미국의 〈세서미 스트리트〉에서 따오고, 퀴즈 프로그램과 신세대 연속극의 포맷은 일본에서, 정치 풍자 시사 인형극은 유럽에서 유행하는 것을 베낀다고 한다. 그 속에 우리 내용을 잘 담아 내면 되는데 "뭐가 문제인가?"라고들 반문한다. 아무리 정신을 차려도 이 변화의 속도 아래서는 서구인들까지도 도리없이 예측 불가능한 시대임을 인정하는 판인데, 어차피 '혼성 모방'의 시대인데, 순발력이 가장 중요한 것이라고 말하기도 한다. 선택의 여지가 높아졌고, 지금은 무엇을 모방할 것인지 선택을 잘하면 되지, 독창성에 대해 고민할 때가 아니라는 것이다. 역시 수긍가는 데가 없지 않다.

그러면 달리 생각해 보자. 제작진들은 우리 것이건 남의 것이건 따지기 이전에 좋은 프로그램을 만들기 위한 시간과 재력을 가지고 있는가? 이들은 좋은 작품을 낼 경황을 마련할 수 없다고 이구 동성으로 말한다. 적당히 포장해 내기에도 충분히 바쁘다는 것이다. 이미 익어 버린 입맛에 맞는 것이나 골라 보는 시청자들이나 그 '구미'에 맞추어 프로를 만드는 제작진들이나 별 불만들이 없다. 이들은 자신들이 새로움을 만들어 내는 주체라고 감히 생각을 하지도 못하고, 더 심각한 것은 그런 조건을 요구하고 만들어 낼 결심도 하지 못한다. 그만큼 생존의 차원에서 늘 위기 상태에 있다고 느끼고 있으며, 따라서 실은 '모방'도 제대로 해내지 못한다.

식민지 지식인은 식민 종주국에서 만들어진 지식이 현실과 맞지 않는다고 해서 수정할 근거도, 필요성도 느끼지 않으며 또 그럴 능력도 없으므로 아예 그가 선호하는 어떤 절대적인 틀을 정해 놓고 그 속에서 소비자가 되어버린다. 그 틀 안에서 자신들의 위치를 굳혀 가는 길을 찾는 데에만 급급하다. 식민 종주국에서 지식인은 지식의 소비자이자 생산자이지만 식민지의 지식인은 오로지 소비자일 수밖에 없으며, 자신이 여러모로 값을 치르고 산 지식을 가능한 한 비싼 값으로 팔고자 할 뿐이다.

식민지적 문화에 젖은 '지식인'은 머리도, 감성도 식민지화되어 버려서 외국에서 새로 나온 패션을 곧바로 자기에게 어울리게 입듯이, 새 이론을 금방 근사하게 자기 것으로 치장해 내는 뛰어난 능력을 가진다. 그의 '수준 높은' 감각은 '수준 낮은' 자생적 예술품에 혐오감을 갖게 하며, 자생적 이론을 거들떠 보지도 않게 한다. 같은 내용의 말을 들었더라도 자기 나라 학자들이 한 말은 인용하지 않고, 외국의 석학이 쓴 책만 인용한다.

물론 그들에게는 스승이 없다. 지식이 축적되지 않는 것과 관련하여 나는 항상 스승의 문제를 생각해 보곤 한다. '학파는 없고 당파만 있는 학문계'라는 자체 진단을 우리는 스스로 해왔다. 이 땅에 중요한 자리를 차지하고 있는 많은 지식인들은 아직도 유학파이고, 또 그들이 외국 이론에 매달리는 만큼 그들이 떠받치는 학자는 이 땅의 학자가 아니다. 그들은 '진짜 스승'이 없거나 있더라도 외국에 있으며, 이곳에 있는 스승은 다른 용도로 필요하다. 이들은 설날에 '스승'에게 세배를 드리러 가고 인간적 충성을 수시로 확인해 가면서 사회적으로 안정된 연줄 결속망에 들어간다. 이 땅의 스승은 학문적 영감을 주는 존재라기보다 기득권층에 속하기 위해 필요한 연줄로서의 의미가 더 큰 것이다.

각론은 없는데 총론만 되풀이 외치는 구호적인 사회, 거창한 이론과 전문 용어는 누구보다 잘 외우고 있으면서 막상 자신의 이야기는 할 줄 모르는 이들이 큰 목소리를 내는 세상, '지식 수입상'이 성업 중인 사회에서는 특권층으로서의 엘리트나, 책 속에 빠져서 소일하는 '학자'는 있을지 몰라도 지식인이 나오기는 힘들다.

그러면 자기 이야기를 하는 이들은 없는가? 아니면 자기 이야기들은 전혀 하지 않고 사는가? 실은 우리처럼 자기 이야기를 많이 하는 이들도 드물 것이다. 사적이고 비공식적인 자리에서 우리는 매우 활발하게 자기 이야기를 한다. 그런 이야기의 극단적인 장면은 여자 동창생들이 모인 계모임에서 찾아볼 수 있다. 이들은 모두 '자기 이야기'를 하기에 바쁘다. 여성학자 구훈모 씨의 말처럼 계모임에 가면 30대에는 '남편 자랑'을 하면서 자기 이야기를 하고, 40대가 되면 '남편 욕'을 하느라 신명이 나고, 50대가 되면 대학에 간 '아이들 욕'을 하느라 정신이 없다고 한다. 이들은 삶과 분리된 말은 하지 않는다.

그런데 이 이야기들은 너무 직설적이고 감정적이어서 자기 성찰적인 지혜로 이어지기에 거리가 있다. 이야기가 아니라 푸념이고 넋두리고 아우성이다. 통성 기도가 있는 교회를 여성들이 많이 찾듯이 이들이 동창끼리 모여서 하는 이야기들은 통성 기도와 같은 것이다. 이들은 가슴에 꽉 막혀 있는 것을 마구 풀어 내고는 자리에서 일어나 집으로 간다. 지혜를 모을 장이 없으므로 이들은 자신의 좁은 체험으로 모든 것을 단번에 일반화하는 경향도 강하게 보인다. 텔레비전은 이러한 직선적인 자아를 형성하는 데 큰 몫을 담당해 왔고, 거대한 '획일적이고 봉건적인 자아'에게 끊임없이 개성이 있는 것 같다는 착각과 자신감을 불어넣어 주어 왔다. 대중주의, 포퓰리즘은 이렇게 자기 성찰적 언어가 없는 상황에서 거대하게 일어나고, 우리는 텔리비전 덕분에 이제 현대 사회에 대해 모르는 것이 없는 박식하고 고집 센 부모님들을 모시게 되었다.

다시 글을 읽지 않고는 살지 못하는 우리에게로 돌아와 보자. 자기 분열에 너무 익숙해진 나머지 괴로와하지도 않는 우리의 모습을 들여다보자. 식민지적 학문 세계에 안주하고, 식민지적 생활을 누리면서 더 이상 갈등을 느끼지 않게 된 우리, 우리가 사용하고 있는 학문적 용어가 삶과는 전혀 유리된 것이어도 무리없이 그것을 재생산해 내는 일을 계속하지는 않는가? "자기 삶을 들여다보지 않아도 되는 인문학이 있다는 것은 얼마나 다행한 일인가? 자기 성찰을 위한 언어가 없는 것은 얼마나 편한가? 이 복잡한 세상을 어떻게 다 생각을 하면서 살아간단 말인가? 기계적으로 사는 것이 편하다"라면서 때로 우리는 행복해 하기까지 한다. 그런 와중에 '인식'과 삶을 일치시켜 가려는 사람들은 돌팔매를 맞고 죽어 가거나 숨을 쉬지 못해 이 땅을 떠나거나, 타협한다. 타협한 이들은 자신이 포기한 것을 합리화하기 위해 모두 다같이 타협을 해야 한다고 주장하며 거대한 압력 집단이 되어 타인의 삶을 짓누른다. 말은 계속 겉돌고, 삶은 헛돈다.

이쯤해서 독자는 식상하기 시작할 것이다. 그리고 중얼거리고 있을 것이다. 그런 식으로 보기로 마음 먹으면 식민지성이 아닌 것이 어디 있을까? 그러나 생각해 보라. 지금은 우리나라에서 만든 자동차를 가지고 싶어 안달을 하는 사람들이 세계에 숱하게 널려 있고 이문열의 중편 《금시조》는 프랑스어로 번역되어 까다롭기로 이름난 프랑스 독서계에서 인기를 끌고 있다지 않은가? 윤동주 시인이

르네 마그리뜨, 〈연인〉, 1928

Self-Portrait

Yoon Dong-Ju

Turning around the curve of a hill,
I walk alone to the well beside a paddy,
And look inside quietly.

Inside the well, the moon is fair,
The clouds are floating in the clear sky,
And the cool autumn breeze is blowing;

And there is a man looking at me —
I turn away, not wanting to see him.

While I walk, I feel sorry for him;
I go back — to see him still there.

I turn away from him again;
As I walk, I start missing him.

Inside the well, the moon lies fair,
The clouds are sailing in the open sky,
And the blue wind of autumn is blowing;

And there is a man — like memory.

식민지 지식인으로서 자신을 연민으로 바라보며 쓴 '자화상'이라는 시가 영어로 번역[5]되어 미국 고등학교에서 애송되고 있다지 않는가? 또 우리 텔레비전 연속극 〈당신이 그리워질 때〉가 로스엔젤레스에서 선풍을 일으키고 있다지 않는가? 교포 2세들을 위해 자막을 달게 되었는데, 영어로 나가게 되자 그냥 우연히 보게 된 일반 시청자들도 즐겨 보게 되었다고 하지 않는가? 가정의 가치를 중시해 온 우리 문화가 만들어 낸 드라마가 인간이 원자화되어 버린 이 시대의 지구인에게 무엇인가 중요한 발언을 할 수 있다는 것을 보여주는 한 좋은 예가 아닌가? 세상은 바야흐로 상호 의존성의 시대로 들어섰다. 우리의 의존성만을 부각하면서 자괴감에 빠지지는 말자. 독자는 이렇게 말하고 싶어할 것이다.

맞는 말이다. 우리는 이제 단순한 지배 ― 피지배의 관계를 이야기하기에는 너무나 복합적으로 얽혀 있는 세상에 살고 있다. 탈식민화를 위한 시각과 전략은 그런 면에서 수동적이고 대응적이기보다는 적극적이고 창의적일 필요가 있다. 식민지 이전의 자국 문화와 언어를 다시 회복해서 '본래'의 자기로 돌아가야 한다는 등의 국수주의적 태도로는 문제를 풀어 가지 못한다. 탈식민화를 위한 현실적 전략은 지금까지 진행되어 온 거대한 근대화의 물결을 인정하는 데서부터 시작된다.

이 문제를 본격적으로 다룬 바 있는 김성곤은 〈탈식민주의 시대의 문화〉라는 글에서 "탈식민주의는 비단 식민지 시대뿐 아니라 독립을 한 후에도 계속 남아 파괴적인 영향력을 행사하고 있는 식민지의 잔재를 탐색해서, 그것들의 정체를 밝혀 내고 그것들에 대항하자는 인식에 근거하고 있다"고 말하고 있다.[6] 식민지 지배 체제에서 정치적으로 독립을 이루어 낸 후에도 계속 그 사회가 주체적이지 못하고 있는 근거를 밝혀 내고 그것에 대항하자는 인식인데, 그것은 가시적인 억압보다 불가시적 억압 구조를 다루며 직접적인

5) Yoon Dong-Ju, 1989, "Self-Portrait", in *The Wind and the Waves: Four Modern Korean Poets* trans. by Sung-il Lee, Berkeley: Asian Humanities Press, p.62.

6) 김성곤, 1992, 〈탈식민주의 시대의 문화〉, 《외국 문학》 31호, 14쪽.

해방과는 차이를 보이는 상징적인 식민성을 다루게 된다. 특히 현재와 같은 문화적 합병 상태에서는 다문화적 현실을 직시하는 데서부터 방법이 나와야 한다는 것이다. 그것은 서구 중심적인 메트로폴리탄 권력과 그들이 만들어 낸 경전적 지배 문화를 폐지하고, 주변에서 중심의 언어를 전유해서 삶을 재구성하는 것을 의미한다. 그런 면에서 탈식민화의 작업은 매우 복합적일 수밖에 없으며 과거의 담론과 근원적인 단절을 이루어 내는 어떤 것일 수밖에 없다.

책의 구성에 대하여

탈식민화를 위한 논의는 사실상 우리에게 그리 새로운 것이 아니다. 이제까지 민족주의론이나 맑스주의에서 구식민지, 신식민지, 제국주의, 천민 자본주의, 신식민지 국가 독점 자본주의 등의 단어로 이 문제는 많이 논의되어 온 편이다. 내가 여기서 펼쳐 보이고자 하는 탈식민화 논의가 이전의 것과 다른 것은 그 이전의 논의가 여전히 서구 중심적 틀 안에 머물고 있었다는 인식에서 비롯된다. 여기서 나는 지식과 권력에 대한 이해를 보다 충실히 해야 함을 강조하고 있다. 예를 들어 피식민지 상황의 민족 해방론은 식민 종주국에서 배운 이성과 진보의 개념을 그대로 깔고 있으며, 맑스주의적 담론 역시 단선 진화론에 근거한 생산 양식의 '보편성'을 고집함으로 식민지적 상황의 특수성을 읽어 내는 데 한계를 드러내고 있다. 민족 해방주의자들의 논의는 서구가 '근대화 / 제국주의화' 과정을 통해 심어 놓은 언어를 통해 논할 수 있는 것만 논하고 있는 경향을 보이고 있다는 것이다. 여기서 우리는 그 동안의 민족 주체성의 논의가 "스스로가 위치해 있는 언술의 조건을 변화시키는 데 실패하여 자기들이 제외하려고 하는 바로 그 제국주의적 권력에 의해 조종되는 언술에 은밀히 또는 직접적으로 참여하게 된다"는 빌 아셔로프드의 말을 음미해 볼 필요성을 느낀다.[7]

---

7) Bill Ashoroft et al, 1989, *The Empire Writes Back: Theory and Practice in Post Colonial Literature*, London: Routledge, 김성곤, 같은 책, 16쪽에서 재인용.

몇 세기에 걸쳐 다져진 서구적 지배로부터의 해방은 그리 간단히 이루어지는 것이 아니다. 타자화의 역사는 우리가 생각하는 것보다 더욱 깊이 우리를 타자화시켜 놓았으며, 그 사실을 알게 되었다고 해서 새로운 역사가 이루어지지는 않는다. 인식은 시작에 불과하며 이로부터 스스로를 탈프로그램화하는 작업이 시작되어야 하는 것이다. 식민지적 지배 상황의 안도 아니고 바깥도 아닌 지점에서 자신의 역사를 새롭게 만들어 가야 한다는 것이다.

이 책에서 나는 탈식민화를 '식민지적 근대성'에서 '대안적 근대성'으로 가는 여정으로 보고 이 과정을 세 단계로 나누어 서술하고 있는데, 이 과정은 실은 어느 억압된 주체든 해방을 원할 때 거치게 되는 일반적 과정이다. 예를 들어 흑인들의 노예 해방이나 여성 해방 운동의 경우를 보자. 자신들의 억압적 현실을 바꾸어 가고자 할 때 그들은 먼저 자신이 억압당하고 있는 존재임을 인식해야 한다. 우선 자신이 피해를 받고 세뇌당한 소수 집단임을 인식하고 남의 언어를 사용하면서 자신의 삶을 인식해야 하는 '타자화된 존재'라는 깨달음이 있어야 한다는 것이다. 이런 자각이 생기면 그는 더 이상 백인이, 또는 남자가 정상적 표준이며, 더 능력 있고 도덕적으로 우월하며 사회적으로 필요한 존재라는 시각에서 자신을 바라보지 않게 된다.

두번째로 그들은 자신을 억압하는 지배 구조를 거리를 두고 상대화시켜 볼 수 있어야 한다. 거리를 두지 못할 때 그들의 갖가지 피나는 투쟁은 그 지배 구조 속에 말려들어 버리기 때문이다. '보편성'을 주장하는 지배 담론에서 벗어나서, 지배하는 상대방과 자신을 객관적으로 바라보는 작업이 중요해진다는 것이다. 이것은 이들이 세번째로 해내야 하는 작업, 곧 피해 의식을 넘어서서 문화적 자생력을 길러 가는 작업으로 이어진다.

자신들이 진정 주체자로 서고자 한다면 이들은 가슴 속에서 일어나는 분노와 연민의 감정을 어루만지고, 머리 속에서만 이루어지는 분석의 수준을 넘어서서 자신들의 일상적인 삶의 문제를 풀어 갈 언어와 감성을 새롭게 만들어 가야 하는 것이다. 아직 채 손상되지 않은 모습을 함께 드러내며 억압 기재를 교란시키면서 자신들이 새롭게 써갈 역사의 거점을 마련해야 하는 것이다. 개인 속에 있는 역사를 읽어 내며, 그래서 공식 역사가 아닌, 기억 속에 남은 파편들로 역사를 다시 쓰는 작업이 이루어져야 한다는 것이다. 자신의 타자화된 과정을 거슬러 가보면서 억압을 드러내고 고발하는 것, 억압자의 후광을 벗겨 내고 '지배자 아버지'의 언어에서 벗어나는 것, 그리고는 자신의 현재를 낯설게 바라보며 자신이 선 자리가 어디인지를 알아내는 것은 지금의 소외적 상황에서 벗어나는 데 필수적인 작업이다.

내가 우리 사회의 식민지성과 내 속의 식민지성을 인식하기까지에는 사실상 오랜 시간이 걸렸다. 이 책에서 다루고 있는 문제 의식은 민족 문제에 대한 자각에서 싹튼 것이 아니라 오히려 여성 문제에 대한 인식에서부터 싹튼 것이다. 여성 문제에 관심을 가지게 되면서 나는 소수의 '중심'에 있는 남성들이 자신의 한정된 경험을 토대로 '모든 사람들'의 삶을 규정하고, 모든 사람들을 위한 '유일한 처방'을 제시하며, 주변의 목소리를 억압하고 있다는 것을 알게 되었다. 여성들이 주변화되어 있다는 사실, 그리고 그들의 주변화는 자신의 삶을 이야기하고, 그 삶을 자신의 욕구에 맞추어 변화시켜 가게 하는 언어의 부재와 맞닿아 있다는 것도 알게 되었다. 민족 문제와 여성 문제를 풀어 가는 방법론은, 그러므로 같은 것이며, '지식인'의 범주에 드는 내가 해야 할 중요한 작업은 바로 각자가 자신의 자리에서 열심히 언어를 되찾는 작업을 시작해야 한다는 것임을 깨달은 것도 이러한 여성 '주체'로 서가는 인식의 과정에서이다.

이 책에서 나는 내가 선 자리를 계속 드러내 보이고 있다. 세 가지 이유에서 그런 방법을 의도적으로 쓰고 있는데, 하나는 내가 쓰는 언어의 의미와 맥락을 드러내 보임으로 오해를 줄이기 위해서이고, 두번째는 이야기에 구체성을 더함으로써 자칫 추상으로 뜨기 쉬운 논의를 끌어내리기 위해서이다. 성급하게 일반화하려는 버릇을 고치고, 지식이 지나친 권력을 갖는 것을 막기 위해서라는 것이다. '내가 선 자리'를 분명히 한다면 독자 편에서도 내가 하는 말을 '총체적인 진리'로 받아들일 위험성은 줄어들 것이고, 거리를 두고 그 말을 들을 수 있을 것이다. 세번째로 나는 나 자신이 처한 '주변적' 자리를 계속 드러냄으로 글쓰기란 결국 기존 체제에 틈새를 내는 것이며, 이론은 개인적 삶의 자리에서 만들어진다는 사실을 강조하고자 하였다.

여기서 내놓는 대안이 나만의 독창적인 작업의 결산물은 물론 아니다. 우리 세대의 많은 지식인들이 그렇듯이 나의 본격적인 독서는 슈바이처와 페스탈로치의 전기를 읽으면서 시작되었고, 지금도 내가 하고 있는 고민 중 상당 부분은 서양에서 들여온 책을 통해 풀리거나 정리가 되곤 한다. 나는 다행히도 더 이상 서양의 최신 정보에 뒤질 것이 두려워 책을 읽지는 않지만, 내 관심사를 다룬 책이 나오면 아주 빨리 그 책을 입수해서 읽어야만 직성이 풀리는 버릇을 여전히 가지고 있다. 나는 여전히 서양책에서 많은 것을 배운다.

내가 하고 있는 고민을 잘 풀어 낸 서구 이론가의 글을 보면 매우 반가운 마음이 들면서 "내가 그를 모방하나, 그가 나를 모방하나?" 하는 생각도 은연중에 하게 되는데, 실은 그가 나를 모방했을 리가 없다. 종주국에서 내 글이 번역된 적이 없으므로 내 오리지널리티는 어차피 모방으로 치부될 운명에 있다. 탈식민화를 이야기하는 마당에 이런 밀접한 상호 작용 ─ 실은 그들이 내 글을 읽지 않으므로 일방적 통행이다 ─ 이 문제가 되지 않을 수 없지만 바로 그 어려운 균형을 잡아가는 것이 탈식민화 작업이라고 나는 생각한다.

내가 이 책의 본문을 이중 텍스트로 구성한 것은 바로 이 딜레마를 풀기 위해서였다. 하고 싶은 논의들을 정리하다 보면 내가 하는 논의의 상당 부분이 이미 서양에서 이야기되었거나 한창 이야기되고 있는 것임을 알게 된다. 글을 쓰다 보면 내 이야기와 서구 이론가들의 이야기가 마구 섞이면서 내가 주석을 달고 있다는 생각이 들기도 한다. 내가 쓴 비슷한 내용의 글을 미리 읽은 학생들 중에서 탈식민화를 한다면서 여전히 서양의 논의가 중심이 되고 있지 않느냐고 빈정거린 학생이 있었다. 사실상 서구의 학문적 권위에 기대는 풍토에서 살아온 우리는 그 동안 자기 스스로 생각해 낸 것도 서양 이론을 찾아가면서 그 틀에 맞추고 인용을 하여 글의 '권위'

를 높이려 하기도 했었다. 그런 일을 해본 적이 있는 나로서는 이번에는 아예 서양의 것을 읽지 않은 것처럼, 인용구를 없애 버리고 내이야기, 우리 이야기만을 써볼까 하는 생각을 하기도 했다. 그러면 아주 '주체적'인 인상을 줄 것이고, 글의 내용과 형식과 스타일이 일치될 것이 아닌가?

그러나 여전히 그런 속임수는 별로 도움이 될 것 같지 않았다. 이 책에서 나는 서양에서 일고 있는 페미니즘과 탈식민주의, 그리고 탈근대적 담론을 많이 빌려 쓰고 있다. 물론 그때 내가 서양의 것을 차용하는 것은 그들의 이론을 충실히 이해하고 소개하기 위해서가 아니라 우리 삶을 이해하는 도구로서이다. 나는 서양 이야기를 내가 고민하고 있는 문제를 풀기 위해 필요한 부분만 골라서, 제멋대로, '영감'을 얻는 식으로 읽는다.

예를 들어 내가 서구의 '탈근대론'을 활용하는 것은 우리가 탈근대적 시기에 들어갔는지를 알기 위해서가 아니라, 서구가 자신들의 '근대'를 논의하는 언어의 지평을 알기 위해서이다. 이 작업을 통해 우리는 서구를 이해함과 동시에 그 동안 우리 삶을 무겁게 눌러온 '근대'를 거리를 두고 보는 데 도움을 받을 수 있다. 또한 서구에서 논의되고 있는 '가공할 현실 앞에서 무력해진 포스트 모던' 현상을 다루는 위기 담론은 현재 우리의 '뿌리 뽑힌 상황'을 이해하는 데도 도움이 된다. 자신의 삶과 분리된 기호에 중독됨, 일상 문화와 자주 관리 능력을 잃음, 집단적 정신 분열과 주체의 붕괴, 이런 징후는 실상 식민지 사회에서는 오래 전부터 너무나 익숙하고 널리 퍼져 있는 징후들이다. 후기 구조주의자인 라캉은 지금 후기 산업 사회적인 시대에는 "나는 생각한다. 고로 존재한다"는 데카르트적 명제가 성립되지 않는다면서 "내가 생각하는 곳에서 나는 존재하지 않고 내가 존재하지 않는 곳에서 나는 생각한다"는 새 문구를 내놓고 있는데, 사유와 존재의 이러한 분리는 실은 식민지 지식인들이, 또는 여성들이 오래 전부터 뼈저리게 느껴 온 자기 인식의 한 형태인 것이다. 포스트 모더니즘에서 이야기하는 '불연속적 자아'라는 것도 '봉건'과 '근대'와 '탈근대'적 상황을 한꺼번에 소화해 내야 하는 제3세계 주민의 실존을 가장 잘 표현해 낸 개념일 수 있다. 제3세계 근대화는 "세계사적으로 보면 이미 탈근대의 시작이 었다"는 표현은 매우 함축적인 뜻을 담고 있다.[8] 그런 면에서 나는 지금 리얼리즘과 모더니즘과 포스트 모더니즘과 소셜리즘과 페미 니즘과 포스트 콜로니얼리즘을 모두 수용한다.

서구적 담론에서 벗어나자고 하면서 서구적 담론에 크게 의존하고 있는 문제를 해결하기 위해 궁리 끝에 나온 것이 서양의 논의를 각주 격의 텍스트로 처리하는 것이었다. 우리 상황에 대한 논의는 본문에서 이어지고, 본문과 관계된, 서구에서 이루어지고 있는 일반 이론적인 논의는 각장이 끝난 후에 작은 글씨로 다음 장에 정리해서 실었다. 본문을 읽어서 이해가 가면 각주 자리에 있는 텍스트는 건너뛰어도 좋을 것이다. 구체적이거나 체험적인 언어에 익숙하지 않다면 조금은 이론적인 용어로 채워진 뒷글을 읽는 것이 도움이 되겠지만 그 내용은 앞의 내용을 이론적 용어로 정리했을 뿐이니까 — 그것도 내 식대로 — 중복되는 부분이 많다는 것을 알아 두는 것이 좋겠다.

책의 내용은 대략 다음과 같이 전개된다. 서장에서 이어지는 2장 〈식민지사, 그 타자화된 역사〉에서는 우리 사회가 실제로 경험한 근대 식민지사, 특히 교육 영역 등에서 이루어진 지식을 통한 지배 양상을 새롭게 정리해 본 부분이다. '자기 소외' 내지 '기억 상실' 적인 타자화의 과정으로서의 역사를 써본 것은 현재 지식인의 삶의 조건이 지금과 같은 상태에 있게 된 데는 그만한 역사적 배경이 있다는 점을 강조하기 위해서였다. 이 장에서는 일제 강점기와 미국의 신식민지적 지배 상태를 거쳐 오면서 지식인들이 '개혁과 자주'를 내세우면서 실제로는 어떤 식으로 또 얼마나 스스로를 의식적으로 / 무의식적으로 타자화시켜 왔는지, 그리고 그러한 지적 전통에서 우리는 얼마나 벗어나 있는지를 거듭 묻는다.

2장의 각주 자리에서 펼쳐지는 논의에서는 파농과 사이드 이후에 이루어지고 있는 탈식민 담론을 통해 '지식 / 권력 그리고 역사'에 대한 보다 깊은 통찰력을 가져 보려고 하였다. 식민 지배 기간을

---

8) 김찬호·오태민 외, 1993, 《여백의 질서》, 도서출판 일굼, 471쪽.

통해 이미 식민 지배국의 문화가 식민지의 삶을 규정해 버린 이후에는 영토와 주권이 회복되었다 하더라도 일그러진 삶은 지속된다. 이럴 때 종주국의 언어를 가장 잘 익힌 지식인들은 기회주의자가 되기 십상이며, 겉도는 말을 재생산해 내는 데 앞장을 서게 될 위험성도 매우 높다. 기억 상실증에서 깨어나 정체성을 회복하려면 매우 새로운 방법이 모색되지 않으면 안된다.

3장 본문에서는 현재 위기 상황을 두고 일고 있는 담론을 분석하면서 우리 자신의 모습을 거리를 두고 보려 하였다. 서구의 제국주의화 과정과 만나는 우리의 역사적 과정을 '식민지적 근대성'이라는 단어로 풀어 보고, 항상 '위기'라는 극화된 상황에서 살아온 삶을 들여다본다. 서구 중심적 근대화 과정을 특수하게 보게 되는 '시선'은 타자화되어 온 자신을 재발견하는 '시선'을 의미한다. 무조건 억압당하고 짓밟히며 타자화된 존재로서의 우리가 아니라, 타자화된 표면 아래서 꿈틀거려 왔던 존재로서의 우리를 '대안적 근대성'이라는 주제 아래 살려내려는 것이다. 여기서는 우리의 역사만이 아니라 일본의 근대화와 근대 식민지사에서 각광을 받아온 베트남의 역사와 그 외 많은 나라의 역사적 경험을 비교 문화적으로 알아 갈 필요가 있다. 이 장에선 실재하는 다중적인 모순을 다룰 수 있는 현실 감각과 자기 성찰력을 회복하는 것이 중요하다는 논의를 끌어내고자 했다.

3장 각주의 자리에 실린 논의는 서구에서 일고 있는 '근대성' 논의를 정리한 것으로, 이를 통해 그 동안 '보편자'로 군림해 온 서구를 고유 명사로 읽어내 보려고 했다. '서양 바로 알기'는 우리 자신을 알아 가기 위해 꼭 해내야 하는 작업이다. 유일한 '보편자'로 군림해 온 서양을 하나의 특수한 역사성을 가진 사회로 이해해 내는 작업은 비서구 사회가 이루어 내야 할 탈식민화를 위한 전초 작업에 해당한다. 서구 특유의 '진보'에 대한 개념이나 기독교적 전통에 바탕을 둔 고백과 '말'을 하는 '주체'에 대한 개념, 그리고 그런 서구 문명이 이루어 낸 근대화의 내용과 형식에 대한 이해가 필요하고, 동시에 서구 역사 안에 나타나는 다양성을 알아 가는 작업이 필요하다. 서구 역사를 재편집하고 재구성해 보자는 것인데, 다행히 서구 문명을 새롭게 보려는 움직임이 마침 서구 내에서 일고 있어서 그 부분을 정리했다. 서구 지식인들이 자기들을 기억해 가는 과정을 살펴보고 자신들의 사회에 새로운 활력을 불어넣으려는 움직임들을 통해 기억 상실증에 덜 걸려 있는 상태에 대해서, 그리고 '근대화'에 대해서 또 앞으로 세계화된 세상에서 '지구촌' 주민으로서 산다는 것에 대해서 생각해 보고자 한다.

4장과 5장에서는 개인적 경험을 통해서 식민지적 지식인의 자리 찾기와 문화적 잠재성을 기르는 문제를 다루고 있다. 나의 '주변인'으로서의 자각에서 시작하여, 장기판을 바꾸어 가는 대안을 '일상성'과 '주변성'의 회복이라는 주제로 풀고 있는데, 이것은 나 자신이 유학 생활과 그 이후의 여러 가지 활동을 하면서 깨쳐 가는 과정적 서술이기도 하다. 총론이 아닌 각론을 통해 나는 경험과 유리된 지식을 재생산해 내는 데 길들여졌던 주변부가 자신들의 타자화된 모습을 발견하고 바로 그 지점에서 새롭게 기억을 해내고 새 언어를 만들어 가는 것을 이야기하고자 했다. 일상적 삶을 발견한다는 것과 '주변인 의식'을 날카롭게 세우고 바로 자신이 선 자리에서 문화 만들기를 해가는 것이 어떻게 가능한지, 문화적 자생력을 기르고자 하는 주체자로서의 '의지'와, 새로운 준거 집단을 만들어 가는 것이 얼마나 중요한지를 드러내 보이고자 했다.

결론 부분에 해당되는 6장에서는 자신의 '역사성'을 되찾기 위한 글쓰기에 대해 쓰고 있다. 헛구역질이 아닌 입덧의 언어를 가지기 위해서 대화의 중요성을 다시 느끼게 되는 것, 그리고 자신의 삶의 조건을 스스로 통제해 나가려는 노력을 시작하는 것이 무엇보다 중요하다고 나는 말하고 있다. 그 동안 우리들이 보여 온, 언어가 가진 힘에 대한 과소 평가와 대화에 대한 불신은 역사적 과정 가운데서 충분히 나옴직한 것들이다. 그러나 지금은 상황이 많이 변했다. 이제 상황에 따라 흔들리는 기회주의적 자세도, 입력된 대로 생각하는 습관도 버려야 할 때이다. 자신의 '주체성'을, 자신의 삶의 양식을 적극적으로 만들어 감으로써 '자신을 시작으로' 다양한 소리, 새 언어를 만들어 가야 할 때이다.

식민지 주민들은 자기 성찰과 자기 사랑을 금지당한 사람들이다.

탈식민화를 원하는 지금 우리는 우리 자신에게 거울을 들이대고 스스로를 비추어 본다. 외면하고 싶지만 들여다본다. 그리고 서로에게 기대면서 새롭게 태어난다. 체험이 담긴 언어, 기억을 나누기, 이런 일을 착수하자고 나는 마지막 장에서 독자를 '꼬시고 있다.'

본문에서 계속 강조해 온 역사성의 깊이와 끊임없이 적극적으로 재구성해 나가야 할 '주체'에 대한 감을 잡는 데 도움이 될 것 같아서 탈식민화의 가능성을 보이는 영화 〈서편제〉에 관한 비평문을 부록으로 싣는다. 민족주의 담론은 이제 더 이상 권위주의적이어서도, 본질주의적이어서도 안된다. 서로 다른 전제를 가진 집단들이 공존하는 사회에 대한 새로운 그림을 그려 가는 것, 공존하는 법을 터득해 가는 것, 소외의 상태를 벗어나 다들 스스로 자기 말을 하면서 즐거워지는 것, 이런 것들이 실은 탈식민화를, '지방'과 '중앙'의 알력을, 남녀 사이의 갈등과 계급 갈등을, 그리고 세대 사이의 '분단'과 지역 '분단'과 남북 '분단'의 문제를 풀어 가는 지름길이다. ■

2장 식민지사, 그 타자의 얼굴

지금은 남의 땅 — 빼앗긴 들에도 봄은 오는가?

나는 온몸에 햇살을 받고
푸른 하늘 푸른 들이 맞붙은 곳으로
가름마 같은 논길을 따라 꿈속을 가듯 걸어만 간다.

입술을 다문 하늘아 들아
내 맘에는 나 혼자 온 것 같지를 않구나
네가 끄을었느냐 누가 부르더냐 답답워라 말을 해다오.

바람은 네 귀에 속삭이며
한 자욱도 섰지 마라 옷자락을 흔들고
종다리는 울타리 너머 아가씨같이 구름 뒤에서 반갑다 웃네.

고맙게 잘 자란 보리밭아
간밤 자정이 넘어 내리던 고운 비로
너는 삼단 같은 머리를 감았구나. 내 머리조차 가뿐하다.

혼자라도 갑부게나 가자
마른 논을 안고 도는 착한 도랑이
젖먹이 달래는 노래를 하고 제 혼자 어깨춤만 추고 가네.

나비 제비야 깝치지 마라.
맨드라미 들마꽃에도 인사를 해야지
아주까리 기름을 바른 이가 지심매던 그들이라 다 보고 싶다.

김정헌, 〈땅을 지키는 사람들 2〉, 1992

내 손에 호미를 쥐어다오
살찐 젖가슴 같은 부드러운 이 흙을
팔목이 시도록 매고 좋은 땀조차 흘리고 싶다.

강가에 나온 아이와 같이
짬도 모르고 끝도 없이 닫는 내 혼아
무엇을 찾느냐 어디로 가느냐 우스웁다 답을 하려무나.

나는 온몸에 풋내를 띠고
푸른 웃음 푸른 설움이 어우러진 사이로
다리를 절며 하루를 걷는다 아마도 봄 신령이 잡혔나보다

그러나 지금은 — 들을 빼앗겨 봄조차 빼앗기겠네.

— 이상화, 〈빼앗긴 들에도 봄은 오는가〉

이제 우리들의 역사가 좀더 나은 방향으로 나아가리라는 희망적 전망을 깔고 우리 삶에 드리워진 그늘을 살펴보도록 하자. 17세기 이후에 이루어진 서구 중심의 근대화는 '진보'라는 이름으로 비서구 사회에 속하는 모든 존재를 '타자'의 범주에 넣고 대상화하기 시작했다. 근대화는 서구의 '문명인'들이 '미개한' 비서구인들을 경멸하고 배제하며 그 문화를 파괴하는 과정이었다는 고백은 이제 서구 사회 지식인들에게는 진부한 것이 되어버렸다. 그들은 "우리 선택된 기독교인 백인들은 문명화의 임무를 맡고 있다"는 자만에 찬 선언이 어떻게 야만과 원시, 아메리칸 인디언과 흑인과 식인종을 문명인들로부터 가려내고, '여자'라는 범주의 존재들에 대한 많은 상투적인 이미지들을 생산해 냈는지를 이야기한다. 또 그 와중에 전세계가 얼마나 급속하게 '백인의 평화'와 '백인의 죽음'에 통합되어 갔는지를 말하는 책들이 쏟아져 나오고 있다. '저들'은 이제 지구에 살아 남기 위해 모두가 심각한 자기 성찰을 하지 않으면 안된다고 힘주어 말하고 있다.

비서구인들이 '백인의 평화'에 통합되어 가는 동안, 피식민지 주민들이 반역을 꿈꾸지 않은 것은 아니었다. 그러나 피식민지 상황에서 일었던 민족 해방 운동은 매우 감정적이거나, 식민 종주국에서 배운 이성과 진보의 개념을 그대로 깔고 있었고, 그 이후의 민족 해방과 민중 해방의 담론 역시 단선 진화론에 근거한 역사 진행의 '보편성'을 고집하면서 식민지적 상황이 지닌 다양한 모순들을 읽어 내는 데 한계를 드러냈다. 중앙과 주변의 구도를 그대로 둔 상태에서의 자아 성찰 작업은 다분히 식민 지배 권력의 틀 속에 가두어진 언설을 재생산해낼 뿐이었던 것이다. 우리 자신들은 우리가 생각하는 것보다 더욱 깊이 남의 언어에 길들여져 있었다.

갑오 경장과 갑오 농민 전쟁이 일어난 지 100년이 지난 지금 신문에서는 〈근대 100년〉을 다루는 특집을 수시로 만들어 내고 있다. 〈개혁 — 자주의 대립 한 세기〉라는 글에서 역사학자 이기백 씨는 격변기 속의 100년을 바라보는 기본적 관점을 다음과 같이 정리해 보이고 있다.[1] 길지만 인용해 본다.

---

1) 《동아일보》, 1994년 1월 1일.

"우리의 근대사는 어떠한 관점에서 보아야 이를 올바로 이해할 수가 있는 것일까? 나는 다음과 같은 두 관점이 필요하다고 생각하고 있다.

그 첫째는 낡은 양반 사회의 신분 질서를 뜯어고쳐서 모든 민족 구성원이 평등의 원칙 아래 자유를 누리며 역사에 참여할 수 있는 사회를 건설해 나간다는 사회 개혁 의지가 어떻게 나타났는가를 살펴보는 것이다 …… 그리고 둘째는 이러한 내적인 정상적 역사 발전을 저해하는 밖으로부터의 힘에 대하여 어떻게 대응하였나 하는 점을 살펴보는 것이다. 우리의 개혁이 때로는 주위 열강과의 관련 속에서 진행되기도 하였는데, 거기에는 그들 열강의 침략적 목적이 숨어 있었던 것이다. 그러므로 개혁 운동은 자주적인 입장에서 이루어져야만 했던 것이다. 이 둘째 관점은 실은 원칙적으로는 부수적인 것에 지나지 않지만, 만일 독립을 잃는다면 개혁은 결국 무의미한 것이 되고 말기 때문에 근본적인 문제와 떨어져서 생각할 수가 없는 것이다.

나는 이 두 관점은 우리의 근대사를 이해하는 두 기둥이라고 믿고 있다. 우리의 희망적인 견지에서 말한다면 이 두 입장은 당연히 올바르게 결합하여서 우리의 근대사를 바람직스러운 방향으로 이끌어 갔어야 했던 것이다 …… 그런데 실제로는 그렇지가 못하여서 이 두 입장은 묘하게 얽히어 우리의 근대사가 매우 복잡한 양상을 띠도록 만들었다.

가령 사회 개혁 세력은 종종 침략자들과 결탁하는가 하면, 반면에 침략자에 반항하는 자주 세력은 종종 사회 개혁을 반대하여 왔던 것이다 …… 그렇기 때문에 어느 구체적 사실에 대한 역사적 평가도 두 입장의 어느 편을 더 중요시 하느냐에 따라서 극단적인 의견의 대립까지 생기게 된다 …… 지금으로부터 1백여 년 전에 우리 민족에게 제시되었던 두 입장은 아직도 원만하게 해결되지 못한 실정이라고 할 수가 있다."

이 글이 1994년 설날에 일간 신문에 실렸다는 점에 주목하자. 위의 글은 우리 민족이 강요된 근대화의 길에 들어서서 지금까지 '개혁'과 '자주'라는 두 핵심적 과제를 두고 고심해 왔지만 성공적으로 그 과업을 수행해 오지 못했음을 말하고 있다. 동아시아 3국을 비교해 볼 때, 19세기 서구 열강의 공세 속에서 일본은 명치 유신을 통하여 '자주'를 위해 단합을 함으로써 정치적 속국이 되는 위기를 모면하였고, 그 이후 적극적으로 자체 내 '개혁'을 추진해 갔다. 중국은 손문을 중심으로 한 개혁파가 삼민주의를 주창하면서 근대 국가 형성을 이루어 넴으로써 나름대로 개혁 작업을 추진할 정통성과 정당성을 가진 지도부를 갖게 된다.

우리의 경우 역시 이러한 방향으로의 이행이 불가능한 것은 아니었을 것이다. 실학파들로부터 이어져 온 근대 개혁 정신이나, 개화파 지도자나, 민중적 개혁 세력인 동학 세력이 조금만 더 강하고 국제적 현실 인식을 위한 경험을 가질 수 있었더라면 우리 근대사의 향방은 매우 달라졌을 것이다. 그러나 불행하게도 그 어느 것도 '근대'의 충격을 막아 내는 중심 세력으로 성장하지 못하였고, 결국 식민지적 경험을 피할 수 없게 되었다. 우리의 식민지적 근대사는 이렇게 내부의 개혁 중심 세력을 제대로 형성해 가지 못한 때부터 복잡하게 꼬여 가고 있었던 것이다.

내 이야기가 식민사관에서 말하는 내용과 같다든가, 고등학교 때 교과서에서 배운 것과 똑같다고 지겨워하지 말기 바란다. 내가 이 논의를 민족성 논의와 연결시키지 않는다는 점에서, 그리고 우리의 상황이 상당히 나아졌다는 면에서 이 주제는 새롭게 제기되어야 할 주제이다.

나는 우리 근대사가 실패한 상당 부분을 역사를 읽어 내는 작업을 제대로 해내지 못한 지식인들의 탓이라고 보고, 여기서 그 특정 집단이 처해 있던 삶의 조건과 언어에 대해 구체적으로 살펴보고자 한다. 특히 자신이 아닌, 외부에 있는 보다 강한 '초자아'의 시선으로 사물과 자신을 규정하며, 그의 언어로 자신의 삶을 풀어감으로 스스로를 삶의 현장에서 소외시켜 온 '죄'에 대해서, 그런 '죄'를 계속 지을 수밖에 없었던, 또는 더 이상 짓지 않아도 될 복합적 상황에 대해서 생각해 보려고 한다. 역사 시험 준비를 하느라고 그 동안 수십 번 외운 내용이기 때문에 다 알고 있는 것처럼 생각이 들겠지만, 바로 그렇기 때문에 더욱 피상적으로만 알고 있을 위험성이 없지 않다는 점을 염두에 두고, 이제 우리 선배들이 걸어온 길, 자신을 표현하고 이론화할 언어를 잃고 방황해 온 그들의 상황을 따라가 보자. 사회 개혁과 자주를 위한 언설의 내용을 분석하자는 것이 아니라 주도적으로 언설을 만들어 갔던 지식인들이 처해 있었던 자리, 그들이 만들어 낸 언설이 차지하는 비중을 거대한 변동의 흐름 속에서 한번 생각해 보자는 것이다.

거듭 말하지만, 여기서 우리가 문제 삼는 현상은 '서구적 주체'를 내면화시켜 가는 '타자화'의 과정이다. '타자화'된다는 것은 외부에 있는 '초자아'에 기대어 자신을 인식하고 그것에 기대어 힘을 얻는 것을 의미하며, 그로 인해 자신의 삶을 소홀히 하고 하찮게 여기는 것을 뜻한다. 사실상 진리 탐구를 지상의 목표로 삼는 지식인들은 남모르는 진리를 깨달은 '초자아'의 권위에 기꺼이 복종할 준비가 되어 있다. 우리는 항상 진리에 대한 경외감과 겸손함을 가진다. 문제는 그 진리가 역사성을 가졌다는 인식을 하고 있는지, 그래서 그 진리를 자신이 살고 있는 상황에 맞게 새롭게 해석해 갈 수 있는 능력을 가졌는지에 있다. 이 차원에서 지식인론을 펼치자면, 우리는 근대 이전 선배 지식인들에 대한 논의를 잠시 하고 지나가야 할 것 같다.

조선 시대의 엘리트와 문자주의

처음 우리 지식인계가 이론에 집착하고 현실을 외면하는 식민지성을 강하게 지니고 있다고 느꼈을 때, 나는 한자 문화권에 집착한 조선 시대의 선비상을 떠올렸다. 이런 연상을 하는 나를 두고, 일제가 조작해 낸 '식민사관'에 찌들어 있다면서 한 선배는 나를 비난했다. 그러한 연상은 우리가 일제 강점기를 거치며 얻게 된 자기 비하의 논리에서 나온 것일 가능성이 다분히 있다. 그런 면에서 이 논의에 일제 식민지 시대 이전을 포함시켜 우리 자신을 비하시키는 것은 그리 편안한 일은 아닐지 모른다. 지금 우리 역사학계에서는 근대사의 많은 부정적 현상을 일제 식민지 시대의 소산으로 파악하고자 하기 때문에, 그 이전에 우리 속에 식민적인 성향이 있었다는 식의 주장을 그리 반기지는 않을 것이다. 그럼에도 불구하고 나는 조선조 당시의 식자층 문화에 대해서 언급할 필요성을 느낀다. 실제로 지금의 우리를 규정지은 것이 일제 시대라고 말한다면 그것이야말로 비참한 일이라는 생각을 한다. 우리는 전혀 능동적으로 움직이지 않는 존재란 말인가?

조선조 역사의 특성이라고 전해진 '사색 당쟁'이라든가 '비현실적 선비상'은 실제이기보다는 일제 역사가들이 조선 지배층의 무능을 강조하기 위해 부각한 것임에는 틀림이 없다. 그러나 당시 지배층의 상당수가 한자 문화권에 심취해 있었고, 언문을 경시했다는 것 역시 사실이다. 농경적 봉건 국가 체제에서 이런 일은 특이한 일이 아니다. 서양 중세의 엘리트들 역시 어려운 라틴어를 사용하느라고 일생을 보냈고, 중화 중심의 많은 주변국들에서도 양상은 조금씩 달랐지만 그러했다. 따라서 조선 시대 엘리트들의 '중화' — 그때는 한 나라로서의 중국이 아니다 — 에 대한 의존성은 근대 국민 국가 시대에 들어서서 엘리트들이 식민 종주국의 언어를 모방한 것과는 질적으로 다른 면이 있고, 그 결과도 상당히 다르다고 보아야 할 것이다. 그렇다고 해도 조선 후기 혼란기에 지배층 지식인들이 매우 분열적이었고 현실적인 개혁 세력으로서 역할을 다하지 못한 것은 사실이다. 특히 '중심'인 중화에서 나오는 것을 열렬하게 답습해 온 당시 엘리트들의 사대주의적 태도가 급격한 근대화 과정에서 단절됨이 없이 이어져 왔을 것이라면 더욱이 이 부분을 간과해서는 안된다. 지식인 '언어'에 관한 한 일제 식민지 시대 이전부터 소외 현상이 있어 왔고, 여기서 우리가 알아 내야 하는 부분은 바로 그런 '주변국'으로서의 학문 습득 성향이 지금까지 변하지 않고 이어져 왔는지 또는 단절되고 변형된 형태로 이어져 오고 있는지에 대한 것이다.

명 나라가 망하자 조선조 선비들이 스스로를 '소중화(小中華)'라고 불렀다는 것을 우리는 학생 시절에 배웠다. 지금도 지방에 가면 비석에 명 나라가 망한 이후에도 계속 대명(大明) 연호를 쓴 연대기를 찾아볼 수 있다. 우리는 대한 제국 이후에 와서야 '만세'를 불렀지 그 전까지는 중국이 '만세'를 부르고, 우리는 '천세'를 불렀다는 말도 들어 왔다. 근대 이전 우리 역사는 한(漢)족이 중심이 된 국제 질서 속에 이루어져 왔으며, 그 중화 질서 속에서 우리는 동쪽에 있는 이민족 '동이(東夷)'로 상당히 자족해 있었다. 조선조 지식인들은 덕치주의를 내세운 중화적 세계 질서 속에서 가장 도덕적이기를 원했고, 가장 유학을 숭상하는 '나라'를 만들고자 했다. 그래서 한족이 세운 명 나라가 만주족에 의해 망하자 '비문명적 금수'에게 중심을 이전할 바에 스스로가 중심이 되어야겠다고 생각을 하여, '소중화(小中華)'로 자처했던 것이다.

지금도 지방에 가면 비석에 명 나라가 망한 후에도 계속 대명 연호를 쓴 연대기를 찾아볼 수 있다.

선조 지식인들의 이러한 제스처는 한반도의 지리적 위치와 당시의 중화 중심적 국제 정치를 고려한다면 어쩌면 매우 영리한 움직임이었을지도 모른다. 그러나 이것은 기득권층을 위한 체제 유지 차원에서 영리한 움직임이었지, 긴 역사적 과정으로 볼 때는 반드시 그런 것도 아니었다. 여기서 조선 왕조가 3백 년만 유지되고, 18세기 경에 새 왕조가 들어섰다면 우리 역사는 한결 나아졌으리라는 상상을 해보는 것도 도움이 될 것이다. 그러나 그런 일은 일어나지 않았고 '중화'를 '초자아'로 삼은 사대부들의 지배는 계속되었다. 이들은 자생적 학문 체계의 생성을 막는 거대한 세력이었다. 주제 넘지만 역사적 상상력을 펼쳐 보자.

명 나라를 업고 무력으로 역성 혁명을 이룬 이성계는 '유교적 덕치주의의 실현'이라는 명분에서 그 정통성을 찾으려 했다. 유학자들은 그 이전의 왕조에서도 엘리트의 역할을 하였지만 조선조에 들어오면 명실공히 유일한 엘리트 집단으로 부상한다. 이들 유학자들에게 중화는 우주적 / 문화적 중심이며, 그 '중심'의 논리로 때로는 왕권까지도 흔들 수 있었다. 유학은 그들의 신성 불가침의 경전이자 권력의 기반이 된다.

이를 좀더 자세히 풀어 보면, 조선조의 정치적 특성은 왕권과 신권 사이의 세력 균형에서 찾아졌는데, 이때 신하들이 왕권을 견제하고자 할 때 사용한 무기는 다름 아니라 유가적 원리였다. 한문에 능하고 유가적 원리에 밝을수록 권력을 가질 수 있었던 것이다. 외국의 텍스트를 절대화하는 경향은 조선 후기로 갈수록 강하게 지식인 사회에 팽배해 갔다. 세종 때 우리말을 그대로 옮겨 쓸 수 있는 한글이 만들어졌어도 엘리트들은 그것을 못 본 체했다. 한문을 쓰는 방식에서도 '우리말화'하는 노력을 덜 기울였다고 한다.[2] 실학파를 중심으로 한 세력이 토착적 학문 체계를 세워 보려고 노력한 시기가 없었던 것은 아니나, 그 세력은 언제나 지배 엘리트의 세력에 비해 너무나 미약하여 역사에 분기점을 마련하지 못했다. 조선 후기의 지배 엘리트란 바로 '입신 출세'하여 가문에 영광을 돌리는 것을 목표로 하면서, 그 목표를 달성하기 위해서 일생을 '고전' 읽기에 바친 사람들이었을 것이다. 중세적 질서에서 종주국의 위치와 의미는 근대적 질서에서의 그것과 분명히 큰 차이를 보이지만, 눈앞의 현실을 외면하고 내부의 자생적 논의를 경시하여 자생적인 지식 축적 작업을 소홀히 한다는 점에서는 식민지적 성향을 안고 있었던 것이다.

단적으로 말하면 조선조 중기 이후에 이미 '이론과 현실이 따로 노는' 학문 전통이 상당히 굳게 자리를 잡았던 것이며, 이것은 '문자 근본주의적 전통'을 낳았다. 최원식은 이런 성향을 "변방적 성격에서 말미암은 극단적 경향"이라고 표현하고 있다.[3] '정통'과 '이단'을 가리고 조금이라도 정통에서 이탈하면 '사문 난적'으로 몰아 박멸적 태도를 취하는 편협한 이데올로기 독재에의 강렬한 유혹!"이라면서 그는 이런 성향이 지금까지 지식인계에 이어져 오고

---

2) 김용옥은 전통적으로 우리 글이 우리의 삶을 잘 표현해 내는 글이 아니었음을 '한문의 자기말화'의 측면에서 풀어 낸 바 있다. 그는 일본인들이 한문을 의미로 풀어 읽어 냄으로써 (훈독 訓讀) 자신의 생활 속에서 문자를 적극적으로 활용해 간 반면 조선조 지식인들은 한문을 소리로만 읽어 냄으로써 (음독 音讀) 문자를 생활화하는 데 상당한 한계를 안게 되었음을 지적하고 있다. 김용옥, 1985, 《동양학, 어떻게 할 것인가?》, 민음사, 32-36쪽.

3) 최원식, 1993, 〈탈냉전 시대와 동아시아적 시각의 모색〉, 《창작과 비평》, 21(1), 206쪽.

있음을 지적한다.

앞에서 언급한 대로 이런 성향은 교황 중심의 서양 중세 질서에서도 마찬가지로 나타났다. 성직자들은 라틴어로 성경을 읽고 그것에 주석을 다느라고 일생을 보냈고, 성서의 문자적 해석을 놓고 정치적 암투를 계속했다. 그런 만큼 현실을 보지 않았다. 그런데 서양은 그런 중세적 지적 전통을 르네상스와 새 시민 / 상인 계급의 부상, 그리고 민중 혁명과 산업 혁명을 통해서 청산을 하게 된다. 반면에 입신 출세를 지상의 과제로 삼으며 외국에서 온 서적 읽기에 몰두해 온 이 땅의 지식인들의 삶을 뒤바꿀 별다른 사건은 없었다. 오히려 급격한 혼란기를 맞으면서 지식인들의 언어는 더욱 실제 삶과 동떨어져 나갔고, 더욱 이중성을 드러내게 된다. 한글과 한문의 이분화는 글자와 말의 분리로, 언어와 삶의 분리로, 사적 생활과 공적 생활의 분리 현상을 초래했는데, 이런 분리는 본격적인 식민지 시대에 들어서면서 극복되기보다 심화되는 방향으로 나아갔을 것이다. 중세적 사대주의 엘리트 문화가 미처 청산될 시간도 없이 제국주의적 침입과 식민지적 근대화의 물결이 들이쳤고, 급격한 사회적 변동 과정에 새로운 '근대적' 지식인 집단이 새로운 옷을 갈아입고 출현하게 된다.

이제 일제 식민지 지식인들이 형성되고 또 재생산되는 모습을 식민지 교육과 문화 산업을 중심으로 살펴보자. 이런 이야기가 듣기에 거북살스럽고 지겹더라도 장을 건너뛰지 말고 계속 읽어 주기 바란다. 글쓰는 이 역시 참을성을 가지고 쓰고 있다는 것을 생각해서라도 ……

일제 식민지 시대

서유럽 제국들의 자본주의적 팽창에 의해 만들어진 세계의 '근대화'는 세계 지도를 완전히 새로 그렸다. 국경이 새로 만들어지고, 소규모 부족 사회 주민이 일시에 근대 국가의 국민이 되었으며, 생계 유지 경제 체제의 주민이 일시에 현금 작물을 기르는 자본제적 경제 체제 속에 편입되고, 부족의 공동체적 삶은 일시에 무너졌다.

동구라파 몰락 직후
헝가리 부다페스트 여행자들을 위한 관광지에서
이런 엽서들이 판매되고 있다.
위: Eperjesi Ágnes 사진, 1989
가운데: Déri Miklós, 〈레닌그라드 1990〉, 1990
아래: Várnagy Timbor 그림, 1989

새 '지도'가 만들어진 것과
마찬가지로 '근대'를 통해
새 '역사'가 만들어졌고,
새로운 '주체'가
모든 다른 작은 '주체'들을
몰아내고 유일한 '인간적 존재'의
모습으로 군림하게 되었다.

새 '지도'가 만들어진 것과 마찬가지로 새 '역사'가 만들어졌고, 새로운 '주체'가 모든 다른 작은 '주체'들을 몰아내고 유일한 '인간적 존재'의 모습으로 군림하게 되었다. 이 근대화가 가져온 충격적 파장을 인도계 역사가 프라카쉬는 다음과 같이 말한 바 있다.

'역사'와 식민주의는 함께 간다.
인도에 '역사'가 생기면서 의미 있는 과거는 사라졌다.
인도는 '역사 시대'에 역사가 없는 사회가 되었다.[4]

이런 서구 열강의 거대한 흐름과는 좀 비껴난 지역에서, 같은 동양 나라, 이웃 일본에 의해 지배를 당한 조선의 경우를 보자. 조선의 경우는 서구에 의해 일이백 년 넘게 식민지 통치를 받아 온 사회들과는 좀 다른 식민지적 체험을 했을 가능성이 높다. 그런 면에서 근대사가 김용섭은 일제 시대를 '식민지 시대'로 부르는 것은 적당하지 않으며 대신 '일제 강점기'라는 단어를 쓸 것을 제안해 왔다. 이 땅에서는 그때 이미 자생적인 근대적 국가 형성이 이루어지고 있었고, 일본은 그러한 비슷한 사회 발전 단계에 있던 사회를 무력으로 탈취했다는 것이다. 실제로 일제에 의한 통치 기간이 상대적으로 짧았다는 점과, 같은 동양인으로 외모로는 구별하기 어려운 사람들간에 일어난 지배 관계이며, 특히 역사적으로 대등한 관계를 맺어 오던 나라에 의해 지배당했다는 점에서 일제에 의한 지배 상황은 우리가 일반적으로 알고 있는 식민지 상황과는 상당히 다르다고 할 수 있다.

그럼에도 불구하고 구태여 '식민지'란 단어를 여기서 쓰기로 한 것은 우리의 근대사 역시 서구 문명에 의해 시작된 '세계화'의 과정 속에 있어 왔고, 그 결과 역시 다른 제3세계 사회가 거친 경험과 큰 차별성을 보이지 않기 때문이다. 적어도 내가 이 책에서 주목해 보는 타자화의 현상과 언어 상실의 면에서는 그러하다. 따라서 탈

---

4) G. Prakash, "Postcolonial Criticism and Indian Historiography," *Social Text*, 31/ 32, Duke University Press, p.17.

식민화의 과제는 충격적 근대사를 거쳐온 모든 사회 속에서 찾아지는 어떤 동질적 체험을 풀어 가는 데서부터 시작되어야 할 것 같다. 그 체험은 식민 정책, 그 중에서도 특히 교육의 영역에서 가장 현저하게 드러난다.

먼저 서양의 여러 제국들이 채택한 지배 방식을 통해서 그들이 원하는 '식민적 대상으로서의 존재'를 만들어 가는 과정을 포괄적으로 살펴보도록 하자. 비교 문화적으로 보는 것은 논의가 폐쇄 회로로 빠지는 것을 막는 데 항상 도움을 준다.

근대 초기에서 20세기에 이르기까지 서구 열강의 식민지 정책에 관해서는 서구인 자신들에 의해 이미 많은 연구가 되어 왔다. 그 연구물 중 대표적인 것으로 식민지적 문화 지배와 관련된 서구의 논의를 정리, 소개하고 있는 차석기의 《식민지 교육 정책 비교 연구》[5]를 참고로 문제의 맥락을 잡아가 보자. 이 책은 서구에서 발간된 식민 교육 정책 비교 연구서 몇 권을 요약, 조합한 것이라고 한다. 저자는 이 책에서 특히 자신이 좋아하는 허버트 T. 베커의 《열국의 식민지 교육 정책》[6]을 참고했다고 하는데, 엄밀하게 말하면 그 책을 자신의 "구미에 맞도록 한 편저로 보는 것이 타당하다"고 서문에서 밝히고 있다. 이 연구를 따라가면서 당시 상황을 그려 보자.

식민지 지배는 원칙적으로 물적 착취를 목표로 하는 공통점이 있지만, 구체적인 착취 방식은 식민 모국과 피식민지의 문화 · 경제 · 사회 · 정치적 조건의 역학 속에서 각기 다른 모습을 보여 왔다. 일차적으로 식민 모국의 정책이 기선을 잡게 되는데, 영국과 프랑스의 식민지 정책은 두 국가의 성격이 다른 만큼 서로 매우 달랐으며, 뒤늦게 신식민지적 지배를 하기 시작한 미국의 지배 양식 또한 그 두 선배 제국들의 것과는 상당히 다르게 나타난다. 차석기는 대략

---

5) 차석기, 1989, 《식민지 교육 정책 비교 연구 ― 20세기 열강국을 중심으로》, 집문당.

6) Herbert T. Becker, 1939, *Die Kolonialpadagogik der Grossen Machte*, Friedrichsen de Gruyter & Co.

적으로 식민지 정책을 식민 단계와 피식민국의 저항의 강도에 따라 '종속주의 정책,' '동화주의 정책,' '자주주의 정책,' '협동주의 정책' 등 네 가지로 나누어 논의를 펴고 있다.[7]

종속주의 정책이란 식민지 주민의 이해가 완전히 무시되는 수탈적 경제 정책 아래 우민 정책이 취해진 경우를 말하는데 주로 초기 식민지 지배는 이런 방식으로 이루어졌다. 물론 식민지 주민의 참정권은 인정되지 않았다. 동화주의 정책이란 식민지 주민의 정치 의식이 높은 곳에서 주로 취해지는데, 식민 모국과 피식민지를 동등하게 간주하고 지역간의 차별을 철폐하겠다는 식의 원리를 말하며, 일본 제국이 조선 지배 후기에 취한 정책이 바로 이것이다. 자주주의 정책이란 식민지 주민의 정치 의식이 높은 곳에서 식민지의 내정을 되도록이면 원주민 자신들이 하게 하는 것을 말한다. 영국의 인도 지배가 이 방향으로 나아갔다고 할 수 있다. 협동주의 정책이란 동화주의와 자주주의의 중간 형태로 식민지가 너무 자치적으로 되어 모국에서 이탈되어 가버리는 위험을 관리하는 정책이다.

초기 서구 열강의 식민지 정책은 이상적으로는 식민지 주민들을 동화시켜 완전히 자국민화하는 것이었다. 그들은 한때 그들이 그만큼 힘이 있다고 믿었으며, 그것이 자기들만이 아니라 '문명'의 혜택을 받지 못해 기아에 허덕이는 비서구 사회들을 위하는 길이라고 믿었다. 자본가와 기업가들의 왕성한 확장주의는 수로와 철로를 놓아 시장을 확대하는 동시에 장기적으로 영토를 확장하고 국민의 수를 늘리려는 움직임이었던 것이다. 일본이 식민 열강의 대열에 참여하자, 일본도 '제국으로서의 도덕'을 지킬 수 있을지 의심스러워하는 부분에서 우리는 그 당시 서구 제국주의자들의 인종주의와 도덕적 우월주의를 읽을 수 있다. 이것은 서유럽 백인들이 이루어 온 기독교적 세계관 / 근대적 세속사관의 맥락에서 이해되어야 할 부분이다. 서구인들은 세계 시장을 장악하기 위해서 산업주의와 무역주의로 나아가면서 인력 양성과 '문명인을 만들기 위한 교화'라는 측면에서 대중 교육에 관심을 기울이게 된다.

---

7) 차석기, 같은 책, 4-5쪽.

교육이 식민지 주민을 통치 목적에 맞게 길들이기 위해 얼마나 필요한 것인지는 여기서 새삼 강조할 필요가 없을 것이다. 학교 교육은 한편으로는 식민지 체제에 편입하려는 피식민 주민을 자기 편으로 포용하면서 다른 한편으로는 식민지 사회와의 종속적 관계를 유지하는 매우 효과적 장치였다. 서구 열강이 조직적인 목적을 가지고 교육 정책을 수립한 것은 19세기 말 이후였다고 하는데[8] 대표적인 교육 정책 내용을 보면 산업 역군이 되기에 필요한 지식을 가르치면서, 피식민지의 문화적 전통을 파괴시키는 동시에 식민지 민중을 전통적 풍속에 고착시키는 경향을 특징으로 하고 있다. 문화적 전통을 파괴시키거나 식민지 민중을 전통적 풍속에 고착시키는 것은 둘 다 문화를 박제화시킴으로 사실상 문화적 자생력을 앗아가는 지름길이다.

가장 많은 식민지를 가졌던 영국의 경우를 보면, 식민지 통치는 자기 나라 내부의 통치 원리와 맥을 같이 하여, 신분제적이고 간접적 방식으로 이루어졌다. 영국의 통치 원리는 가능한 한 식민지에 정치적 자유를 허용하고 경제적인 면만을 본국에 예속시키는 형식을 취했다. 원주민 학교에서는 종족어를 사용케 하여 원주민의 전통과 예술을 존속시킨 반면에 소수의 상류 계층 자녀는 완전히 영국식으로 동화 교육을 시켰다. 그리하여 두 개의 신분, 두 개의 문화를 대조적으로 창출하고 대비시켰다. 거대한 지역을 하나로 묶어 그 지역마다 대학을 지었으며, 그런 교육 기관을 통해 잘 동화된 소수 엘리트로 하여금 지방 행정을 담당케 함으로써 효과적인 간접 통치를 이루어 갔던 것이다. 영국은 이런 간접 통치 방식을 썼기 때문에 본국의 사회와 직접적으로 엇물린 부분이 적었고, 그 때문에 식민지 독립 운동이 거세게 일어났을 때 영국은 손쉽게 물러날 수 있었다. 그리고 그들이 물러난 후에도 여전히 영국령 식민지 사회는 영국식 엘리트들이 지배하는 영국식 사회로 남아 있게 된다.

프랑스는 '민중 혁명'을 성공시킨 사회답게 '평등'을 강조한 나라였으며 식민지 정책에서도 직접 만나서 부딪치는 '평등'한 사회

---

8) 앞의 책, 9쪽.

미군 조종사를 사로잡은
베트남 여성 전투원
— 글 Nikolai Solntsev
사진 Victor Guinsbourg 외,
《베트남》, Hanoi: Editions Van Hoa,
1986 중에서

미국은 세계의 초강대국으로서의
위치를 확고히 하기 위해 문화적
지배 방식이 충분한 효과를
내지 않을 때면 여러 곳에서
서슴없이 무력을
휘두르기도 했다.

관이 반영되었다. 프랑스의 식민지 통치는 동화주의 원칙으로 밀고
나갔으며, 영국과는 달리 유색 인종과의 혼합을 주저하지 않았다.
본국에서 파견된 식민지 총독이 모든 학교와 교육 시설을 관장하였
고 프랑스인 교사들이 식민지에 많이 파견되었다. 동시에 영국처럼
식민지에 대학을 지어 영국인 엘리트와는 다른 종류의 엘리트를 기
르기보다는 원주민 엘리트를 본국의 대학에 입학시켰다. 이들은 자
유, 평등, 박애 사상을 내걸고 고도의 식민지 융화 정책을 통해 유
색 인종과 섞이면서 문화적, 경제적 착취를 해나간 것이다. 식민지
국가들이 독립을 할 때 영국령에 비해 프랑스령에서 더 많은 마찰
과 문제가 일어난 것은 아마도 프랑스의 경우 그들 자신이 식민지
주민 생활에 더 깊이 개입되어 있었기 때문이다.

미국은 방임주의와 문화적 동화주의 통치 원리를 택했다. 뒤늦게
식민지 쟁탈전에 참여했고, 특히 2차 대전 이후에 제국주의적 지배
권을 쥐게 된 미국은 강력한 정치, 경제, 군사력을 배경으로 하면서
또한 무력에 의한 지배보다 문화적 방식을 추구했다. 그것은 당시
영화 산업이나 정보 활동, 또 라디오나 텔레비전 등 대중 매체의 발

위: 국민학교 '일본어 독본'을 읽고
있는 어린이들
아래: 습자 시간에 일본어로
'쥐를 잡으라'는 글씨를 쓰는
한국 어린이들
— 이규헌 해설,
《사진으로 보는 독립 운동 하》,
서문당, 1987 중에서

모든 '근대 학교'에서
식민 종주국의 하수인으로서의
엘리트를 양성하고 피식민 민족에게
노예 의식을 심어 갔다는 점에서는
예외가 없다. 가르치는 언어는
물론 지배국의 언어였으며
이는 식민지 언어를
급격하게 퇴화시켰다.

달과도 관련이 있는 움직임이었을 것이다. 식민지에 미국식 헌법을
제공해 주고, 공교육 제도를 뿌리 내리며, 영화와 라디오, 텔레비전
등을 통해 미국식 사고와 행동에 익숙하도록 장려하는 한편, 생활
수준이나 소비 문화를 강조함으로써 미국 문화에 대한 선망을 불러
일으켰다. 미국의 문화적 우월주의의 이식은 필리핀, 아프리카와 동
아시아, 중앙 아시아, 발칸 제국 등에 걸쳐 널리 이루어졌고 이러한
지배 종속 관계는 얼핏 보기에 피식민 주민들의 '자발성'에 근거한
것이라는 생각마저 하게 한다. 그러나 미국은 세계의 초강대국으로
서의 위치를 확고히 하기 위해 문화적 지배 방식이 충분한 효과를
내지 않을 때면 여러 곳에서 서슴없이 무력을 휘두르기도 했다. 칠
레와 그라나다와 파나마와 리비아와 앙골라와 베트남 등 여러 곳에
서 미국이 단순한 문화적 지배 이상의 힘을 휘둘러 왔다는 것을 우
리는 익히 보아 왔다.

이렇게 식민지 지배 정책은 시대적 상황과 자국 문화의 특성에
따라 달리 나타났으나, 모든 '근대 학교'에서 식민 종주국의 하수
인으로서의 엘리트를 양성하고 피식민 민족에게 노예 의식을 심어

갔다는 점에서는 예외가 없다. 가르치는 언어는 물론 지배국의 언어였으며 이는 식민지 언어를 급격하게 퇴화시켰다. 인도와 같이 여러 가지 언어를 사용하던 거대한 지역은 식민지 교육으로 인해 영어가 국어인 동일 언어권이 되고, 단일 언어권과 그 언어를 자유자재로 사용하는 엘리트 군의 형성은 독립을 한 후에도 지속되어 식민지 이전의 모습을 회복한다는 것은 상상도 못하는 일이 되어버렸다. 지방어를 버리고 영어를 사용하게 한 결과 식민지 통치 단위가 결국 하나의 국가로 고착되는 결과를 낳은 것이다.

일본에 의한 조선의 지배는 이러한 서구의 지배와 어디가 달랐을까? 당시의 식민 교육을 받은 조선의 지식인들이 가진 자화상은 어떤 것이었으며, 자기 말을 지키기 위해 어떤 노력을 하였을까? 앞서 언급했듯이, 우리는 식민지화된 역사가 짧고 특수하다. 동남아 지역들이 두어 세기에 걸쳐 서구 제국들의 지배를 받아왔다면, 뒤늦은 사냥물이었던 우리는 운이 좋은 편이었다면 좋은 편이었다.

우리는 서구에 의해 직접적인 지배를 받지 않았다. 같은 동양 국가에 의해, 그것도 상대적으로 짧은 기간 동안 지배를 당한 경우이다. 그렇다면 적어도 '서구적 주체'를 모방하는 면에서는 상당히 다른 양상을 띨 수 있었을 것이다. 당시 일본국 역시 서구 열강에 대항하여야 했던 만큼 서구 제국주의에 항거하는 대항 담론을 자체 내에 만들었을 것이고, 그런 면에서 무조건 '서구적 주체'를 모방하지만은 않았을 것이다. 일본이 '내선 일체'를 강조하면서 서구 지배에 대항한 연합 전선을 만들자고 했을 때부터 그들은 이미 서구에 대항하는 주체를 자체 내에 형성해 가고 있었던 것은 아닐까? 그렇다면 적어도 서구를 중심으로 한 언설은 우리에게는 그렇게 강하게 작용하지 않았을 수도 있다.

그런데 실제 상황은 우리가 가상적 질문을 던져 본 것과는 상당히 다르게 나타나고 있다. 일본 제국은 서구 열강에 대항하여 '자주'를 지키는 것에 성공한 후, 아주 적극적으로 자신들보다 힘이 센 '서구적 주체'를 모방하기 시작했던 것이다. 그들은 서구적 주체를 모방함으로 자체 내 개혁을 추진해 갔고, 이들의 적극성과 능동성은 당시 비서구 사회로서는 드문 것이었다. 일본 제국의 지식인들은 서구 문명에 대한 콤플렉스로 심하게 시달렸으며, 끊임없이 서방 세계의 눈치를 살피며 근대화를 추진해 갔다. 일본의 식민지 지배의 기본 철학이나 방식이 서양의 것과 크게 차이가 나지 않았던 것도 일본이 취한 이런 '적극적 모방의 전략'에서 온 것이며, 일본에 의해 식민지화된 사회에 심어진 '서구적 주체'에 대한 선망은 그런 면에서 오히려 서구 제국에 의해 식민지화된 사회에서보다 더 강했으면 강했지 약해지는 않았을 것이다. 일본은 서양과 마찬가지로 '역사적 진보'를 표방하며 세력을 확보해 나갔는데, 자신이 '열세'에 있다는 인식 때문에 사실상 서양보다 더욱 '역사적 진보'에 집착하였고, 서양과 경쟁을 하기 위해 '민족 국가'의 통합을 더욱 강조하였다.

비서구 지역에서는 유일한 예외적 존재로서 제국주의의 대열에 선 일본은 그 '근대적(서구적) 지식'을 적극적으로 수용하면서, 또 통치 방식을 적극적으로 모방하면서 식민지 지배에 나선 것이다. 임돈희와 제널리[9]는 당시 일본 학자들이 주도한 민속학이 두 민족 간의 인종적 동질성을 강조하면서 동시에 조선의 문화적 열등성을 강조함으로 식민지화의 필연성을 논증하려 하였음을 밝힌 바 있다. 김성례 역시 당시 민속학자와 역사학자들 사이에 일었던 무속 담론을 통해 그들의 논의가 '역사의 진보'라는 개념 아래 식민지 지배를 정당화하려고 한 것을 밝혀 내고 있다.[10]

김성례에 따르면 당시 민속 연구의 대표 주자인 아끼바의 무속 연구에는 세 가지 정형화된 모티브가 찾아지는데, 그것은 '농촌성'과 '여성성'과 '원시성'이다. 여기서 '농촌성'은 곧 '여성적'이고 수용적이며 정체된 상태를 의미하는 것으로 조선이 처한 후진 상태를 기정 사실화하기 위한 담론으로 활용되었다고 한다. 아끼바가 조선을 '농촌형'으로 규정한 것은 당시 미국에서 유행하던 농촌 사

---

9) 임돈희·제널리, 1989, 〈한국 민속학사의 재조명: 최남선의 초기 민속 연구를 중심으로〉, 《비교 민속학》 제5집, 3-42쪽.

10) 김성례, 1990, 〈무속 전통의 담론 분석〉, 《한국 문화 인류학》 제22집, 211-244쪽.

회학의 모델을 따른 것으로, 자생적 근대화의 활력이 없는 정체된 사회임을 드러내는 논의로 이어진다. 또한 조선 문화의 골격을 이루는 무속을 "성속(聖俗)의 문화가 고정되어 있지 않은 미분화 단계의 종교"[11]라고 규정하고 초월적인 신에 대한 믿음 체계가 결여되었다고 분석함으로써 조선을 미개 상태에 있는 사회라고 결론내린다.[12] 이러한 그의 연구는 조선이 일본에 의해 근대화될 운명에 처해 있는 후진 상태에 있었음을 드러내는 식민 담론의 핵심을 이룬다.

일제의 식민지 교육의 골자는 근대화를 통해 식민지 이전보다 훨씬 더 잘살 수 있게 된다는 진보주의 사관의 주입이었다. 이런 교육을 통해서 식민지 엘리트들은 일본의 논리에 따른 '진보주의자'가 되어갔고, 자신들의 문화적 가치를 역사적 진보를 가로막는 장애물로 여기게 되었으며, 급기야는 자기 모국의 장래를 위해 '자발적으로' 식민 통치국에 헌신하게 된다. 일본이 대동아 전쟁을 일으킨 즈음 많은 조선 지식인들의 변절은 대개가 이러한 진보주의적 세뇌의 산물이었을 것이다.

우리는 중고등학교 시절에 일본이 초기에는 무단 정치를 쓰다가 후기에는 동화 정책을 썼다는 사실을 배웠다. 식민 사회와 식민 종주국이 지역적으로 멀리 떨어져 이질적인 문화 전통에 속해 있던 경우들과는 달리 한국과 일본은 지역적으로 인접해 있을 뿐 아니라 유사한 문화 전통을 가진 경우였으며 특히 조선인들은 일본인들에 대해 문화적 우월감을 지니고 있었다. 그리고 이 우월감은 일본의 동화 정책에 대항하여 다른 어떤 피식민 민족보다 거세고 끈질긴 반항을 하는 근거가 되었을 수도 있다.[13]

---

11) 앞의 책, 218쪽.
12) 아끼바는 1920년대에 영국, 프랑스, 독일, 미국 등지에서 민족학 연구를 하였으며, 영국에서는 말리노우스키 연구실에 있으면서 구조 기능주의 인류학의 영향을 많이 받았다고 한다.
13) 일제 시대의 식민지적 지배의 특성에 관한 보다 자세한 내용을 보려면 문옥표, 1990, 〈일제의 식민지 문화 정책: '동화주의'의 허구〉, 《한국의 사회와 문화》 14집, 한국 정신 문화원을 참고할 것.

그러나 일제가 형성한 서구적 진보관을 깐 지배 담론의 힘은 막강했다. 아끼바 류의 식민 담론이 대중 교육이라는 공식적 채널을 통해 매우 빨리 퍼져 나갔다면, 민족주의적 논의가 퍼져 나갈 수 있었던 채널은 매우 한정되어 있었다. 일제는 교과서의 인가제나 사립 학교령 등을 통해 당시에 일기 시작한 민족주의적 교육을 탄압하였고 또한 제도적으로 일본어를 쓰는 학교와 그렇지 않은 학교에 별도의 교과 과정을 두어 분리 정책을 씀으로 친일 엘리트를 길러 왔다. 역사 교육의 내용은 우리가 흔히 알고 있는 "당파 싸움으로 점철된 ……" 또는 "여성적인 무속 전통의 ……" 등으로 채워져 왔고, 그 기간을 통해 우리는 자신에 대한 기억과 언어를 잊도록 강요받게 된다.

　　식민지적 지배 담론에 대한 저항 담론이 없었던 것은 아니다. 특히 최남선, 이능화, 손진태를 비롯한 민족주의자들은 아끼바 류의 식민 담론에 대항하는 대항 담론을 만들어 갔던 사람들이다. 이들은 식민지 사회의 문화적 자주성을 부정하는 아끼바 류의 식민 담론에 대항하기 위해 여러 가지 시도를 했는데, 우리가 잘 알고 있는 '단군 신화'에 대한 논의도 그러한 맥락에서 나온 것이다. 나름대로 적극적으로 대항 담론을 만들어 가고자 한 시도를 살펴보자.

　　일제하 문화 민족주의에 관한 연구를 한 마이클 로빈슨은 민족의 주체성 형성 과정에서 지식인들이 한 역할을 1920년대 논쟁에 초점을 두어 정리한 바 있다.[14] 그는 1920년대부터 장지연, 박은식, 신채호 등이 사회주의 노선의 공식 기록물로부터 민족사를 발굴하는 작업을 본격적으로 시작하였고, 특히 최남선은 고대사와 신화 연구를 통해 독자적인 국가 기원과 정치적 자주성을 강조하는 민족주의 이론으로 일본의 '동화주의' 노선에 맞서려 했음을 밝혀 내고 있다. 조선의 역사를 장기적으로 동화주의적 목적에 맞추어 해석하고자

---

14) Michael Robinson, 1988, *Cultural Nationalism in Colonial Korea, 1920-1925*, The University of Washington Press. 이 책은 《일제하 문화적 민족주의》(1990, 나남)라는 제목으로 김민환에 의해 번역되었다.

한 일제의 공식적인 노력이 오히려 조선의 역사와 민속, 그리고 종교 등에 대한 민족주의적 연구를 자극하였고 이 과정에서 최남선은 조선을 동아시아 역사의 선두로 규정하고 단군 신화로부터 이어지는 장구한 역사와 그 중요성을 역설하게 되었다는 것이다.[15]

임돈희와 제널리 역시 1920년대 민족주의자들이 조선 문화의 독자적인 기원과 발전을 의도적으로 찾는 작업을 통해서 대항 담론을 형성해 가기 시작했다면서 최남선의 불함 문화론을 집중적으로 분석하였다. 최남선은 태양과 천신 신앙의 공통 문화권을 불함 문화권으로 보고 오끼나와, 한국, 일본, 동북부 중국과 몽고로부터 중앙아시아 발칸 반도까지 걸치는 방대한 문화 영역에서 조선을 불함 신앙 문화의 전형적 경우로 상정하였다. 이것은 식민지 지배를 용이하게 하기 위해서 '같은 문화적 뿌리'를 강조한 당시 식민 담론, 곧 일선 동조론에 정면으로 대항하는 논리이다. 최남선은 더 나아가 단군을 조선 민족의 시조로 상정함으로써 중국이나 일본 문화와 별개로 존재해 온 조선 문화의 고유성과 역사적 깊이를 드러내고, 문화권의 중심을 조선에 둠으로써 일본을 주변화하고자 '야심'을 갖는다. 그는 주체성을 잃어 가는 민족을 다시 모으는 구심점으로 단군과 무속을 선택했던 것이며, 실제로 단군 교회를 창안하여 정기적인 대중 집회를 통해서 천황이 아닌 '진정한 민족의 국조' 단군에 대한 신앙을 드높이려 했다고 한다.[16]

최남선 외에도 이능화는 무속에서, 손진태는 토착적인 민중 문화에서 '순수하게 민족적'인 것을 찾아 민족적 자각의 근간을 삼아 보려고 했다. 20년대에 일어난 이러한 신문화 운동은 3 · 1 운동 이후 변화된 정치적 상황과 식민지 지배가 장기화될 전망에 대한 대응으로 나온 저항 전략이라고 할 수 있다. 국권과 영토를 잃은 상태에서 민족적 감정을 유지시킬 강력한 상징이 필요했던 때에 이런

---

15) 앞의 책, 130쪽.

16) 김성례, 같은 글, 229쪽에서 재인용. 단군 신화는 고려말 왕조가 원 나라의 지배를 받게 된 상태에서도 부각되었다. 일연이 구전되어 오던 설화를 한민족의 주체성을 드러내기 위해 역사서에 올림으로 공식화한 것이 그것이다.

이론을 내놓음으로써 한민족의 중심을 잡고 문화적 자존을 이어 나가고자 한 것이다.

그러면 이들은 왜 조선조의 유교적 문화 유산을 계승하지 않고 실제 지배 전통과는 거리가 먼 단군 신화나 무속을 부각시키려 했을까? 로빈슨이나 김성례와 같은 학자는 그 이유를 민족 해방을 이루어 내면서 동시에 근대화를 해가야 했던 상황과 연결하여 풀어 낸다. 이들이 유교적 양반 문화를 제쳐 놓고 무속에서 민족성을 규명하려 한 것은 유교 전통이 근대적 사회 개혁의 장애로 작용해 왔다는 구한말 민족주의 전통을 따르고 있다는 것이다. 구체적으로 근대 역사 연구는 고려와 조선 왕조의 유교적인 어용 역사 편수에 대한 반작용으로 시작되었고 당시 민족주의 역사가들은 식민지 상태를 야기한 구시대의 유교적 문화 유산을 자아 비판하면서 대신 역사의 주변부에 있던 단군 신화라든가 민중 문화에서 새롭게 역사를 만들어 갈 거리를 찾고자 했던 것이다.

그러면 이제 이 대항 담론이 저항 민족주의로서의 역할을 나름대로 해왔다는 사실을 인정하면서, 그것이 우리가 원하는 대항 / 변혁을 이루어 내기에는 왜 부족했는지, 그것이 안고 있는 한계에 대해 생각해 보자. 한마디로 이들의 논의는 적극적인 저항을 담아 내기에는 역부족이었다. 최남선 류의 담론은 식민 담론의 모방 전략에만 충실히 머물고 있었던 것이다. 최남선은 일본의 천황 체제에 대항하기 위하여 일본 민족이 천황의 자손인 것처럼 조선 민족은 천신의 후예임을 증명하는 단군의 논의를 펼쳤고, 〈일선 동조론〉에 대항하기 위하여 역사의 잔존물 중에서 몇 가지를 선택하여 '조선 고유의 관습'으로 부각시켰다. 그는 일본 제국이 창출해 낸 타자화된 이미지를 뒤집어 보려 했지만 그것은 반사된 이미지였지 우리 자신을 비춰 주는 거울은 아니었다. '거대한 초자아'가 하는 말을 일부러 오독하는 일은 분명 반역적인 행위이다. 그러나 그것이 자신 속에 새로움을 만들어 가는 힘을 가지고 있는지의 문제는 또 다른 차원의 문제인 것이다. 대항 담론이 흔히 채택하는 '직접적 모방'은 대립적 저항에는 효과적일 수 있으나 지배 체제의 기본틀을 바꾸기에는 역부족이다.

극단적인 위기 상황에서는 이러한 임기 응변식 전략이 필요할 수도 있다. 그러나 거대한 권위를 미처 걷어 내지 못한 상태에서 형성된 대항 담론은 자칫 본질론으로 흐르기 쉽다. 그래서 복잡한 현실을 읽어 내는 눈을 멀게 하고, 자체 내에서 새로운 틀을 만들어 가는 것을 어렵게 하는 결과를 낳는다. 지금까지 억압당하던 집단이 해방을 이루어 낸 역사를 보면 그것은 단순한 '자리 바꿈'의 역사가 아니었다. 지배 / 피지배의 틀, 곧 관계의 구조 자체를 바꾸어 갈 수 있는 수준에까지 대항 담론이 발전해 가야 비로소 해방이 가능했다. 물론 이것은 거대한 역사적 과정 속에서 일어나는 일이며, 최남선과 손진태, 이능화라는 개인들의 역량을 초월하는, 보다 큰 흐름의 차원에서 풀려야 할 과제일 것이다. 그들이 책임을 질 부분이 있다면, 그들이 내놓은 이론이 초보적이나마 얼마나 많은 사람들을 설득시켰으며, 그래서 후배들에 의해 보다 효과적인 대항 담론으로 발전되어 갈 수 있었는지, 그래서 지속적인 민족 저항 운동 내지 신국가 형성을 위한 운동으로 나아갈 수 있는 근거를 제공했는지에 있을 것이다.

일부 민족주의적 지식인들이 천황적 지배 논리에 대한 저항으로 단군을 중심으로 한 새로운 역사 쓰기를 시도하기도 했고, 서민들 사이에서는 일제의 지배에 대한 은근한 저항으로 양력설을 쉬라는 명령을 거부하고 굳이 음력설을 고수하는 등 산발적이고 즉흥적인 저항은 지속되어 왔지만 그러한 대응은 새 질서를 가져오기에는 매우 미약했다는 점을 인정해야 할 것 같다. 변화하는 상황을 읽어 내고 저항의 방안을 모색하는 세력이 모여지지 않았으며, 따라서 저항 운동은 상당히 산발적이고 단편적일 수밖에 없었다. 무엇보다 저항을 준비하는 언어화 작업, 대항 담론의 수준에서 우리는 이 사실을 보게 된다.

어쩌면 우리는 감당하기 힘든 상황에서, 그 동안 우리가 일본과 가져온 역사적 관계를 떠올리며, 일제를, 또한 일본 문화와 그곳 사람들을 미워하는 감정만으로 '문화적 자주'를 지켜갈 수 있다고 생각하고 있었는지도 모른다. 나는 우리가 지금도 강하게 가지고 있는 일본에 대한 근거 없는 문화적 우월감은 '별로 잘난 데가 없는

운보, 〈님의 부르심을 받들고서〉*

일본의 필승은 역사적 필연성을 가지고 있다.
10년을 들어 못이기면 20년, 20년을 들어 못이기면 백년 걸려도
일본은 이긴다. 제군은 이 필승의 신념을
제군과 같이 궤상을 나란히 하고 배우던 동무가
나라를 위해 나가고 있는데, 제군은 냉정히 교실에 머무를 수 있을까.
제군! 제군도 제군의 역사를 싸워 올리는 데 피를 흘리며
내지 학도와 어깨를 겨누어 같이 죽어라.
— 장덕수, 〈선혈로 조국을 지키자〉, 지원병 실시 사기 앙양 대회에서

---

* 이 그림은 대동아 전쟁이 한창이었던 1943년 8월 1일부터 9월까지 〈님의 부르심을
받들고서〉라는 주제로 시와 함께 연재한 일곱 편의 그림 중 한 꼭지이다. 이 그림으로
인해 운보는 친일파 시비 속에 휘말려 곤혹을 치르고 있다. 나는 그 시대에 '친일'을
한 사람들이 꼭 변명을 하기 위해서가 아니라 당시의 역사적 상황에 대해 좀더 열린
자세로, 상세한 이야기를 들려 주었으면 한다. 자세한 내용은 《시사저널》, 1993년 7월
29일, 84-85쪽 기사와 8월 5일, 89쪽 기사, 그리고 8월 19일 독자 편지를 참고할 것.

것 같은' 이웃 나라에 의해 지배를 당하던 그 시대를 살아오면서, 하나의 반항심으로 우리 속에 심어진 산물이라는 것을 안다. 그러나 '비분 강개형' 지사들이 주도한 그러한 감정적 저항의 자세가 우리로 하여금 보다 현실적인 저항을 하는 힘을 빼버렸다면 이 부분을 다시 검토해 보아야 하지 않을까? 그 당시 상황에서는 무장 투쟁이 앞섰어야 한다고 주장하는 이들도 있다. 옳은 말일지 모른다. 그러나 제대로 된 대항 담론이 형성되지 않고서는 무장 투쟁도 성공할 수 없다는 것 또한 사실이다.

일본이 깔아 놓은 근대적 지식과 그들이 만든 조선 역사에 관한 언설은 급속도로 퍼져 식민지 주민들의 인식을 바꾸어 갔으며, 특히 일본어만 하는 학교에서 배운 지식인들의 사상의 '오염' 정도는 심각한 수준이었음을 아무도 부정할 수는 없다. '동화'는 상당히 빠른 속도로 이루어져 갔고, 소설가 이광수의 변심은 그런 변화의 현저한 표징이다. 1942년 이후로 들어서면서 일본이 망하리라고 생각하는 사람들은 뚜렷한 이념 아래 민족 운동에 관여한 사람들 뿐이었다고 했다. 사회주의자들이나 기독교인 중 일부가 그나마 항일 운동을 국내에서 계속 밀고 나갈 수 있었던 것인데, 그것도 따지고 보면 그들이 기대는 '외세'가 있었기 때문에 가능했던 측면이 있다. 사회주의자들은 일본과 중국 등지로부터 이론의 공급과 재정적 지원을 기대할 수 있었고, 또 정서적 휴식을 그곳의 사회주의자들과 어울려 할 수 있었을 것이다. 기독교인들 역시 양부모이거나 동료이기도 한 선교사들과 서방 제국을 믿고 큰소리를 친 구석이 없지 않았을 것이다. 식민지적 상황은 이렇게 복합적이고, 그런만큼 저항 운동을 벌이는 일도 복합적인 변수에 의해 좌우된다.

일제 말 당시의 주도적 분위기는 일본의 장기 지배가 확실해지는 편으로 가고 있었다 한다. 대다수의 '민족' 지도자들은 자발적 '동화'와 '의무 수행'(전쟁에 나가서 국가를 위해 희생을 치르는 것)이 약소 집단인 조선민 전체의 장기적 권익을 향상시켜 가는 데 도움이 되리라고 생각했던 모양이고, '문화적 자주'보다 '문화적 합병'을 통해 제대로 선거권을 행사하는 국민이나 되어볼까 하는 정도의 꿈을 꾸었던 것으로 보인다. 36년이란 세월은 그만큼 강한 힘으로

Harold Evans, *Front Page History*,
London: Quiller Press, 1984 중에서

당시 식민지적 상황은
이렇게 엄청난 사건이었던 만큼
딱히 세계를 새롭게 보는 눈을
갖게 되는 계기가 없는 한
봉건적인 틀을 고수할 수밖에
없었던 것이다.

우리 지식인들을 '타자화'시켜 놓았다.

나는 일제가 조선어를 쓰지 못하게 한 것에 대한 저항을 한 이들을 개인적으로 알고 있지만, 그것에서 한걸음 더 나아가 자신들이 '일본적 주체'를 모방하며 타자화되고 있다는 것을 우려하여 급진적인 문화 운동을 일으켰다는 사실에 대해서는 별로 아는 바가 없다. 식민 통치의 역사가 짧아서 그런 논의가 채 나오지 않았을 수도 있고, 아니면 나 자신 식민지 지식인으로 우리 안에서 나온 자료를 제대로 읽지 못한 때문일 수도 있다. 하여간 나는 이 문제에 관해서 베트남의 경우와 연관시켜서 생각을 해본 적이 있는데, 적어도 호치민은 이러한 '타자화'에 대한 감을 가지고 있었던 것 같다. 베트남 민족주의자들이 수행한 민족 해방 운동은 당위적이기만 한 것은 아니었다. 저항의 몸짓이 여전히 지배 집단이 펴놓은 거대한 장기판에서 놀아나게 될 위험을 줄이는 방법은 긴 안목과 문화적 잠재력을 요구한다. 베트남 민족주의자들은 반식민주의 투쟁을 단순히 지배 세력의 교체에서만 생각하는 과오를 범하지 않았다는 것이다. 그들은 전적으로 새로운 사회를 만들어 내야 한다는 생각을 하고 있었으며, 그런 면에서 무력 항쟁과 함께 새로운 언어를 만들어 가는 일을 소홀히 하지 않았다.

변명의 여지는 있다. 19세기 제국주의 열강이 불러일으킨 충격은 너무 엄청난 것이었고, 당시 농경 시대적 사유 체계에 머무르는 엘리트들은 어이없이 당할 수밖에 없었다고 말할 수 있다. 마치 이문열의 소설 《황제를 위하여》에 나오는 황제처럼 '위엄'을 지키며 죽어가는 것만으로 주어진 의무를 훌륭하게 수행했다고 말해야 할지 모르겠다. 거대한 군사력을 바탕으로, 도저히 이해할 수 없는 언어로 이루어진 외교는 분명 일방적인 '사기극'이었으며, 그것은 농경적 무기와 '봉건적' 언어로는 감당해 낼 수 없는 것이었던 것이다. 영국 인류학자 콜린 턴불[17]은 아프리카의 식민지 통치 상황을 그린 책에서 서구의 제국주의를 계몽과 진화와 능률과 합리를 앞세운 침입의 과정이었다면서, 그것은 구체적으로 '외교라는 사기극,' '자유 경쟁이라는 살인극' — 아프리카의 백인 농장주들은 계몽주의를 내세우면서 실은 기독교로 개종한 원주민들보다 '때묻지' 않은 원주민들을 선호했다 — '가정 생활이라는 풍자극'을 연출한 드라마였다고 표현하고 있다.

당시 식민지적 상황은 이렇게 엄청난 사건이었던 만큼 딱히 세계를 새롭게 보는 눈을 갖게 되는 계기가 없는 한 봉건적인 틀을 고수할 수밖에 없었던 것이다. 20세기에 일었던 민족 해방 운동을 보면 공산주의 운동과 결합한 경우 좀더 진보적이고 체계적인 저항 운동으로 발전해 간 경향을 보게 된다. 아마도 그것은 사회주의적 역사 인식이 전통적 민족주의자들의 그것보다 좀더 세계사적 흐름을 담아 내고 있으며, 새로운 상황 인식을 돕는 언어를 가지고 있었기 때문일 것이다. 공산주의 이론은 그 자체가 근대적 변혁 이론인 만큼 근대화와 제국주의를 이해하고 봉건적 인식의 지평을 열어 가는 데 크게 도움이 되었을 것이라는 것이다. 또한 당시 공산주의 운동은 국제적 연대를 강조했던 만큼 국제 여론을 환기시키는 차원에서도 득이 되는 부분이 없지 않았을 것이다. 실제로 당시 민족 해방

---

17) Colin M. Turnbull, 1962, *The Lonely African*, New York: Simon & Schuster. 번역본으로 《외로운 아프리카인》, 1985, 김정환 옮김, 창작과 비평사, 21쪽.

박불똥, 〈세계 자본주의와 압구정동〉중에서

물질적 번영이 곧 '해방'인 것처럼 느끼게 되는 빈곤의 상황에서
미국이란 나라는 성공하고자 하는 사람들이면 마땅히 '가야 할' 곳이고,
이 땅은 '떠나야 할' 곳으로 인지되어 왔다.

주의자들 중에는 전략상 사회주의자가 된 경우가 꽤 있었을 것이고
그 와중에서 '개혁'과 '자주'를 향한 인식의 지평을 보다 넓혀 갈
수 있었을 것이다.

해방 이후의 미국적 지배

환상속엔그대가있다모든것이이제다무너지고있어도
환상속엔아직그대가있다지금자신의모습은진짜가아니라고말한다
환상속엔그대가있다모든것이이제다무너지고있어도
환상속엔아직그대가있다지금자신의모습은진짜가아니라고말한다
단지그것뿐인가그대가바라는그것은
아무도그대에게관심을두지않는다
하나둘셋레츠고그대는새로와야한다
아름다운모습으로바꾸고새롭게도전하자
그대의환상
그대는마음만대단하다그마음은위험하다
— 1992년에 크게 유행한 '서태지와 아이들'의 노래 〈환상 속의 그대〉 가사
중에서

1945년에 '개혁'과 '자주'를 향한 내적 준비가 채 되지 않은 상
태에서 우리는 '해방'이라는 사건을 맞이한다. 일본의 패전으로 해
방이 급격히 들이닥친 것이다. 내게는 광복군 출신의 친척 아저씨
가 한 분 계신데, 그분은 자신들이 준비해 온 전투를 한번 해보지도
못하고 맞은 해방의 '허망함'에 대해 자주 이야기한다. 전투를 한
번이라도 치를 수 있었다면 새 조국 건국 과정에서 있은 그런 혼선
과 비극을 줄일 수 있었을 것이라고 그는 거듭 말하곤 하였다. 하여
간 우리가 알다시피 '나라'를 빼앗긴 것이나 '나라'를 찾은 것이나
두 사건 모두를 우리는 경황없이 받아들일 수밖에 없었다.

해방 후 새로운 국가 건설의 기운과 더불어 자아 성찰의 노력이
진지하게 일기 시작하지만 그 기운은 권력 투쟁과 그에 따른 혼란
속에서, 또 한차례의 동족 상잔의 비극적인 전쟁을 겪으면서 심하

게 비틀거리게 된다. 나름대로 근대사를 통해 형성된 자생적 민족주의자 집단은 남한과 북한 모두에서 권력을 장악하려는 세력에 의해 거세당한다. 남한에 들어선 권력 집단은 아무리 민족주의자라 해도 사회주의적 경향을 가졌다면 거세해 버렸으며, 북한에 들어선 권력 집단 역시 기독교계 민족주의자들과 남로당계 민족주의자들을 숙청하였다. 그렇다면 현대사는 어디로 흘러 가고 있는가? 해방 후 지식인들이 서 있던 삶의 공간으로 들어가 보자.

먼저 해방 이후 남북한에 들어선 정권은 외세에 의존하여 권력을 잡았고, 이것은 당시 약소국이 전적으로 무시된 국제 관계의 역학에서 볼 때 예기된 결과였을지도 모르겠다. 그리고 해방 이후의 혼란기에 '식민지성을 벗어날 수 있는 잠재성'을 가진 많은 지식인들은 숙청을 당하고 말았다. 이렇게 시작된 현대사는 문화적 열등감을 극복하는 과정으로 나아가기는커녕 미국이라는 더 '크고 아름다운' 중심을 더욱 적극적으로 모방하려는 또 다른 주변부의 역사로 이어진다.

김광억[18]은 민족 해방 이후의 상황을 비교 문화적으로 다룬 논문에서 새 국가 건설 과정을 몇 가지로 유형화하는데, 독립 이후에도 여전히 식민 종주국과 관련을 맺어 가는 경우와 독립 쟁취 과정에서 제3자의 개입이 결정적 역할을 했거나 식민 종주국과 관계가 나빠져서 제3의 국가와 새로운 관계를 맺는 경우로 유형화하고 있다. 후자의 경우는 주로 미국과 소련의 개입에 의한 세계 질서 체제의 재편성에 따른 현상인데, 이 경우에 새 국가의 엘리트들은 자신의 문화가 구식민 세력에 의해 왜곡된 것을 청산하지 않은 채 새로운 종주국의 문화 습득에 적극적으로 참여하게 된다고 한다. 이에 관해 김광억은 다음과 같이 쓰고 있다.[19]

"우리나라의 경우 서구의, 특히 미국의 새로운 제도와 사상은 이때까

---

18) 김광억, 1986, 〈신식민주의와 제3세계의 문화 갈등〉, 《이데올로기와 사회 변동》, 서울대학교 출판부, 22-113쪽.

19) 앞의 책, 94쪽.

지의 일제 식민 통치와는 전혀 다른 것으로서 구체제의 역사로부터 탈피하려는 국민적 욕구에 부응하여 적극적이고 요원의 불길처럼 세차게 번져 나간다. 미국식 민주주의와 자유 사상에 의하여 식민 잔재에 대한 맹렬한 비판이 가해지고 그 세대에 대한 첨예한 대립 의식이 표출되기 시작하는 것이다."

미국의 통치에 관해 주목할 점이 있다면 우리가 일본 문화를 싫어하고 멸시하려 한 것에 비례하여 미국을 열렬하게 찬양하게 되었다는 점일 것이다. 어떤 면에서 해방 후 민족주의자들은 우리를 찾는 작업을 일제를 떠나 미국과 동일시하는 것으로 해낼 수 있다고 착각하였을 것이다. 하지만 그 작업도 그리 쉽지만은 않았다. 길지만 다시 한번 김광억의 글을 인용한다.

"그러나 우리는 여기서 우리들에게 새로운 사상과 안목을 공급해 준 미국에 대하여 얼마나 깊은 이해를 했으며, 미국은 한국에 대하여 어떤 인식을 바탕으로 하여 관계를 수립하였는가를 재고해 볼 필요성을 절감하게 된다. 일제 식민 통치 시대의 세대가 맹목적 복종밖에 배운 것이 없고 바로 그들로부터 기본 교육을 받은 다음 세대가 역시 새로운 미국 문화를 객관적이고 공정하게 접근할 여유와 능력을 갖지 못했음은 당연하다. 그들은 미국 사상과 미국 제도를 열심히 수용했으나 그러한 사상의 배경과 제도의 정책 과정 및 그것들을 사용하고 있는 미국인들의 생활 깊이 자리잡고 있는 문화의 특성을 이해하는 데는 미흡하였다. 그들의 지상 과제는 새로운 제도와 사상과 기술 체계의 도입으로 식민 잔재를 청산하는 일이었다. 따라서 미국 문화의 피상적 관찰과 단편적 경험에 의해 습득한 것을 천착의 과정도 없이 이식하는 데에 급급하게 된 것이다. 즉 문화의 수입원에 대한 정확한 이해가 없었으므로 수용 과정에서 시행 착오를 되풀이했으며 한국 사회에 맞게 수용하는 데에도 많은 실패를 겪은 것이다."[20]

해방 후 지식인 내지 엘리트들은 일본 제국이 깔아 놓은 바탕이

---

20) 위와 같음.

하루 아침에 바뀌기라도 한 듯, 미국으로 대표되는 '서구'를 합리적이고 진보된 '지상의 천국'으로 상정해 놓고 낙후된 해방 조국을 하루 빨리 선진 서구 사회처럼 발전시켜야 한다는 희망에 불타 있었다. 식민 종주국이 남기고 간 빈 공간을 자기들의 경험 세계에 바탕을 둔 지식 축적을 통해 메우기보다 엘리트들은 또 한번 더 먼 나라의 언어를 습득하고 그곳의 지식을 받아들여 오는 일에 몰두해야 했다. 지식인들은 일제 시대부터 내면화된 '근대화 이론'을 더욱 적극적으로 신봉하면서 서구화에 앞장을 선다. 자기 언어를 회복해 가야 할 시기에 더욱 열렬히 또 자발적으로 스스로를 '타자화' 시켜 나간 것이다.[20]

최정무는 해방 후 미국이 남한의 새로운 문화적 중심으로 들어서는 과정을 역사적 서사 분석을 통해 몇 개의 단어로 드러낸 바 있다.[21] 그 핵심적 단어는 '해방군' '자유' '번영' '빈곤의 담론' '위기감' 등으로 가난이 지겹기만 한 남한 주민들에게 '풍요의 땅' 미국이 어떤 선망의 나라로 비추어졌는지를 보여준다. 물질적인 번영이 곧 '해방'인 것처럼 느끼게 되는 빈곤의 상황에서 미국이란 나라는 성공하고자 하는 사람들이면 마땅히 '가야 할' 곳이고, 이 땅은 '떠나야 할' 곳으로 인지되어 왔다. 이 담론에 의하면 여전히 이 땅은 문화적으로 저급하고 자랑스러워할 것이 없는 나라인 것이다. 이문열이 원작을 쓰고 장길수가 감독한 영화 〈추락하는 것은 날개가 있다〉라든가 최인호 원작, 배창호 감독의 〈깊고 푸른 밤〉과 같은 영화를 보면 60 · 70년대 한국 젊은이들이 가진 미국에 대한 선망이 얼마나 절실한 것이었는지를 쉽게 이해할 수 있을 것이다.

식민지적 잔재에서 벗어나고자 하는 기운이 좌절될 수밖에 없었던 데에는 우리가 일제 시대를 지나면서 민족 해방을 위한 준비 작업을 착실히 하지 못한 데도 원인이 있다. 조직과 제도의 측면이 문

---

20) 물론 여기서는 조선을 일본의 일부 이상으로 인식치 않았던 미군정의 무지와 자국의 이익만 생각하는 편협한 국가주의의 문제도 문제시되어야 한다. 그러나 이 책에서는 이 부분이 중심이 아니어서 생략한다.

21) 최정무, 1993, "The Discourse of Decolonization of Popular Memory: South Korea," *Positions 1: East Asia Cultures Critique,* Duke University, pp.77-102.

제가 된다는 것이다. 피식민지 사회가 갑자기 해방을 맞이하여 신국가를 건설하려면 많은 새로운 인력이 필요한데, 이때 부각된 세력은 여전히 식민지 시절에 특혜를 받았던 집단일 가능성이 높다. 이미 거대해진 근대 관료 조직을 유지해 가기 위해서 '최소한'의 훈련된 인력이 필요한데, 이런 훈련된 인력은 민족주의자들이라기보다 일제에 타협한 이들일 가능성이 높다는 것이다. 이 점이 탈식민화의 난제를 여실히 말해 주고 있다. 남한의 경우 일제 때 만들어진 하부 구조를 별로 바꾸지 않은 상태에서 미국적인 요소가 덧칠되는 식으로 신정부가 들어섰다는 사실은 우리가 이미 잘 알고 있는 사실이다. 미군정 3년간 국가 기구에서 등용한 사람들은, 특히 사법 기구나 군경찰 기구에 한해서는 일제 시대에 그 방면에서 일한 사람들로 충원되었다. 미군정이 좌파 민족 세력을 배제하고 우파 세력을 수용한 것과 일제에 협력했던 사람들을 중하부 조직층에 기용하였음은 이미 잘 알려진 사실이고, 그 점과 관련하여 일어 온 국가 권력의 정당성에 대한 논의는 지금까지 계속되고 있다.[23]

남한에는 미국 정부의 승인 아래, 친일 세력과 야합한 상태에서 이승만 정부가 들어섰고 그 암투와 혼돈의 와중에서 그는 불안한 민심을 '항일 애국 정신'과 '반공 정신'의 이데올로기로 안정시켜 왔다. 한편에서는 '근대화론,' 다른 한편에서는 '반공주의'가 삶의 모든 것을 설명하는 핵심 용어로 자리를 잡는다. 그리고 그 틈 사이에서 '미국에 대한 선망'만 커져 갔다.

대중 교육의 장을 보면 일반적 삶으로부터의 소외 현상이 그대로 나타난다. 해방 후 교육은 미군정기 이래로 지금까지 일본이 남기고 간 문부성의 골격에 내용만 바뀌어진 형태로 이루어져 왔다. 군국주의적이고 관료적 권위주의의 골격을 그대로 유지한 교육계의 틀에 자생적인 지식과는 거리가 먼 내용, 곧 반공산주의 이념과 근대화의 논리가 채워졌던 것이다. 새로운 자아를 만들어 가는 것이 아니라 일본 제국주의에 의해 만들어진 '식민적 주체' 위에 미국 지향의 또 다른 '식민적 주체'가 덮어씌워지는 과정이 시작된 것이

---

23) 송건호 외, 1978, 《해방전후사의 인식 1》, 한길사를 참고할 것.

다. 학생들은 일제 시대에 교육을 받은 교사를 경멸하며 더욱 미국식 지식을 선호했으나 또한 이미 구조화된 학교의 일본식 권위주의 체제에 길들여졌다. 결과적으로 이 교육은 미국의 입장에서 보면 많은 이상적인 엘리트들을 길러 냈다. 그들은 한결같이 열심히 미국 영어를 배웠고, 헐리우드 영화의 열렬한 팬이었으며, 공산주의에 대한 체질적 빈감을 가지고 있었다.[24]

해방 이후 엘리트들은 미국을 '해방을 가져다 준 은인의 나라'로 간주하여 열렬한 충성을 바쳤고, 마침 그 나라가 이민을 받아들이는 나라였기 때문에 엘리트 층의 상당수가 그 나라에 유학을 갔다가 이민으로 눌러 앉아 버리는 사태를 낳았다. 엘리트 층이 대거 이민을 간 현상에서 우리는 그 동안의 근대사가 민족의 운명을 걱정하는 지식인 집단을 만들어 내는 데 실패했음을 여실히 보게 된다. 물론 그 동안의 역사가 망명을 강요하는 부분이 없지 않았다. 이북에서 월남한 이들이 남한의 터주 대감들의 등쌀에 삶의 뿌리를 내리기 어려웠다는 것도 알고 있다. 그러나 여기서 우리는 변명을 하기보다 그 동안 묻어 두었던 상처를 꺼내서 치유해 가고자 하므로 생각을 멈추지 않고 이어가 보자.

자신이 몸담아 온 사회의 삶을 걱정하고 이론화해 가는, 그리고 주도해 가는 엘리트 층은 실은 그리 쉽게 딴 사회에 가서 주저앉지 못한다. 지식인 범주에 드는 사람은 삶을 살아가는 데 책임과 언어가 얼마나 중요한 것인지를 누구보다도 잘 알고 있기 때문이다. 그래서 꼭 애국심 때문만은 아니더라도, 자기를 위해서라도 이민을 가지는 않는다. '말'을 포기하면서까지 자기 땅을 떠나서 살 생각을 좀체 하지 않는다는 말이다. 물론 여기서 언어란 그냥 의사 소통에 불편이 없이 말을 하는 능력을 뜻하지 않는다. 자신의 감정과 아직 표출되지 않은 무의식까지도 표현해 낼 수 있는 언어 구사 능력

---

24) 최근에 나온 안정효의 《헐리우드 키드의 생애》(1992, 민족과 문학사)를 보면 해방 후 청소년기를 지낸 세대가 얼마나 많은 미국 영화를 보면서 아편 중독자들처럼 영화 속에 빠져들어 영화 속의 영웅을 무차별적으로 숭배하고, 자신의 삶의 장을 덧없이 여겼는지를 알게 된다.

을 말한다. 그런 면에서 이 책에서 말하는 지식인 사회의 '식민지성'은 오히려 해방 이후에 본격적으로 심어졌고 '기억 상실증'은 더욱 깊어졌다고 할 수 있다.

실은 박정희 정권이 들어서면서 민족 주체성을 회복하려는 민족주의 담론이 새롭게 일었는데, 이것은 '국풍' 등의 이벤트와 서울 올림픽 등에서 꽃을 피우기도 한다. 그러나 그 대항 담론은 어떻게 해서든 빈곤에서 벗어나 선진국 대열에 끼어들겠다는 경제 제일주의와 위계 서열적인 냉전 질서 속에 고스란히 편입된, 지배 담론의 복제품에서 크게 벗어나 있지 않았다.

70년대 후반부터 반체제 운동권 안에서도 민족주의적 대항 담론이 형성된다. 학생 운동권과 민중 운동권은 '민중 문화'를 부각시킴으로 새롭게 민족 주체성을 만들어 가고자 한 것이다. 그러나 이들의 논의는 보다 포괄적인 삶의 성찰 작업으로 이어지지 못했는데, 그것은 아마도 '통일'이라는 과제를 절대 명제로 정해 버렸기 때문일 것이다.

일제 강점기였건, 미국이 장거리 조종을 하는 시기였건 또 반미적 민족주의를 외치기 시작한 변혁기였건 간에, 정치적 논의의 내용은 크게 바뀌었는지 모르지만 학문이나 문화적 생산 형태는 크게 단절됨이 없이 유지되어 왔다. 외국 문학계에서 현실과 유리된 지식 체계가 어떻게 여전히 재생산되고 있는지를 논의한 글이 있다. 민족 문학론을 지속적으로 펴온 백낙청은 〈신식민지 시대의 서양 문학 읽기〉라는 글에서 문화 침략의 일환으로 제국주의 본국의 문학이 읽히는 방식을 다음과 같이 정리하고 있다.[25] 1) 위대한 작품만 알리고 그에 대한 진정한 이해는 못하도록 하는 주입식 교육 (예를 들어 셰익스피어의 4대 비극의 제목은 외우면서 진작 그 작품들은 읽지 못하는 것), 2) 작품을 읽히되 보수적이고 체제 순응적인 작품만 선별해서 보급하는 것, 3) 실제로 명작의 이름에 값하는 작품을 소개하기는 하되 엉뚱한 해석으로 그 문학 작품이 지닌 인간 해방적

---

25) 백낙청, 1990, 〈신식민지 시대의 서양 문학 읽기〉, 《민족 문학의 새 단계》, 창작과 비평사, 215-217쪽.

기능을 봉쇄하는 방법, 그리고 4) 문학 작품은 작품 자체로 꼼꼼히 읽고 심미적 감상을 할 대상이지 구체적인 현실과 연관시키는 생각은 잘못이라는 것 등이다. 이런 식의 책 읽기는 삶에 대한 성찰을 핵심으로 하는 인문학의 발전을 애초부터 막아 버린다. 외국 문학의 경우 그 문학 작품이 탄생한 문화적 배경을 알지 못한다면 피상적이고 단편적인 지식을 외우는 것밖에 되지 못한다. 사실 문학 작품을 낳은 사회에 대한 이해가 없는 작품의 이해는 오히려 하지 않는 것이 낫다. 그런데 이런 식의 극단적 오독의 훈련은 입시 위주 교육 현장에서 체계적으로 이루어져 왔다.

이렇게 식민지성은 단순한 의식의 문제가 아니라 제도화된 체계이며, 그래서 단절을 이룬다는 것은 몹시도 어려운 것이다. 지금의 문학 교육 현장을 보자. 중고등부 영어 담당 교사들은 '뉴크리티시즘'에 바탕을 둔 문학 훈련을 받아왔는데, 이런 경향은 문학 교육을 지나치게 형식주의적이고 분석적으로 기울게 한다는 비판이 최근에 일었다. 뉴크리티시즘 분석 방법은 문학 자체의 향기를 증발시키고 있다는 비판인데,[26] 그럼에도 불구하고 이런 경향이 지배적인 이유는 뉴크리티시즘이 현재의 객관식 고사의 성격에는 아주 적합한 방법이기 때문이라는 것이다. 뉴크리티시즘은 문학 연구를 되도록 과학화함으로써 마치 과학자가 정답을 찾듯이 문학에서도 정답을 얻어 내려고 하는 비평적 접근 방법이라고 할 수 있는데, 이것이 입시 위주 교육과 잘 맞아떨어진 것이다.[27] 서양 문학의 연구가 서양 사회와 문화에 대한 깊이 있는 이해에 도움을 주지 못하고 객관식 대학 입시 시험을 위한 방향에서 요리되는 수준에 머문다면 우리의 학문의 수준과 유용성에 대해 더 이상 어떤 기대를 할 수 있을까? 그런데 이런 문제에 대해 문제를 제기하는 문학인들이 드문 것은 또 왤까?

식민지적 근대사를 통해 이어져 온 언어 상실의 상태는 여기까지

---

26) 박인기, 1992, 〈적합성과 다양성의 선순환 구조를 위하여〉,《현대 비평과 이론 3》, 한신 문화사, 60쪽; 이상섭, 〈한국의 영문학 교육의 문제〉, 같은 책, 77쪽.
27) 이상옥, 〈문학 교육의 문제점에 대해〉, 같은 책, 98쪽.

와 있다. 창조적 오독이 아니라 입시를 위한 오독이, 문맥과는 관련 없는 오독이 판을 친다. 그래서 '식민지성'에 대한 논의는 지금 세대 청소년들에게는 생소하기만 하다. 입시 제도가 바뀌면 많은 것이 좋아지리라는 막연한 생각들을 할 뿐이다.

기억 상실증에 걸린 상태에서 청산 작업을 한다는 것은 매우 어려운 일이다. 나는 일제 말기에 독립 운동 비밀 결사 조직인 '칠형제'에 가담하여 목숨을 걸고 독립 운동의 연락 임무를 맡아 온 남동순 씨의 일생에 관한 글을 신문[28]에서 읽은 적이 있었는데 그가 해방 후에 얼마나 쉽게 친일 세력을 용서하고 함께 일하게 되는지를 보면서 정말 이해할 수 없어 했던 기억이 난다. 해방 후에 남씨는 '칠형제'를 집요하게 추적하던 조선인 형사가 목숨을 구걸하러 나타나자 호통을 치다가 "그 사람 따지고 보면 친일파지만 그 당시에는 자식들하고 먹고 살려고 그런 일 안한 사람 거의 없었고 …… 불쌍한 생각이 나서 육군 소령 시켜 주었다"고 한다. 그리고 남씨는 자신이 좌익으로 가야 할지 우익으로 가야 할지를 이 형사에게 묻기까지 한다. 이것을 행동 대원의 단순함에 기인하는 예외적 경우로 처리할 수 있을까? 이 기사를 읽고 나서 나는 광복군 노병들이 연탄값이 없어서 추위에 떨면서도 나라에 별 요구를 하지도 않고 자족하는 현상을 떠올렸다. 역사 의식이라든가 식민지적인 문화의 단절이라는 것은 그때나 지금이나 우리에게는 여전히 아주 어렵고 생소한 일이라는 생각을 하게 된다. 지금 일고 있는 화가 운보의 '친일 경력'에 대한 기사를 보면서 역시 당시 상황을 제대로 알아가는 것보다 '단죄'하는 것을 우선시하는 성급함을 읽는다. 역사 의식은 성급함과는 거리가 멀다. 책임을 따지기만 하는 것과도 다르다. 그것은 함께 책임을 지는 것이다.

이런 성급함을 나는 최근에 불같이 일기 시작한 '국제화' 담론에서도 본다. 최근에 결성된 교육 개혁 위원회 위원장은 외국어 교육을 교육 개혁의 3대 과제 중 하나로 들고 나왔다. 온 국민에게 외국어 조기 교육을 시키겠다는 것이다. 그런데 자기 말을 제대로 하지

---

28) 《여성신문》, 1992년 1월 연재.

못하는 사람이 외국어는 잘할 수 있을까? 언어가 무엇인지 감이 없는 이들이나 그렇게 쉽게 말할 수 있는 것 아닐까? 이제 국제화 시대에 들어섰으므로, 우리는 더욱 자기 말을 할 수 있는 훈련을 시켜 가야 한다. 그러면서 훌륭한 번역을 해내고, 훌륭한 동시 통역을 할 전문가들을 길러 내야 한다. 국민 대중이 외국인을 만나 일상적 대화를 할 수 있게 되는 것이 '국제화'가 아니다. 외국에 내놓을 작품도 없으면서 번역만 한다고 세계적이 되는 것이 아니다. 자기 말을 제대로 할 수 있게 되는 것이 '세계적'이 되는 길이다.

우리에게 언어는 무엇인가? 우리에게 역사는 있는가? 우리는 과거를 기억하고 싶어하는가? 자기 생각을 드러내기 위한 언어를 우리는 진정 갖고 싶어하는가? 선배로서 역사의 무게를 덜어 주지도, 풀어 주지도 못하면서 계속 '쌓이게'만 해서 미안하다. 그러나 지금 우리는 이런 질문을 우리 자신에게 단도 직입적으로 던져야 한다. ■

2'장 지식/권력에 대한 성찰
— '타자성'에 대하여

'식민화' 내지 '제국주의적 지배'의 문제는 단순히 정치 / 경제적 차원의 문제가 아니며 따라서 직접적 권력 대립의 문제로 풀 수 있는 것이 아니라는 인식은 식민지 지배가 장기화되면서 생기기 시작한 것이다. 식민 지배가 장기화되자 민족주의자들은 의식의 차원, 또는 언어의 차원이 중요함을 알게 되고 민족주의자들은 전략을 바꿀 수밖에 없게 된다. 그리고 이들은 식민화된 역사를 가진 많은 사회가 독립을 이룬 후에도 여전히 '서양의 지배 체제' 속에 머물고 있음을 보면서 그 동안의 제국주의적 지배가 가져다 준 '선물'이 결코 만만한 것이 아님을 알게 된다. '타자화' / 의식의 식민화 / 식민적 주체에 대한 논의를 가장 선동적이고 설득력 있게 펴나간 파농의 기념비적 책을 통해 이 문제가 어떤 언어로 구사되어 왔는지 살펴보자.

파농은 식민지 땅에서 태어난 지식인으로 타자화된 자신의 모습을 정면으로 바라보게 된 대표적 민족 해방 운동가 중 한 사람이다. 1925년에 프랑스령 서인도 제도에서 태어난, 알제리인 정신과 의사이며 알제리 민족 해방 전선의 주도자 격인 프란츠 파농은 프랑스에 유학한 지식인으로 싸르트르에 심취해 청년기를 보낸 전형적 식민지 엘리트이기도 하다. 의사로서 정신질환을 분석하다가, 그는 환자들 속에서 자기 땅에서 소외되어 버린, 자아 상실의 상태에서 살아가는 일반적인 식민지 주민의 모습을 보게 된다. 그 과정을 통해 그는 알제리 해방 투쟁에 적극 참여하게 되고 그 투쟁에 앞장섰다가 1961년 서른 일곱의 나이에 '혁명 전사'로 사망한다. 파농의 대표적인 책 《대지의 저주받은 자들》[1]은 알제리의 식민 종주국이었던 프랑스에서 1961년에 출간되어 지성계에 큰 파문을 일으켰으며, 지금도 탈식민 담론을 논하는 서구 지성계와 제3세계 지성계 전반에 대표적인 교재로 읽히고 있다.

---

1) 파농, 1979, 《대지의 저주받은 자들》, 박종렬 옮김, 광민사.

파농의 책이 프랑스에서 발간되었을 때 서문을 싸르트르가 썼다.

잠시 여기서 식민지사는 식민 모국과 식민지 사이에서 일어나는 상호 관계적 성격을 지닌다는 점에 주목하자. 대표적인 서구 제국주의 국가로 영국과 프랑스와 미국을 들 수 있을 것인데, 그 중에서 프랑스 지식인들이 식민지에서 자행되는 일에 가장 민감하게 반응한 편에 속한다.[2] 하여간 프랑스 지성계의 일부는 다른 식민 모국에 비해서 피식민 주민의 '이해'를 대변하고자 노력했던 편이며, 이런 경향이 식민 사회의 발전에 반드시 긍정적으로 작용하였다고 단언할 수는 없지만, 파농과 같은 사상가는 프랑스적 지성계와 상당히 밀접한 상호 작용을 한 인물이다.

먼저 싸르트르의 글을 통해 문제의 핵심으로 들어가 보자. 싸르트르는 파농의 책 서문에서 "지구상에 인구가 20억을 헤아리던 때, 5억의 '사람'과 15만의 원주민으로 나뉘어 살았던 때[3]"를 기억하라고 말한다. 식민지 초기에 유럽의 엘리트들은 원주민 엘리트를 제조하는 일을 청부 맡아서 유망한 청년들을 골라 내어 벌겋게 단 인두로 낙인을 찍듯 서구 문화의 원리로 그들을 세뇌시켜 갔으며, 본국의 시민들은 식민지 주민들에게 서구식의 옷을 입히면서, 마치 "자식이 부모를 사랑하듯 원주민들이 자기들을 사랑한다고 착각하고 있었다"고 싸르트르는 말하고 있다. 싸르트르의 명문을 직접 읽어 보자.

"그들은 그의 입에 거창한 구절들, 입에 잘 들러붙는 말들을 가득 채워 넣어 주었습니다. 본국에 잠시 체류한 이들은 매끈하고 세련되어져서 고국에 돌아옵니다. 이 걸어다니는 '가짜'는 자기 형제들에게 할 말이 아무것도 남아 있지 않습니다. 단지 본국에서 주입된 말을 읊조릴 뿐입니다. 가령 우리가 파리나 런던,

---

2) 이 점에 관해서는 Lisa Lowe, 1991, *Critical Terrains: French and British Orientalism*, Cornell University 중에서 프랑스 지성계를 다룬 부분을 참고하기 바란다. 리사 로우는 이 책에서 최근 프랑스의 새로운 학문 조류의 중심이었던 크리스테바와 바르트와 뗄껠 그룹이 쓴 중국에 대한 텍스트를 분석하면서 탈구조주의자들인 그들 역시 여전히 동양을 타자화시키고 있음을 보여주고 있다.

3) 파농, 같은 책, 5쪽.

암스텔담에서 "파르테논! 프라떼니테!"라고 하면 아프리카나 아시아 어디선가의 중개인들은 "…… 테논! …… 떼니테!"라고 메아리쳤습니다. 그야말로 황금 시대였습니다.

그러나 그것에도 종말이 있었습니다. 원주민들의 입이 스스로 열린 것입니다 …… 우리는 이들의 공손한 분노의 소리를 느긋하게 들어줄 수 있었습니다. 처음엔 놀라면서도 한편 자부심을 느꼈습니다. '뭐? 그치들이 자기말을 하고 있다고? 봐라, 우리가 그들을 이만큼 만들어 놓지 않았느냐!' ……

새 세대가 나타나자 상황은 달라졌습니다 …… 그들의 아버지들에겐 단지 우리만이 일방적으로 얘기했습니다. 그러나 그 아들들은 이제 우리를 정당한 중개인으로조차 여기지 않고 있습니다. 우리는 그들의 얘깃거리가 되고 있는 것입니다.

(이 책에서) 파농은 우리가 범한 이름 높은 죄악들을 언급하고 있습니다. 그러나 그는 그것들을 비난하는 데 시간을 허비하지는 않고 있습니다 …… 간단히 말하면 제3세계는 그 자신을 발견하고 그 자신의 목소리를 통해 그 자신에게 얘기하는 것입니다. 우리는 그것(제3세계)이 동질적인 세계가 아니라는 것을 알고 있습니다. 이들의 공통점은 식민지 역사와 관계를 가지고 있다는 점입니다 …… 파농의 책을 다 읽게 될 때 여러분은 식민주의자가 되는 것보다 가장 불행한 원주민이 되는 편이 더 나을 것이라고 확신하게 될 것입니다."[4]

싸르트르는 이 중에서 더 이상 식민 모국의 눈치를 보지 않은 세대의 출현과 서구인들의 죄의식에 대해 말하려고 한 것이다. 그러면 싸르트르를 감복시킨, 식민지 시대를 청산하는 일에 앞장을 선 파농의 글을 읽어 보자.

"식민주의는 타자에 대한 체계적인 부정이고, 타자에 대한 어떤 인간적 속성도 허용하지 않으려 하기 때문에 그것은 피지배 민족으로 하여금 항시 '실제로 나는 누구인가?'라는 질문을 되씹도록 만들고 있다.

식민지 주민과 식민지 체제의 폭력적 통합으로 야기되는 방어적 태도는 하나의 구조를 형성하며 이 구조는 식민지적 인간성을 드러낸다. 이러한 '감수성'은 원주민에게 식민지 통치의 단 하루만에 생긴 많은 상처의 깊이에 주목할 때 쉽

---

4) 앞의 책, 6-28쪽.

게 이해될 수 있다 …… 독일 점령하의 프랑스인은 그대로 인간으로서 남아 있었으며, 프랑스 점령하의 독일인도 마찬가지였다. 알제리아에서는 …… 알제리아인, 베일을 쓴 여자, 종려나무, 낙타, 이 모든 것이 프랑스인이라는 인간적 존재에 대한 존경이며 자연 환경이었다.

늪 가까이 있는 식민지에서는 모기, 원주민, 열병들이 자연을 정복하고 있는데 이 자연은 지독하게 고집이 세며 반동적이어서 항상 적대적이다. 이 억센 성질들이 곱게 길들여지면 결국 식민지화 작업은 성공하게 된다. 늪을 가로지르는 철도, 수렁의 간척, 정치적으로나 경제적으로 소외된 원주민, 이런 것들도 사실 같은 부류에 속하는 현상이다."[5)]

식민 통치란 인간에 의한 인간에 대한 사물적 지배다. 그것은 '동류' 간의 일시적 지배 / 피지배 경험과 질적으로 다르다. 같은 인간을 전혀 인간이 아닌 존재인 듯 다루어 온 식민지적 지배를 경험한 인류의 역사는 이제 돌이키기 어려운 강을 건넌 셈이다. 인간의 사물화는 시장의 원리가 지배하는 상업 자본주의적 발전과 관계가 되지만, 식민지 지배를 통해 더욱 악화된 경험으로 구체화되어 우리 곁에 머문다.

인간을 사유하고 길들이는 특이한 체제가 만들어진 것이다. 아프리카의 식민지 경험을 다룬 영화인 〈깨끗한 경력 The Clean Slate〉에 보면 종주국에서는 '인간 쓰레기'로 살아갔을 백인들이 식민지 사회에서 마음 내키는 대로 주민을 죽이고 군림하면서 역사에 없던 또 하나의 포악한 인간상을 만들어 가는 것을 볼 수 있다. 비슷한 주제를 다룬 영화 〈울고 있는 땅 The Weeping Place〉 역시 폭군 같은 백인 남자와 그 아내를 그린 것으로, 그들의 딸의 시선에서 바라본 폭력적 드라마가 여실히 그려져 있다. 남아프리카로 이주한 백인 농장주는 자신의 가족을 원주민들로부터 지키고 기득권을 고수하려고 안간힘을 쓰는 책임감 강한 가장이지만, 그 상황에서 그는 포악한 인간일 수밖에 없다. 그나마 인간적인 관계에 대한 기억과 인간에 대한 신뢰를 잃지 않으려는 아내는 그런 상황에서 정신병이 들 수밖에 없다. 남아프리카 공화국이 낳은 작가 도리스 렛싱의 소설에도 백인들이 식민지 땅에

---

5) 앞의 책, 201-202쪽.

가서 '작은 폭군'으로 살면서 얼마나 타인을 그리고 스스로를 비인간화하는지를 여실히 보게 된다.[6] 그러한 경험은 피해자와 가해자 모두에게 돌이킬 수 없는 상처를 남겼고, 이런 기억과 이미지는 지금도 인류의 역사 속에서 사라지지 않고 힘을 가지고 이어져 오고 있다.

파농은 극도의 비인간화를 초래하는 이러한 제국주의 역사를 끝내야 된다고 믿었으며, 동시에 그 작업이 얼마나 어려운 것인지도 잘 알고 있었다. 어려움은 바로 이미 너무나 타자화되어 버린 민족주의적 엘리트들의 당혹함 속에 집약되어 있다.

"식민지의 민족주의 정당들이 민족 독립의 명분으로 민중을 동원하는 순간, 식민지 지식인들은 갑자기 그들을 조국으로부터 소외시킨 이 모든 교양이 아무것도 아니라는 것을 느끼고 그것을 버린다. 그러나 그것을 실제로 버리는 것은 그것을 버린다고 선언하는 것보다 훨씬 어렵다. 문화 매체를 통해 서구 문명에 흡수되어 들어갔고 유럽 문화가 그의 신체의 일부가 될 만큼 동화되었던, 다시 말하면 자신의 문화를 다른 문화로 대체했던 지식인은 그가 본연의 인간으로 다시 태어나기 위해 현재 취하고자 하는 문화적 모델이 너무나 허약하다는 것을 알게 된다 …… 그는 빨리 백인 문화로부터 벗어나지 않으면 안되겠다고 느낀다. 그는 다른 곳에서 혹은 어느 곳에서라도 그의 문화를 찾지 않으면 안된다고 느낀다."[7]

파농은 새로운 민족 문화를 창출하려고 결의한 식민지 지식인이라 하더라도 여전히 점령자들로부터 얻은 기술과 언어를 사용하게 되는 위험을 안고 있음을 경고한다. 식민지 지식인은, 자신이 민중 속으로 되돌아왔고 민중에게 가까와지고자 한다는 것을 보여주기 위해 "사투리를 사용하는 데 주저하지 않는다. 그러나 …… 식민지 지식인이 지향하는 문화는 때때로 특수주의의 재고품에 지나지 않는 것이다. 그는 민중에 밀착되려고 하지만 그가 붙잡은 것은 그들의 겉옷자락일 뿐이다"[8]라고 파농은 여전히 허공 속을

6) 도리스 렛싱, 1986, 《풀잎은 노래한다》, 지학사.
7) 앞의 책, 176쪽.
8) 앞의 책, 180쪽.

방황할 수밖에 없는 지식인의 고충을 지적하고 있다.

파농은 '식민화된 주체'를 어떻게 벗어 던질까에 대해 치열하게 고민을 한 사람이었고, 그의 고민과 방황과 좌절은 지금도 시원하게 풀리지 않은 숙제로 남아 있다. 그 숙제는 실은 더욱 복잡하고 어려운 과제로 지금 우리에게 남겨져 있다. 구체적인 '적'을 앞에 놓고 저항하고 괴로와하면서 자신의 상태가 비정상적임을 알 수 있었던 구식민지적 상황에 비해, 그래서 늘 긴장과 경계심을 품고 해방된 조국에 대한 꿈이라도 꿀 수 있어서 파농처럼 자신있게 글을 쓸 수 있었던 당시에 비해, 겉으로의 독립이 보장된 지금의 상황은 혼란스럽다. 대다수 사람들은 정치적 독립을 이룬 것에 만족하며 스스로 '탈식민 시대'에 살고 있다고 생각한다. 아니면 세계화의 시대에 그런 과제 자체가 무의미하다고 생각한다. 우리는 우리가 '비정상 상태'에 있음을 잊어버리게 하는 상태에 살고 있는 것이다. 식민 모국의 얼굴들이 보이지 않는 상황에서 경계심을 잃게 되고, 보이지 않는 거대한 유혹에 보다 쉽게 무너진다.

이제 파농 이후에 출현한, 신식민지적 상황을 명징하게 그려 낸, 그래서 역시 기념비적인 텍스트가 된 에드워드 사이드의 글을 읽어 볼 차례가 된 것 같다. 사이드는 파농과는 달리, 지금도 여러 매체를 통해 활약하고 있으며, 여전히 망명 중인 팔레스타인 출신 영문학자이다. 사이드는 1978년에 《오리엔탈리즘》이라는 책을 써서 식민지 시대를 통해 형성된 서구 중심적 지적 체계가 어떻게 여전히 전 세계의 지식계를 지배하고 있는지를 보여주었다.[9] 그에게 "식민지적 상황이란 어떤 외부의 권력이 내부의 권력을 지배하는 것"을 의미한다. 달리 말하면 외부인의 생각이나 욕망이 내부인의 그것에 우선하여 관철되는 상황이다. 이때 "지배자의 뜻이 관철되는 방식은 꼭 힘을 통해서만이 아니라 지식을 통해서 보다 광범위하게 이루어져 왔다"는 것에 사이드는 역점을 두고 지식에 의한 제국주의 지배의 양상을 추적하였다.

사이드가 부각시킨 단어인 '오리엔탈리즘'이란 "서구가 오리엔트에 관계

---

9) 에드워드 사이드, 1991, 《오리엔탈리즘》, 박홍규 옮김, 교보문고. 원문은 1978년에 Pantheon Books에서 출간되었다.

하는 방식으로서 서양인의 경험 속에 동양이 차지하는 특별한 지위이자, 주체인 서양이 동양을 타자화하는 과정에서 생긴 산물"이다. 사이드는 바로 여기서 푸코적인 언설의 지배 현상에 대해 말하고 있는데 곧, '오리엔탈리즘'이라는 것은 "하나의 언설이며 그 언설은 살아 있는 정치 권력과 직접적인 대응 관계에 있는 것이 아니라 도리어 다종 다기한 권력과의 불균형적인 교환 과정 속에서 생산되고 또한 그 과정 속에 존재"하는 것이라는 것이다.[10] 그의 웅변을 직접 인용해 본다.[11]

오리엔탈리즘이란 문화, 학문, 제도 등에 의해 피동적으로 비추어지는 단순한 정치적인 연구 주제나 연구 분야가 아니다. 또 동양에 관련된 방대하고도 산만한 텍스트들의 집합도 아니다. 나아가 '동양적' 세계를 억압하고자 하는 극악 무도한 '서양적' 제국주의의 음모를 표상하거나 표현하고 있는 것도 아니다. 도리어 오리엔탈리즘이란 지정학적 지식을 미학적, 학문적, 경제적, 사회학적, 역사적, 문헌학적인 텍스트로 '배분하는 것'이다. 또한 오리엔탈리즘이란 (세계를 동양과 서양이라고 하는 불균등한 두 가지로 구성하는) 지리적인 구분일 뿐만이 아니라, 일련의 '관심' 곧 학문적 발견, 문헌학적 재구성, 심리학적 분석, 풍경이나 사회의 서술을 매개로 하여 만들어지거나 또 유지되고 있는 '관심'을 '주도 면밀한 것으로 만드는 것'이기도 하다. 나아가 오리엔탈리즘이란, 우리들의 세계와 다른 점이 일목 요연한 (또는 우리들의 세계와 대체될 수 있을 정도로 새로운) 세계를 이해하고, 경우에 따라서는 지배하고, 조종하고, 통합하고자 하는 일정한 '의지'나 '목적 의식' ─ 을 표현하는 것이기보다도 도리어 ─ '그 자체'이다.

사이드는 지배적 언설 체계로서 오리엔탈리즘이 의미를 지니게 된 것은 동양 때문이 아니라 도리어 서양 때문임을 분명히 한다. 그리고 그 의미는 동양을 가시적이고 분명한 '그곳 there'이라는 존재로 변화시키는 다양한 표상 기술에 의존하여 성립되었다는 것을 밝혀 낸다. 오리엔탈리즘은 식민지 제도나 정책에서 나타나는 정치 권력뿐만이 아니라 비교 언어학, 비교 해부학 또는 현대의 여러 가지 정책 과학과 같은 유행 학문에 나타나는 지

10) 앞의 책, 33쪽.
11) 앞의 책, 32-33쪽.

네팔, 튀니지아 등지에서 판매되고 있는 엽서들

지금
서구인들은 말한다.
"이제 야만인들 없이
우리는 어떻게 할 것인가?
그들이야말로 한 가지 해답이었는데 ……"
-- 캐바피

Yogis on High

TUNISIE

그들은 또 말한다.

"이 세상에 단 하나의 문화가 아니라
여러 개의 문화가 존재하고 있음을 알게 되고,
이에 따라 그 동안의 문화적 독점의 종말을
인정해야 할 때, 우리는 당황하게 된다.
갑자기 '타자'들이 나타나면서
우리 자신들도 이러한 타자들 가운데
하나의 '타자'가 되어버린다.
모든 의미와 목표가 사라지면서
마치 폐허의 자취를 더듬듯,
이 문명, 저 문명 속으로 떠다니는
운명이 시작된다."
— 리꾀르

Nepali kitchen   Cooking the Traditional Way

적 권력, 더 나아가 사회적 규범과 가치, 취미에 이르는 문화적 권력을 포함하는 것이다. 특히 "문화와 같이 침투성이 있는 헤게모니적 시스템의 내구력과 지속성을 더욱 잘 이해하기 위해서는, 이러한 시스템 내부의 통제력이 단지 억제적일 뿐만 아니라 '생산적이기도 하다'는 것을 인식하여야 한다"고 사이드는 주장한다.[12]

사이드는 언설로서의 오리엔탈리즘을 검토하지 않는 한, 특히 정치적, 사회적, 군사적, 이데올로기적, 과학적으로 또 상상력으로써 동양을 관리하고 '생산'하기도 한 그 거대한 조직적 규율의 측면을 파악해 내지 못하는 한, 근대를 통해 유럽 문화가 세계를 지배해 온 이유를 결코 이해할 수 없을 것이라고 말한다.[13]

지금 여기서 우리가 관심을 갖는 부분은 서양이 현상을 왜곡했다는 점보다 서양에서 제조되어 다시 동양으로 온 오리엔탈리즘이 현지에서 갖는 권력의 측면일 것이다. 사이드는 과학자, 학자, 선교사, 무역 상인, 군인들이 피식민 사회에서 거의 아무런 저항을 받지 않고 살면서 그곳에 관하여 생각하고 그 사회를 규정해내 왔으며 그들에게 부여된 지적인 권위를 통해 만들어진 학문 체계는 식민지 지식인들을 통해 다시 식민지 사회로 수입되고 제국주의적 세계관을 퍼뜨리게 된다는 점에 주목한다.

이 책을 번역한 박홍규의 표현대로 서양에서 제조되어 다시 동양으로 온 '서양화된 동양'에 먹히는 것이 지금 우리가 당면하고 있는 심각한 문제 상황이다. 박홍규는 "우리는 우리의 기준을 잃어버리고 서양인이 날조한 동양사, 동양 문화, 동양 사상을 공급받는다. 그것이 사이드가 말하는 오리엔탈리즘이고 오늘의 우리는 그 중독자라고 볼 수 있다"[14]고 쓰고 있다. 이렇게 세계 식민지 역사를 통해 일어 온 타자화의 역사는 매우 깊어서, 우리 일상성 속에, 우리 내면 깊숙이 우리 자신이 되어 꿈틀거리고 있다. 식민지 경험은 떠난 것이 아니었다. 그들은 여전히 우리 곁에 있는 것이다.

'오리엔탈리즘'이 여전히 위력을 발휘하고 있다는 사실은 우리에게 친숙

12) 앞의 책, 37쪽.
13) 앞의 책, 16쪽.
14) 앞의 책, 544쪽.

한 영화를 통해서 쉽게 알 수 있다. 많은 관객을 동원한 시드니 폴락 감독의 〈아웃 오브 아프리카〉를 보면 상당히 자유로운 백인 여성이 주인공으로 나오는데, 그러한 진보적 주제를 다루고 있으면서 여전히 원주민들은 풍경화로 등장할 뿐이다. 그곳 여성들도 풍경화로 등장할 뿐이다. 그곳에 드러나 있는 '어두운 대륙 아프리카'의 이미지는 암암리에 백인 우월주의를 깔고 있어서 페미니즘 영화라는 이름을 무색하게 한다. 〈인도로 가는 길〉은 이 영화보다 더욱 '오리엔탈리즘'에 충실하다. 사라져 가는 것을 구출해 내는 탐험가인 백인, 그는 능동적으로 거대한 신비와 관능의 땅 인도를 누빈다. 영화에 드러난 시선은 콜럼버스의 후예인 탐험가 백인의 그것이며, 원주민의 시각은 어디에도 없다. 이 영화에서 서양은 여전히 동양을 밝히는 등불이고 구원의 상징이다.

1993년에 극장에서 개봉한 영화로, 베트남 식민지 시대를 배경으로 한 〈연인〉이나 〈인도차이나〉에도 '오리엔탈리즘'은 그대로 드러나 있다. 〈연인〉은 유명한 극작가 마르그리뜨 뒤라스의 소녀 시절을 그린 자전적 소설을 바탕으로, 장 자끄 아누가 감독한 영화인데, 원작의 리얼리티는 거의 사라지고, 전형적인 동양과 서양의 이미지만 남아 있다. 이 영화는 인도차이나에서 농장주였던 남편이 죽고 과부로 남은 아주 가난한 상태에서 살고 있는 한 백인 여자와 그 아이들의 이야기이다. 아들은 마약 중독이 된 부랑자이고, 딸은 고등학교에 다니는데, 이 영화는 그 딸을 화자로 하고 있다. 상당히 절망적인 상태에서, 집을 떠나고 싶은 소녀가 롤스로이스를 타고 다니는 중국계 부호의 아들과 육체적인 사랑에 빠져 드는 것이 그 주요 줄거리인데, 여기서도 원주민의 삶은 두 사람의 연애를 위한 배경에 지나지 않는다. 분명한 것은 두 남녀 주인공, 곧 나이든 부호의 아들인 중국인 남자와 작고 가난한 백인 소녀는 '거대하고 병든 정체된' 중국과 '무서운 것이 없는 작은 능동적 주체'로서의 백인의 이미지를 여실하게 표현해 내고 있다는 점일 것이다. 그렇게 표현해 낸 것에 대해 아마도 뒤라스는 화가 났겠지만 분명 흥행에는 도움이 되었을 것이다. 서양에서만이 아니라 동양에서도
……

〈인도차이나〉의 그림은 보다 더 구체적이다. 이 영화에서는 세련된 프랑스 백인 여자인 공장주가 고아가 된 베트남 황녀를 양녀로 입양해서 최고의

프랑스식 교육을 받은 '숙녀'로 기른다. 그런데 그 양녀는 별로 '애국적'이지 않은 프랑스 장교를 사랑하게 되고, 둘은 베트남 해방 전선의 지도자가 되어 밀림 속으로 들어가 버린다. 비극적 연인들이 남긴 아들을 맡게 된 백인 여자 주인공은 파리로 돌아온다. 마침내 민족 해방을 이룬 베트남이 파리로 대표단을 파견하는데, 그 대표단에는 민족 해방의 기수였던 황녀가 끼어 있다. 이제 할머니가 된 백인 역 주인공과 그 손자는 양녀 / 어머니가 머무는 호텔 근처에 갔다가 만나지 않고 되돌아온다. 지배자 백인은 혁명 투사를 길러 냈고 마치 떠나겠다고 조르는 아이를 담담하게 떠나 보내는 부모처럼 이 영화를 보면 자신이 뿌린 백인의 씨는 이제 확실히 거두어졌고, 그것으로 더 이상의 얽힘이 없이 식민지 시대의 막을 내리는 듯하다. 아주 깨끗이.

존 아빌드슨 감독의 〈파워 오브 원〉이라는 영화 역시 제국주의가 남기고 간 거대한 신화가 아직도 곳곳에 살아 숨쉬고 있음을 느끼게 하는 영화이다. 이 영화는 남아프리카 공화국이 독립하기 18년 전인 1930년, 한 영국인 농장에서 시작된다. 농장에서 살던 어린 소년은 어려서 부모를 잃고 외로움에 익숙한 소년으로 자란다. 아플 때면 흑인 유모를 따라 무당에게 치료를 받기도 하는 등 흑인 사회에 대한 향수를 가지고 있다. 그는 농장을 떠나 기숙 학교로 가게 되는데 독일계 백인 학생들은 영국인의 통치에 대한 보복으로 이 영국 소년을 무자비하게 괴롭힌다. 모진 수모를 견디다 못한 그는 할아버지의 친구인 독일계 음악가가 사는 포로 수용소에서 살게 되고, 그곳에서 원주민 흑인으로부터 전투를 배우면서 '정의로운' 청년으로 자란다. 주인공은 국적과 인종이 다르다는 이유로 서로를 미워하는 현실에 분노하며 자신도 모르는 사이에 인종 차별 철폐 운동의 선두에 과감히 나서게 된다. 역시 회고조인 이 영화에서 우리는 식민지 상황의 비인간성을 여실히 보게 된다. 그러면서 또한 오랫동안 식민지적 상태에 살아온 주민은 자신과 같은 범주에 속하는 인간이 지도자가 될 수 있다는 신뢰를 가지고 있지 못하고 있음을 알게 된다. 마치 여자가 여성 지도자를 믿지 못하듯이, 타자화된 이들은 자신에 대한 신뢰를 더 이상 가지고 있지 못하다.

〈인도차이나〉나 〈파워 오브 원〉과 같은 영화는 아직도 역사에 무지하고 여전히 인종 차별주의적인 생각을 가진 서구 관객을 계몽시키는 데는 나름대로 효과를 거둘 수 있을 것이다. 그러나 비서구 관객들에게 이 영화는 그런 계몽 효과보다는 백인 우월주의를 또 한번 확인하는 영화로 읽힐 소지를 충분히 가지고 있다.

그런데 …… 독자는 지금쯤 묻고 싶어질 것이다. 이제 사양길에 들어선 서구인들이 향수에 좀 젖어 보려 그런 회고풍 영화를 만든 것을 가지고 무어 그리 꼬치꼬치 분석을 하면서 고깝게 생각하는가? 그것 자체가 식민지적이 아닌가? 서구인들은 지금 기운이 빠지고 당혹스런 상황에서 영화롭던 때를 되돌아보면서 조금이라도 힘을 얻어 볼까 노력중이 아닌가? 몹시 당황한 상태에서 그들이 하는 독백이 들리지 않는가?

"이제 야만인들 없이 우리는 어떻게 할 것인가? 그들이야말로 한가지 해답이었는데"[15]

후기 구조주의자 리꾀르는 말한다. "이 세상이 단 하나의 문화가 아니라 여러 개의 문화가 존재하고 있음을 알게 되고, 이에 따라 그 동안의 문화적 독점에 종말을 고해야 할 때, 우리는 당황하게 된다. 갑자기 '타자'들이 나타나면서 우리 자신들도 이러한 타자들 가운데 하나의 '타자'가 되어버린다. 모든 의미와 목표가 사라지면서 마치 폐허의 자취를 더듬듯, 이 문명, 저 문명 속으로 떠다니는 운명이 시작되었다."

그러니 이제, 좌표를 잃고 방황하는 그들을 좀 내버려 두어도 되지 않는가? 어이없이 무너지고 있는 판에 그렇게 힘주어 성토하는 것은 인간적이 못된다. 어차피 우리가 세계를 지배할 수 있을 것은 아니고, 그냥 이 정도로 살면 될 것 아닌가? 지금 세상에 '자기 말'을 하면서 행복하게 사는 사람이 몇이나 될 것이라고? 어차피 인류 역사는 그리 오래 지탱하지 못할 것이고 서로 불쌍하게 여기면서 잘지내 보자.

나도 종종 당신과 같은 생각을 한다. 그러나 한 가지. 서구가 탈근대론과 탈식민 담론을 펼치며 자기 성찰과 자기 반성에 들어간 것도 그냥 그렇게 시간이 지나다 보니 생긴 일이 아니다. 제3세계에서 일었던 많은 반역의 몸

---

15) 캐바피, 피터 버거, 1981, 《고향을 잃은 사람들》, 한벗, 167쪽에서 재인용.

짓들이 그러한 반성을 강요했다. 그 몸짓은 자신의 생존을 위한 신음 소리였고, 길게 볼 때는 자신의 생존만을 위한 움직임은 아니었다. 밀즈가 《들어라, 양키들아》에서 아주 잘 표현하고 있듯이, 그것은 서양과 동양 모두를 위해 들어 두어야 할 소리였다. 밀즈가 쿠바의 혁명을 보면서 한 말을 다시 한번 들어 보자.[16]

쿠바라는 한 '굶주린 나라'의 인민은 지금 몹시 혁명적인 절규를 하고 있다. 쿠바의 전 역사는 극단적으로 미국 역사와 연관이 되어 있다 …… 남들이 뭐라 하든, 내가 어떻게 생각하든, 쿠바의 '소리'는 미국이 꼭 들어야 할 소리다. 우리는 아직도 그 소리에 귀를 기울인 적이 없었다. 이제는 들어야 한다. 미국민이 굶주린 세계의 모든 부르짖음에 귀를 기울이지 않고 있기에는 미국은 너무나 강력하고, 세계와 그 자체에 대한 책임이 너무나도 무겁기 때문이다. 우리가 그 소리에 귀를 기울이지 않는다면 …… 무지에서 오는 온갖 위험과 그리고 불행한 잘못에서 초래되는 위험을 벗어날 길이 없을 것이다.

밀즈가 이 글을 쓸 당시 그는 물론 소련을 염두에 두고 있었을 것이고 그것이 미국으로 하여금 쿠바를 보다 잘 이해해야 한다는 동기로 작용을 했을 것이다. 어쨌든지 60년대에 들어서면서, 또 제3세계의 물적, 정신적 기반이 나아지면서 '오리엔탈리즘'에 대한 반격이 일기 시작했으며, 그러한 변화는 그냥 이루어진 것이 아니다. 그것은 제3세계 안에서 지속적인 싸움이 치뤄진 노력들이 들어간, '정확히' 그 노력만큼의 성과이다. 실상 콜럼부스의 후예들은 아직 그렇게 힘이 빠져 있지 않다. 그들은 여전히 세계의 금융계를 지배하고 있으며, 그들의 선조가 세계 곳곳에 철도를 깔았듯이, 지금 컴퓨터 통신망을 까는 일에 몰두하고 있다. 정보화 사회를 준비하며 새로운 지도를 그리고 있는 이들의 핵심부는 아직도 백인들이다. 좌표를 상실했다면서 가볍게 날아오르고 싶어하는 탈근대론자들은 서구 학문의 한 지류에 지나지 않으며, 서구의 학문적 중심은 아직도 무겁고, 다양한 방식으로 나아갈 길을 모색해 가고 있다.

---

16) 밀즈, 1985, 《들어라, 양키들아》, 녹두, 11-12쪽.

그런데 …… 독자는 또 묻고 싶어질 것이다. 사이드란 사람도 제3세계 출신이라지만 서양 학자가 아닌가? 결국 그의 삶의 터전은 서양이고, 그는 서양 학계에서 살아 남아야 한다. 따라서 그는 서양 학계를 염두에 두고 그들이 좋아하는 말을 하고 있는 것은 아닌가? 서양 지식인들의 죄의식을 어루만져 주는 치장 거리가 아닌가? 스스로 망명길에 오른 제3세계 출신 학자들이 그곳에 살아 남기 위해 만들어 낸 언설을 우리가 그렇게 심각하게 받아들일 필요가 있을까? 그들은 자기가 떠난 사회에 대해 어떤 책임을 지고 있는가? 탈식민 담론은 결국 스피박이 얼핏 표현했듯이 망명중인 학자들이 만들어 내고 있는 지적 공간이고, 우리가 그들의 어려운 탈식민주의 텍스트를 읽어 내려고 노력하는 것 자체가 식민주의에 빠져 드는 위험성을 안고 있는 것은 아닌가?[17] 물론 우리는 냉소적이 되지 않으면서 이런 비판적인 질문을 계속 물어야 한다. 서구에서 일고 있는 탈식민 담론은 분명 그러한 측면도 안고 있다. 모든 담론은 구체적 장소에서 만들어지는 것이고, 그것이 서양 학문 체계에서 일고 있는 만큼 탈식민주의자들이 지닌 급진성도 그 맥락에서의 급진성일 수밖에 없을 것이다.

서양 중심부에 대고 자기 성찰을 촉구하는 탈식민론자들이 불러일으키는 논의는 실제로 탈식민화를 향해 나가는 힘이 제3세계에서, 또 자기 사회 안의 제4세계 — 주변화된 인종과 계급과 성 범주에 속하는 이들 — 속에서 나올 때 크게 힘을 가지게 될 것이지만, 그렇지 않을 때 그들은 늘 '중심부'의 눈치를 살펴야 하는 '지적인 유랑민'으로 남게 될 가능성이 없지 않다. 이들이 현장과 맺는 관계가 그 언설이 힘을 가지게 될 관건이 된다는 것이다. 달리 말해서, 우리가 어디에 서 있든지 우리 자신들 속에 담화 공동체를 만들어 가지 않으면, 삶을 읽어 가는 공동체를 만들어 내지 못하면, 탈식민 담론이라는 것도 또 다른 문화적 종속을 강화하는 이론에 그치고 말 것이다.

그러나 여전히 사이드의 통찰력은 유용성을 지닌다. 어떤 한 존재가 다른

---

17) 스피박은 작가의 노트에서 자신의 글 쓰는 공간을 'the diasporic space of a post-colonial academic'이라고 표현하고 있다. Spivak, 1987, *In Other Worlds*, London: Routledge.

존재를 자신의 경험과 시선으로 규정하고, 그 다른 존재는 상대방이 내린 규정을 그대로 받아들여 스스로를 그 규정에 맞추어 가는 것을 '타자화'라는 말로 부르기로 한 것을 기억해 두자. 이런 타자화 현상이 일어나는 관계에는 예외없이 권력이 개입되고, 권력이 있는 쪽이 '주체', 없는 쪽이 '타자'가 된다. 이때는 '주체'가 한 체험이 권위를 가지며, 그의 이익이 우선적으로 고려된다. 그리고 '타자'는 '주체'의 체험을 바탕으로 만들어진 지식 체계를 자신의 것으로 받아들임으로 스스로를 소외시키게 된다. 한번 이런 틀이 만들어지면 그것은 모든 다른 제도에서와 같이 거대한 복합체로서 굴러가게 됨으로, '타자화의 구조'는 여간해서 바꾸기가 힘들어진다. ■

3장 '보편성'의 그늘에서 벗어나기
— 식민지적 근대성에서 대안적 근대성으로

서양은 에피스테메*를 이야기하지만
우리는 혼란을 말한다.
이 혼란은 이해되지 않는 수준의 질서인가
혼란 그 자체인가?

* 에피스테메는 미셸 푸코가 부각시킨 말로서
주어진 시대의 앎의 기본 단위를 말한다.
그것은 인식을 위한 기본 전제와 삶을 구성해 가는
기본 개념과 전략들을 포함한다.

1993년 가을 일제 때 지은 총독부 건물 철거를 두고 찬반론이 일었다. 사건의 발단은 현재 중앙 박물관 건물로 사용되고 있는, 일본 제국주의 시대에 만들어진 총독부 건물을 허물기로 했는데, 그곳에 소장된 문화재를 어떻게 할 것인가를 놓고 시작되었다. 문화재를 안전하게 이전시킨 후에 건물을 허물자는 의견과 유물 보관은 어렵지 않으니 우선 허물고 보자는 의견이 대립된 것이다. 전자의 입장을 취하는 이들은 "새 박물관을 짓기 이전에 현재 국립 박물관에 보존 전시되고 있는 문화재를 임시 이전하는 일은 아무리 조심을 한다 하더라도 매우 위험한 작업"이라고 지적하면서 "새 박물관을 지어 문화재를 안전하게 이전시킨 후에 구 총독부 건물을 해체하는 것이 옳다"고 주장하는 한편, 후자의 입장을 취하는 이들은 "민족 정기 회복 차원에서 조선 총독부 건물을 하루 빨리 철거해야 한다. 그렇지 않을 경우 일부 세력들에 의해 철거 결정이 무산될 우려가 있다"고 주장하였다.[1]

총독부 건물을 허는 일은 경복궁 복원과도 관련되어 있는 '대의 명분(大義名分)'의 문제이므로 여러 말 말고 헐어 버려야 한다는 의견이 지금은 지배적인 듯하다. 《한국일보》 사설[2]에서는 "민족의 상징적 기념물인 전통 왕궁에 총독부가 온존해 있는, 세계에 유례없는 상태"가 무엇을 뜻하는지를 재인식할 것을 촉구하면서 이 문제는 "어떠한 실리와도 바꿀 수 없는 대의 명분"의 차원에서 다루어져야 함을 강조하고 있다. 또 "박물관을 이리저리 옮기는 예는 세계에 없다는 비판도 귀담아들어야 할 지적"이며 "세계적 문명 국가 치고 전통 왕궁이 이처럼 손상된 채로 있는 예도 하늘 아래 경복궁 하나밖에 없다는 사실은 더욱 중요하다"고 쓰고 있다. 그는 그 동안 경제력이 미치지 못했고, 다음에는 군사 정권에 의해 일방적으로 '보존'되어 온 총독부 철거 문제를 문민 정부가 들어선 지금 미루어 온 숙제를 풀 듯 서둘러 헐어 버려야 한다고 주장하고 있다.

그 동안 구 총독부 건물 철거를 두고 일어온 담론을 보면 한가지

---

1) 《조선일보》 1993년 10월 28일, 10월 30일자 기사 참조.
2) 《한국일보》, 1993년 11월 1일자.

명백한 사실이 드러나는데, 그것은 실제 우리가 이 일에 대해 본격적으로 토론을 해오지 않았다는 점이다. 우선 이승만 초대 대통령이 건물 철거 문제를 제기했다고 하는데, 그 이래 이 문제는 늘 하나의 과제로 남아 있었지만 본격적으로 거론되지는 않았다. 신문사설에서 보듯 그것을 허물고 그 땅에 새로운 것을 짓고 하는 경제력과 기술이 없었는지도 모른다. 어쨌든 최근 몇 차례에 걸친 지상 찬반 논의가 주간지에 실린 적은 있으나, 국가에 의해서나 시민들에 의해서 이 주제가 제대로 광범위한 여론 수렴의 장에 올려진 적은 없었다. 그런 와중에 갑자기 대통령의 선언에 의해 철거가 결정된 것이다. 그런 결정이 나면서 건물의 해체 문제 못지않게 중요한 문화재 관리 문제가 여기에 개입되어 있는 것을 뒤늦게 알게 되었는데, 그것도 외국에서 오랫동안 문화재 보존과 관련된 일을 해온 한 여성이 끈질기게 문제 제기를 한 때문이었다. 어찌보면 충분한 토의와 철거 대책 없이 이 건물은 허물어졌을 수도 있고, 문화재는 이삿짐 나르듯 창고로 운반되다가 도중에 파손을 당해도 '실수' 정도로 넘어갔을 것이다.

구 총독부 건물을 어떻게 처리할 것인가에 대한 토론은 식민지 시대 역사를 어떻게 청산할 것인지에 대한 중대한 발언이면서 앞으로 역사를 어떻게 써갈 것인지에 대한 시사성을 지닌다. 빨리 철거하기를 원하는 '민족주의자'들은 철거를 반대하는 '민족주의자'들이 일본 측에 매수되었다는 식으로 말하기까지 한다고 하고, 문화재를 살리면서 철거를 하자는 '민족주의자'들은, 토론을 통해 시간을 끄는 동안 이권이 개입된 하청업자들이 막무가내로 건물을 허물어 버릴지도 모른다는 공포심을 가지고 있다. 이때 우리가 여유를 두고 냉정하게 물어야 하는 질문은, 단순히 우리가 문화재를 안전하게 임시 보관할 능력이 있는지의 문제가 아닐 것이다. 문제는 그동안 '구 총독부 건물 철거'라는 중대한 사안을 놓고 어떤 여론 수렴 과정을 거쳤으며 또 철거 대책은 철저하게 세워져 있는지에 대한 것이다.

내가 이 논의에서 주목하는 것은 우리들이 이 문제를 풀어 가는 데 사용하는 논리와 언어의 깊이다. 구 총독부 건물을 허물어 버려

구 총독부 건물을 허물어 버려
눈앞에 보이지 않게 된다고 해서
'수치스러운 과거'가 청산되는
않는다는 것은 누구나
다 알고 있는 사실이다.
중요한 것은
그 '철거'를 계기로
역사를 다시 한번 깊이 있게
토론해 보게 되었는지에 있을 것이다.

그런데 '세계에 유례가 없는'
일이 있어서는 안되므로
건물은 철거해야 한다는 식의
논리가 아직도 통하고
있다. 신문 지상에 자주
등장하는 '세계적' 상황에
대해 지식을 가진 사람이
자연스럽게 권위를 갖게
되는, 권위주의적 언설의
표본이 아닌가?
물론 이때 '세계적'이란
서구 중심의 세계를 말한다.

눈앞에 보이지 않게 된다고 해서 '수치스러운 과거'가 청산되지는 않는다는 것은 누구나 다 알고 있는 사실이다. 중요한 것은 그 '철거'를 계기로 역사를 다시 한번 깊이 있게 토론해 보게 되었는지에 있을 것이다. 그런데 실망스럽게도 그런 작업은 이번에도 생략되었다. 그래선지, 앞의 사설에서도 보듯이 '세계에 유례가 없는' 일이 있어서는 안되므로 건물은 철거해야 한다는 식의 논리가 아직도 통하고 있다. 신문 지상에 자주 등장하는 '세계적'이라는 단어가 지닌 막강한 힘에 주목해 보자. 자체 내 합리적 토론을 유발하려는 노력보다 '세계적'이라는 단어를 씀으로써 '세계적' 상황에 대해 지식을 가진 사람이 자연스럽게 권위를 갖게 되는, 권위주의적 언설의 표본이 아닌가? 물론 이때 '세계적'이란 서구 중심의 세계를 말한다.

나는 최근 우루과이 라운드 협상을 두고 신문 지상을 떠들썩하게 했던 단어들을 읽으면서 또 한번 우리가 가진 언어의 미흡함에 대해 생각해 보았다. 쌀개방을 조만간 하게 될 것이라는 것은 이미 다 알고 있는 일이었을 터인데, 억지를 쓰면 될 것처럼 폼을 잡는 정부 각료들 하며, 쌀개방이 되면 곧 나라가 망할 것처럼 난리를 부리는 언론이 그러하고, 그 여파가 채 지나가기도 전에 금방 '국제화 시대, 세계화 시대' 논의로 신문 지상을 가득 메우는 것도 그러하다.

우리가 지금 전환기에 서 있다는 것은 모두가 동의하는 점일 것이다. 국민 국가 체제가 약해지고 있다거나 기존의 계급 구분이 무의미해진다거나 대중 매체의 확산에 따라 인간성 자체가 크게 변하고 있다는 등의 말은 대중 매체를 통해서 익히 들어와서 더 이상 새로운 것이 아니다. 위성 방송을 통해 각국의 뉴스를 수시로 볼 수 있고 잦은 국제 여행을 하는 가운데 문화의 혼합 절충화가 이루어지고 있다. 서구는 더 이상의 '발전'은 없다면서 생태계 유지를 목표로 한 보존적 생산 체계로 방향 전환을 서두르고 있고 다른 한편에서는 중진국들이 GNP 만 불을 내다보면서 소비를 찬양하기 시작했다. 한국의 한 대기업 회장은 "출근부 찍지 마라, 모두 다 자율에 맡겨 보라. 그렇게 함으로써 경쟁력이 생기는 것이다"며 경영 개혁 폭탄 선언을 한다. 위기 상황이라는 것이다. 문민 정부는 '제2의 건국 운동' 속에서 민족 공동체로 거듭나고 싶어하고 소말리아에 유엔군으로 간 우리 군대의 모습을 보면서 6·25를 기억하는 세대는 감회에 젖어 있고, 통일에 대한 열망은 분열되고 있다. 한쪽에서는 〈우리의 소원은 통일〉이라는 노래만 나오면 눈물을 흘리는 국민이 있는데 다른 한쪽에서는 경제적 문제로 흡수 통일은 불가피하다는 말들이 나오고 있다. 또 다른 편에서는 흡수 통일은 민족의 비극을 악화시킬 뿐일 것이라고 통일을 늦추어야 한다고 주장한다.

서울에서는 소련의 핵폐기물 반대 데모가 나고, 사이공에서는 한국서 온 악덕 기업주를 규탄하는 노동 쟁의가 일었다. 해외 진출 한국 기업의 '천민적 신제국주의화'를 막아야 한다는 경제학자의 논문을 읽은 날에[3] 한국산 산업 폐기물이 중국 남경으로 위장 수출되어 수사를 받고 있다는 북경발 신문 기사를 읽는다. '국경을 우습게 아는' 다국적 / 다문화적 자본가 / 기업가들은 자본과 기술을 무기로 국가 변경을 넘어서서 새로운 지역 재조정에 적극 나서고 있다. 비즈니스 잡지에서는 한국을 중심으로 상하이, 칭따오까지를 '코리아를 중심으로 한 지역 the Greater Korea'이라는 새 이름으로 부르기 시작한다. 아시아에 경제 강국들이 부상하면서 "유교라는 문화적 공통성을 근거로 한 아시아적 발전의 독특한 특징"이라는 사회 발전 이론이 나오고, 베버의 동양 사회 정체론에 대한 반박 논문들이 쏟아져 나오고 있다.

분명 아시아적 정체성은 변하고 있다. 한 필리핀의 학자는 다음과 같이 말한다.[4]

지리는 변하지 않지만 그것을 바라보는 방식은 분명 변했다. 많은 태평양 국가들이 — 너나없이 서구 식민주의를 겪는 운명에 처했던 까닭에 — 유럽과 북미를 선망했던 것도 그다지 오래 전 일은 아니다. 이 나라들은 안으로 향해 이 지역을 돌아볼 필요를 거의 의식하지 못

---

3) 신윤환, 1993, 〈한국인의 제3세계 투자: 동남아 진출 기업의 '천민적' 행태에 대한 비판〉, 《창작과 비평》, 21(3), 창작과 비평사, 303-323쪽.
4) 아리프 딜릭, 1993, 〈아시아·태평양권이라는 개념: 지역 구조 창설에 있어서 현실과 표상의 문제〉, 《창작과 비평》, 21(1), 307쪽에서 재인용.

했다. 대체로 식민지 시기의 종식, 민족주의의 여세, 경제적 생존과 안정이라는 지상 과제들이라든가, 또한 이 지역과 여타 요인들의 중요성을 강조하는 연구들에 힘입어, 이제는 이 지역에 있는 많은 국가들이 태평양으로의 지향성을 주장하고 있다.

아시아 이웃 나라들을 발견해 가는 것은 의미 깊은 움직임이다. '태평양 시대'라는 단어와 연결하여 재편되는 세계 지역 질서 속에서 우리의 위치를 새롭게 해보이자는 주장도 나올 만하다. 그러나 어딘지 불안하다. 태평양적 정체성을 강조하는 담론에서는 '유교적 자본주의'라는 개념이 자주 등장한다. 동양에도 서구의 프로테스탄트 윤리와 비슷한 것이 있다는 것이다. 우리도 서양과 같은 길을 걸을 수 있다는 가능성의 탐색인가?

아리프 딜릭은 이러한 담론이 실은 근대를 만들어 낸 창시자의 헤게모니를 벗어나지 못하고 있음을 지적한다. 유교적 정체성 담론은 권위주의적인 정권과 전지구적 자본의 결탁에 의해 이루어진 아시아 태평양권의 자본주의적 성공을 정당화하면서 그것의 이면을 보지 못하게 하는 언설이라는 것이다. 태평양적 정체성을 강조하는 이들이 말하는 '새로운 세계 질서'와 '세계의 민주화'란 실은 '경제 발전'을 하는 대가로 전지구적 자본의 경영진 중 일부로 부상하고 있는 국가들에게 자신을 내맡겨야 한다는, 갈수록 엄혹해지는 현실을 있는 그대로 인정하라는 이데올로기로서의 성격을 강하게 지닌다는 것이다. 딜릭은 그런 의미에서 아시아 태평양권은 서구의 성취로 보아야 하되, 그것은 서구가 지닌 '민주적 이상'들을 실현한 성취가 아니라 주민들을 통째로 '자본의 변덕에 내맡기는' 데 성공한 성취로 보아야 한다고 말하고 있다.

실제로 아시아 태평양권의 출현은 세계 체제 내부의 힘의 관계를 바꾸어 놓은 것이 사실이지만, 그 새로운 힘들은 지금 서구가 세계 경제를 창시할 때 확립해 놓은 구조와 경제 게임의 규칙 속에 고스란히 묶여 있지 그 게임을 바꾸어 가고 있지는 않다. 게임을 하는 자는 달라졌지만 게임 자체는 그대로인 것이다. 태평양 공동체라는 발상은 "부모는 일본인과 미국인으로 추정되며 산파는 오스트레일

유럽 공동체의 구성을 계기로 세
계 지도는 다시 그려지기 시작했
다. 사진에 보는 지도는 아시아
지역을 '코리아를 중심으로 한
지역 Greater Korea'과 중국을
중심으로 한 지역 Greater China,
인도차이나 Indochina, 싱가폴
지역 Singapore Zone 으로 재편
하고 있다. 이것은 냉전 체제 이
후 아시아에 새롭게 만들어지고
있는 시장권 형성을 예측하는 기
사로 〈아시아, 성장의 다음 단계〉
라는 대주제에 "조용한 혁명, 상
권이 이데올로기를 이김으로 경
제는 성장할 것이다"는제목으로
다루어진 기획 리포트에 곁들여
진 지도다.
— *Busienss Week*, 1991년 11월
11일자, 17-22쪽에서 재수록.

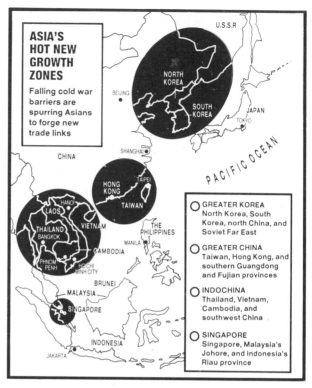

리아 사람인 아기"라는 말은 귀담아 들어 둘 만하다.[5] 어쨌든지 '아
시아－태평양권' 내지 '환태평양'이란 단어는 급격한 세계 질서의
재편 속에 고안된 개념으로 세계 열강의 전지구적 세력들의 이해
관계가 개입되어 있으면서 동시에 태평양권 내 주민들의 열망을 담
아 내려는, 지금 막 만들어지고 있는 하나의 담론임에는 틀림이 없

---

5) 아리프 딜릭, 같은 책, 310쪽에서 재인용. 이 말을 한 발레라-숨빙은 '태평양
공동체'라는 개념을 세 가지 다른 차원에서, 즉 이상으로서, 제도와 과정으로
서, 그리고 저변 현실의 반영물로서 생각해 볼 것을 제안하였는데, 저변 현실
이란 상품과 자본의 교류를 비롯한 사람들과 문화 형식들의 이동을, '제도와
과정'은 아직 실현되지 않았지만 태평양권에 제도적 형태를 부여하려는 시도
들을, 그리고 '이상'은 아직은 이데올로기와 구별할 수 없는 상태이나 한 극
단에서는 몽상으로, 다른 극단에서는 지역의 모순들의 위장으로 나타난다고
한 바 있다. 아직 미미한 태동기에 있는 태평양권의 움직임을 서구 학자들이
이러한 수준에서 주시하며 연구를 하고 있다는 점을 아는 것은 중요하다.

다. 중요한 것은 그러한 담론에 우리는 어떤 언어로, 어떤 방식으로 참여하느냐 하는 점인데, 이 부분에서, 역사적 경험과 그로 인해 만들어진 언어에 대한 자기 점검 작업이 필요해진다.

《중앙일보》1994년 1월 9일자에 실린 대한 무역 진흥 공사의 지역 본부장들이 가진 좌담의 머리글을 읽어 보자.

"개방화, 국제화 시대에서의 생존 전략은 국가 경쟁력 강화 외에 다른 길이 없다. 이같은 국제 경쟁력 강화라는 절대 명제를 놓고 민간, 정부의 노력이 없는 것은 아니지만 인식의 결여나 또는 필요한 해외 정보 부족으로 임기 응변적인 대책을 제시하는 경우도 적지 않다 ······ 4개 지역 본부장이 현지의 시장 상황과 우리 기업의 진출 전략에 대해 생생한 정보와 충고를 전달하는 자리를 마련했다."

《조선일보》는 또 1994년 1월1일에 〈Culture War 문화 전쟁〉이라는 커다란 붉은 타이틀 아래 '문화가 경제다' '국가 경쟁 새 주력 상품' '팔리는 문화 만들자'는 선언적 기사를 실었다. 이 기사는 "문토 불이(文土不二)와 존고 창신(存故創新), 그리고 세계의 문화를 받아들이되 자생력을 키우는 것만이 문화 시대의 생존 전략이다. UR의 파고로 움츠러들기보다 세계로 눈을 돌려 우리 문화를 팔아 보겠다는 적극적인 대응 의지가 요구되는 시점인 것이다"는 말로 끝맺고 있다. 《동아일보》 역시 1994년 신년사에서 "신국제화 시대의 승자가 되느냐, 패자가 되느냐는 갈림길에 선 우리의 선택은 우리 마음 속의 벽을 먼저 헐고 도덕적 문화적 개성과 자긍심을 가진 세계 속의 한국인으로 거듭나는 길뿐임을 갑술년 새해 벽두에 말하고 싶다"고 쓰고 있다.

다 중요한 일이고, 옳은 말이다. 그런데 이 글들을 읽으면 19세기에 진작 이렇게 생각을 했을 것이지 지금 와서 이런 생각을 하면 어쩌는가 하는 생각이 든다. '국가 경쟁' '국제 경쟁력' '진출 전략' '생존 전략' '문화 전쟁' '절대 명제'들의 단어와 '죽느냐 사느냐' 투에서 낡은 전제와 그런 언어를 읽는다는 것이다. 문화는 하루 아침에 만들어지는 것이 아니고, 특히 '죽느냐 사느냐' 하는 생존의 문법이 판치는 곳에서는 '남들이 사가고 싶어할 만한' 문화가 만들어질 리 없다.

지금의 '국제화'도 그렇다. 우리는 지금 '국제화'만 하는 것이 아니고 '세계화'도 해야 하는 세상에 살고 있다. 단순히 개별 국가 간의 상호 작용을 활성화하는 '국제화'가 아니라 지구촌의 위기를 극복해 가기 위해 새로운 차원의 공동체를 만들려는 노력도 해야 한다는 것이다. 우리가 원하든 원하지 않든, 서구인들이 원하든 원하지 않든, 16세기부터 진행된 자본주의화는 세계를 하나의 시장으로 만들기 시작했으며 이제 그것이 현실로 눈앞에 나타났다. 이제 우리는 냉철한 계산으로 국제 협상 테이블에 앉아 국가의 이익을 지키기 위한 '국제 경쟁력'을 과시해야 하지만, 또한 그 협상 테이블에서 '세계가 하나의 운명 공동체가 되어가고 있다'는 의미의, '서구화'가 아닌 '세계화' 시대의 철학으로 대화를 할 수 있어야 한다.

게다가 이제 협상 테이블에서만 역사가 이루어지는 시대는 지났다. 미디어 시대에 이미지 광고가 중요하고, 더욱 중요한 것은 사람들간의 교류이다. 이제 사람들은 비행기를, 버스 타듯이 타고 다닌다. 그리고 전화를 통해, 팩스를 통해, 전자 우편(E-mail)을 통해 일상적으로 대화를 나눈다. 다른 문화권에서 온 사람들과 제대로 만나 가는 것 역시 '세계화'를 향한 준비 작업에 포함된다. 지금까지는 외부에서 주어진 상황에 따라가기에 급급했기 때문에 우리는 '주체'가 된다는 것에 대한 감이 약하다. 앞으로 만들어지는 세계 질서는 우리의 참여를 통해 만들어진다는 생각을 미처 하지 못하고 여전히 '살아 남으려는' 수세적인 자세로, 좀 여유가 생기면 '약육강식'의 자세로 밀고 나간다.

지금까지 우리는 식민 종주국의 언어를 허술하게 모방하면서 나름대로 국민 총생산량을 높여 갈 수 있었다. 그러나 이제 이 허술한 모방 언어로 살아가기에 우리의 몸은 너무 커져 버렸다. 국제화건, 세계화건, 민족 화합이건 우리는 이제 더 이상 지금의 언어로 버텨 갈 수는 없다. 우리 안에서 탈식민화된 언어가 나와야 한다. 다행히 '식민지'보다 '근대'를 비중있게 경험한 신세대들이 새로운 언어를 원하고 있고, 비공식 영역에서만 살아왔던 여성들 사이에서도 삶을 제대로 풀어 갈 수 있는 언어를 갖겠다는 움직임이 일고 있다. 허술한 모방적 언어나 비분 강개형 언어로는 더 이상 '세계화'의 문제도 '정체성'의 문제도 '통일 문제'도 '환경 문제'도 '지방 자치 문제'도 풀어 갈 수 없으리라는 것에 많은 이들이 공감하고 있다.

그러면 이제 새로운 언어를 만들어 가는 전초 작업으로 식민지적 근대화가 만들어 낸 언어에 대한 정리 작업을 해보자. 앞장에서 우리는 식민지 지식인들이 삶에서 분리된 언어 속에 매몰되어 가는 과정을 살펴보았다. 식민지적 상황에서는 종주국이 만들어 낸 지배 담론이 있고 그것에 대항하는 담론이 만들어지지만, 그 대항 담론은 지배 담론에 틈새를 내기에 역부족이었다고 말했다. 그러면 지식인들의 담론을 떠나서 생각해 보자. 광범위한 삶의 영역에서 식민지성을 재생산해 내는 또 하나의 거대한 언어가 있지 않을까? 일상의 생존을 영위해 가는 과정에서 생겨난 언어들 말이다.

식민지적 근대화와 피난민의 언어

식민지적 근대화 속에서 대다수의 주민들은 피난민처럼 살아간다. 우리는 '근대 100년'을 살면서 '근대적 체험'을 한 것이라기보다 '피난민'적 체험을 하며 살아 남았다. 여기서 나는 '피난민'을 6·25와 관련시켜서 보지 않는다. 난리를 피하려고 허둥대며 살았던 우리 근대사 전반에 걸친 시대적 군상을 말하고 있다. 우리 지식인들은 종주국의 지식인들이 자신들의 근대적 체험에 대해서 쓴 책들을 밤새워 읽었으며, 근대의 '양면성'에 대한 이야기를 심각하게 숙고해 왔지만, 그 논의는 자신의 삶의 체험에 기반한 것이 아니었으므로 겉돌 수밖에 없었다. 마치 지금 우리 지식인들이 '탈근대론'에 대해 서구 지식인들보다 더 많이 알고는 있지만, 자신의 일상적 삶의 자리는 여전히 '반(半)봉건적'이고 피난민적인 생존의 자리이므로, 그 지식이 겉돌 듯이 말이다. 그런 면에서 지식인들의 언어는 장식품이었다. 그래서 이제 대다수의 사람들이 사용해 온, 또 우리들이 '공부'하지 않을 때 사용하는 생존의 언어에 대해 이야기해 보자. 일상적인 삶의 자리를 살펴보자는 것이다.

93년 초 베트남 하노이를 방문했을 때 그곳의 한 지식인이 나에게 이렇게 말했었다. "서구인들은 우리 사회를 보고 '모든 일이 가능한 곳'이라고 말하죠. 뒤죽박죽이 된 사회, 자전거와 오토바이와 자동차가 마구 차선을 어기면서 다녀도 사고가 별로 안나는 사회, 영국식으로 좌행하다가 프랑스식으로 우행해 온, 금방 적응하는 순발력 있는 백성, 하여간 우리는 엄청난 적응력을 가진 민족이죠." 부끄러움도, 자부심도 담기지 않은 그 담담한 목소리를 들으면서 나는 잠시 그가 내 나라에 대해서 이야기하는 줄로 착각했다. 나는 서양 사람들이 그와 똑같은 표현으로 우리나라에 대해 언급하는 것을 여러 번 들었다. "어떤 문건, 어떤 그림이 전혀 예기치 않는 곳에 걸려 있어도 놀라지 마십시오. 그것이 한국 문화의 특징입니다." 한국 미술사를 연구한 서양 학자가 강의를 하면서 한 말이었다.

식민지적 발전을 한 사회가 갖는 공통점, 뒤죽박죽의 상태, 일관성 있는 스타일과는 무관한 절충주의와 혼돈의 상태. 식민주의적 근대화를 거친 사회들은 대개가 이런 모습을 공통적으로 보이고 있다는 사실에 주목하자. 근대화의 특징이라고 하는 '비동시성의 동시성'의 간격이 좁혀질 줄 모르는 상태, 임시 땜질로 모든 일을 처리하며, '폰즈통에 김치'를 담아 도시락 반찬을 싸가고, 화장실의 휴지가 식탁 위에 올라 있어도 아무도 이상하게 느끼지 않는 상태가 바로 식민주의적 근대화를 한 사회의 그림이다. 생존을 이어가기 위해, 무엇이 되어도 좋고 아무곳에 있어도 되는 절충주의는 대단한 적응력과 흡수력을 가지지만 새로운 스타일의 문화를 만들어가지 못한다.

뒤죽박죽의 상태에서 벗어나려면 어떻게 해야 하는 것일까? 감당하지 못할 큰 충격을 받은 사람이 뒤죽박죽이 된 자신의 삶을 추스려 가는 방법은 무엇인가? 우리는 자생적 근대화를 해나간 서구에 비해 더욱 통제 불가능하고 예측 불가능한 상태에서 살아왔으면서 통제 가능한 상황에 곧 들어가리라는 꿈을 끝없이 꾸어 왔다. 이 당치도 않은 낙관주의는 또 어디서 온 것일까? 이 낙관주의와 지속되는 혼란 사이에는 분명 밀접한 상관 관계가 있을 것이다.

박불똥, 〈불한당〉, 1985

뒤죽박죽의 상태에서 벗어나려면 어떻게 해야 하는 것일까?
감당하지 못할 큰 충격을 받은 사람이
뒤죽박죽이 된 자신의 삶을 추스려 가는 방법은 무엇인가?

공동체적 운명을 제대로 살펴보고 그에 걸맞는 역사를 써가는 일이 없었다고 해서 삶이 이어지지 않았다는 것은 아니다. 지식인들이 민족 공동체의 삶을 읽어 낼 언어를 만들지 못하고 빌빌거리는 동안에도 사회 생활은 지속되었고, 거대한 관료제와 거대한 노동 시장과 거대한 대학들이 생겨났다. 집단적 자기 성찰의 영역이 극히 축소된 상태였지만 우리의 선배들은 부지런히 살아왔고, 지금도 모두들 몹시 바쁘고 힘겹게 무엇인가를 하고 있다. 힘겨운 와중에도 삶은 이어져 왔고 이제 먹고 살 만하게도 되었다. 그렇게 이어진 삶의 주인공들은 누구였을까?

서구인들에게 '근대'는 그들 자신이 개척자인 미지의 세계라면, 식민지적 근대화 과정에 있던 제3세계 주민들에게 근대란 보다 뚜렷한 그림으로 제시된다. 그것은 '투쟁의 길'이거나 '유토피아로 향하는 길'이었다. 실제로 민족주의적 투쟁의 장에 나선 이들의 수는 많지 않았고, 다수의 사람들은 '서양과 그들의 과학과 그것이 지닌 풍요로운 삶과 힘'을 표상하는 '근대' 편에 섰다. 식민화된 사회에서 다수의 사람들에게 '근대'란 '기술의 진보'와 '서구화'를 의미했다. 바로 눈앞에 실재하는 '풍요한 나라'이며 '행복하고 안락한 삶' 그 자체였다. 헐리우드의 영화는 세계 방방 곡곡에 이 신화를 착실히 심어 갔다.

나는 말레이시아와 네팔과 타이완과 베트남을 둘러보면서 제3세계의 근대화는 구식민지 시대건 신식민지 시대건 다름이 없이 '민족주의자'와 '브로커'로 양분된 사람들에 의해 만들어진 역사라는 생각을 했다. 현재 하노이와 사이공은 이 두 다른 유형의 존재를 잘 대비해 보여준다. 나는 후자를 '근대화주의자'라고 부르기보다 '브로커'라고 부르고자 한다. 나는 '자체 내 개혁을 생각하지 못하는 민족주의자'나, '자주를 생각하지 못하는 근대화주의자' 모두를 싫어하지만, 식민지적 상황에서는 후자가 득세를 하게 마련이고, 정치적 해방을 한 후에도 이들이 판치게 될 가능성이 높다.

외세 의존적인 상태에서 산업 자본주의화를 하려 할 때 초반부에는 외부에 연줄을 잘 대어 돈을 끌어들여 사업을 차리는 브로커들이 나올 수밖에 없다. 여기서 자본을 끌어와서 연구소를 만들고 사

집앞 골목에 있는 아폴론 조각상

"어떤 물건, 어떤 그림이 전혀 예기치
않는 곳에 걸려 있어도 놀라지 마십시오.
그것이 한국 문화의 특징입니다."
한국 미술사를 연구한 서양 학자가
강의를 하면서 한 말이었다.
몇 세기에 걸쳐 다져진
서구적 지배로부터의 해방은
그리 간단히 이루어지는 것이 아니다.
타자화의 역사는 우리가 생각하는 것보다
더욱 깊이 우리를 타자화시켜 놓았으며,
그 사실을 알게 되었다고 해서
새로운 역사가 이루어지지는 않는다.
인식은 시작에 불과하다.
이제 그 동안 식민지성에 길들여진 자신을
탈프로그램화하는 작업이 시작되어야 한다.

업을 벌이는 기업가나 자본가들을 '브로커'라고 부르는 이유는 자원이나 자본이 거의 없는 열악한 상태에서 무엇을 만들어 가려면 단순히 사업 머리가 비상하거나 경영을 잘한다고 되는 것이 아니라는 생각에서이다. 식민지적 근대화 과정에서는 거의 모든 일이 고정된 권력 구도 속에서 이루어지기 때문에, 개인적으로건 집단적으로건 무슨 일을 추진하려 할 때 '힘있는 것'과의 연결을 통해서 하게 되고, 이런 시기에는 연줄을 잘 맺고 활용할 줄 아는 재주와 외국어를 잘하고 부지런하면서 권력 지향적인 사람들이 살아 남는다. '민족주의자'들이 외세에 저항하느라 이리저리 쫓기는 동안 일군의 근대화 '브로커'들은 시장을 만들기 시작했고, 우리의 혼란스런 근대사는 실질적으로 그런 '브로커'들의 활약에 크게 힘입고 있는 역사이다.

여기에 스케치한 그림 한 장이 있다. 그 그림 한쪽에는 '거간꾼'들이 득실거리고 다른 한편에는 똘똘 뭉친 가족들이 거친 세파를 헤치며 사는 모습이 그려져 있다. 좀 과장된 표현이지만, 식민지적 혼란 상황에서, 이식 자본주의화를 주도해 간 주인공들은 목청 높은 민족주의자들이 아니라 브로커들, 거간꾼과 사기꾼들이었다는 생각을 나는 종종 한다. 그리고 식민지적 근대화를 한 사회의 비극은 단기적 안목을 가진 거간꾼들을 양산해 내었을 뿐, 길게 내다보면서 그들을 견제할 세력을 만들어 내지 못한 데에 있다는 생각을 한다. 민족 공동체가 나아갈 길을 내다보는 사상가나 내부의 문제들을 풀어 가려는 착실한 정치가나 행정가보다 연줄을 잘 대어 무엇인가를 얻어 오는 능력이 있는 브로커들과 식구를 먹여 살리기 위해 도둑질을 해서라도 양식을 구해 온 '가장'들이 생명력이 길었고 번식력이 강했으리라는 것이다. 특히 생존에 대한 공포가 만성화된 '피난민적' 삶을 살아온 경우, 생존 전략이 모든 것에 우선한다.

최근에 우리나라 해방 후의 계층 이동 현상을 연구하기 위해 50대 중산층 여성들을 인터뷰해 온 한 미국 인류학자는 매우 놀라운 발견을 했다고 했다. 먼저 그는 이들 여성들이 삶을 자기 나름대로 명확하게 이론화하고 있는 것에 놀랐다고 했다. 다음에 그들이 내

신학철, 〈신기루〉, 1984

식민주의적 절충주의
— 농경적 자아와
빌딩 숲에서 형성된 자아
사이의 거리는 어떻게
메워질 수 있을까?

놓은 이론은 한결같이 인과적인 논리로 전개되며, 내용은 '욕심'과 '능력'이라는 딱 두 마디로 요약될 수 있다고 했다. 그리고 그 '욕심'과 '능력'은 아파트 평수에 비례한다고 했다. 이것은 곧 그 동안 우리 사회는 계산 빠른 시장의 인간들을 양산해 냈다는 말이 아닌가? 이들이 말하는 '능력'이란 기회를 포착하고 소유하는 능력, 단기적 계산을 누구보다 잘할 수 있는 능력을 말한다. 물론 학교 성적을 올리는 암기력도, 인맥을 결성하기 위해 일류 학교만 결사적으로 찾아다니는 능력도 여기에 포함될 것이다. 부정 축재도 가족을 위해 주저없이 하는 것도 그 능력의 일부이다. 그리고 역사 의식이 담긴 책을 읽지 않(게 하)는 것, 시민이라든가 공공성에 대한 의식을 갖지 않(게 하)는 것도 그 능력에 포함된다. 그런 책은 삶을 복잡하게 만들기 때문에 ……

그렇다면 우리는 늘 '욕심'과 '능력'이 없으면 살아 남지 못하는 전쟁터에서, 혼란 속에서 살아온 것이 아닐까? 우리는 이제 그런 혼란에 이미 너무 잘 길들여져서 혼란을 혼란으로 느끼지 않는 '경지'에 들어서 버린 것이 아닐까? 그래서 아예 이렇게 계속 살아갈

김정헌
〈풍요한 생활을 창조하는
— 럭키 모노륨〉
1981

모내기로 허리가
빠지게 노동한
어머니의 딸들은,
아파트를 현대적
상품으로 치장하기에
바쁘다.

작정을 한 것은 아닐까? 그것을 자꾸 비정상 상태라고 우기는 내가
너무 서구화되어서 그런 것 아닌가? 나는 오랫동안 이런 질문을 던
져 왔다.

　여기서 나치즘의 대두와 암울한 자본주의화 과정을 보면서 "억
압당하는 자들의 전통은 우리에게 '위기 상황'은 예외가 아니라 정
상이라는 것을 가르쳐 준다. 우리는 역사의 개념은 이 통찰력을 바
탕으로 새롭게 써가야 한다"고 한 벤야민의 통찰력을 다시 음미해
보자.[6] 어쩌면 2 - 3세기 동안 위기 상태 속에서 살아온 우리에게
이제 위기 상태란 예외가 아니라 규칙이 되었는지 모른다. 우리는
조선 후기 이후 점점 더 악화되는 만성화된 위기와 혼란 상태에
'잘' 적응하며 살아왔다. 만성화된 혼란기를 살아온 삶을 풀어 가
려면, '질서'를 전제로 한 역사 인식은 부적절한 관점이 아닐까? 벤

---

6) Walter Benjamin, 1969, "Theses on the Philosophy of History," *Illuminations*,
edited by Hannah Arendt, translated by Harry Zohn, New York: Schoken, pp.253-
264.

야민이 자신들 내부에 있는, 만성화된 혼란에 길들여진 집단의 역사를 풀어 내기 위해서 시각의 전환이 필요하다고 말했듯, 우리에게 지금 필요한 것은 역사를 보는 시각 자체의 근본적 교정이 아닐까? 공식적인 역사의 개념에서 벗어날 때, 그리고 우리가 곧 질서 정연한 상태로 들어가리라는 터무니없는 낙관론 / 환상을 버릴 때, 어쩌면 우리는 이 혼란 상황을 보다 잘 이해하게 될지 모른다. 다시 말해서 서구인들이 쓴 같은 언어와 스타일로 역사를 쓸 수 있다는 착각을 버리고, 만성화된 혼란 / 위기 상태를 이론화하는 새로운 방법론을 개발해 가야 한다는 것이다.

오랫동안 생존이 어려웠고 공동체적 언어를 잃어버린 혼란기, 또는 전쟁터였던 상황에서 많은 이들이 활용한 생존 전략이 있었을 것이다. 그것은 우리가 사회 과학에서 즐겨 사용하는 개념들과는 거리가 먼 단어로 풀어지리라는 것이다. 자생적 산업화를 이루어 내지 못한 사회일수록 합법적 공간보다 비합법적인 공간이 넓고 힘이 있으리라는 점에 우선 착안해 보자. 그러한 사회일수록 '법'이라든가 '공공'이라는 것은 '공동체적 선'을 위해 존재하기보다 지배층의 이익이 위협당할 때 그 위험물을 제거하기 위한 수단으로 전락한다. 따라서 이런 사회의 시민은 법을 준수하는 것이 자신에게 장기적으로 이익이 된다는 생각을 하지 않는다. 법은 지키라고 있는 것이 아니라 빠져 나가기 위해 있는 그물망일 뿐이다.

고속 도로에서 일어나는 일을 생각해 보자. 반대편에서 오는 차가 깜빡거려 주면 운전사는 길목에 교통 경찰이 있다는 것을 알아차리고 갑자기 속도를 줄인다. 헤드라이트를 깜빡이는 것은 운전을 하는 이들끼리의 암호로서, '나쁜' 교통 순경을 따돌리기 위한 것이다. 교통 질서란 걸리지만 않으면 되는 규칙이다. 나는 공중 전화에 잔돈이 남으면 그대로 남겨 두는 한국인들의 태도를 일본의 어느 신문에서 '인정'어린 '미풍 양속'으로 소개한 기사를 읽은 적이 있다. 잔돈이 남으면 한국 사람은 뒷사람이 쓰라고 전화기를 끊지 않고 전화통 위에 올려 놓는데, 일본 사람들은 끊어 버린다는 것이다. 우리는 이렇게 타인에게 사려 깊은 백성인가? 이 현상을 두고 좀 다른 해석이 가능하다. 공중 전화에 남은 돈은 국가에서 복지 사

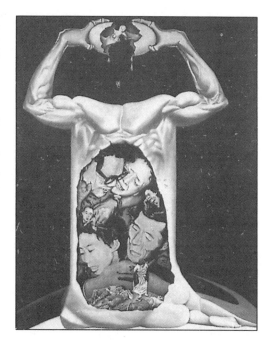

신학철
〈한국 근대사 10〉
1983

무언가 속에서
형성되기도 전에
반쪽으로 깨진 달걀,
그 달걀을 한 손에
반 쪽씩 쥐고 있는
근육질의 뒤틀린육체,
그리고 이산 가족의 눈물

업으로 쓰게 되어 있다. 내가 알기로 우리나라에서는 장애자 복지를 위해 쓰게 되어 있다. 일본 국민은 국가가 그런 일을 당연히 하리라고 믿기에 돈을 '기부'하는 반면 우리는 국가에게 돈을 기부하기 싫어한다. 물론 이런 것은 상당히 무의식적으로 행해지는 행위이다. 우리는 우리가 낸 세금의 혜택을 받아본 적이 별로 없으며, 오히려 국가에 바친 세금의 상당 부분이 권력가가 부정으로 축재한 재산 목록에 들어가거나 더 나쁜 일을 저지르는 데 쓰이고 있다고 생각한다. 그래서 우리는 국가 같은 것은 믿지 않는다. 오히려 "알고 보면 믿을 것은 가족밖에 없다"는 말을 즐겨 쓴다.

신문에 종종 나오는 문화재 관련 기사들을 읽으면서, 특히 유명한 학자들의 유적이나 유품이 그들의 가난한 자손들에 의해 보관되거나 유실되고 있다는 식의 기사를 읽으면서도 나는 생각한다. 우리에게 근대 국가적 집단으로서의 '우리'가 있는가? 그런 공동 운명체로서의 기억이 있는? 민족의 정신적 유물을 '정신'의 후예가 아니라 '핏줄'의 후예가 관리한다는 것은 무엇을 뜻하는가? 그런 기억을 관리하는 것은 근대 국가와 시민 사회가 해온 중요한 일이라고 들어 왔다. 그러면 우리의 국가는 그런 일을 않고 무엇을 하는 집단인가? 그 면에서 우리에겐 가족이 국가인가? 법을 지키지 않는 것이 정상인 사회, 그래서 제대로 된 기록을 남길 수 없는 사회, 자신의 근거를 파괴하는 재난을 재난으로 보지 않는 사회, 이런 사회에 우리는 살고 있지 않은가?

나는 여기서 '피난민' '사기꾼' '거간꾼' 등의 단어를 씀으로써 거대하고 거룩해야 할 역사를 매우 비공식적이고 사적인 것으로 만들어 버리고 있다. 이렇게 자기 비하를 하면서까지 우리 이야기를 할 필요가 있는지 나는 가끔 회의에 빠진다. 이것은 또 무슨 이상주의자의 악취미가 아닌지, 또 이런 이야기를 하는 것 자체가 거간꾼들에 의해 꾸며진 각본에 들어 있는 것이 아닌지 의심을 해보곤 한다. 바로 이런 불신과 의심의 분위기, 그리고 자조적 성향은 어디에서 오는가? 우리는 어렵더라도 이것의 실체를 알아내야 한다. 실은 이 문제들이 가장 '구조적'인 문제이기 때문이다. 개인들이 힘들게 바꾸려 애써도 좀체 벗어나기 어려운 구조 말이다.

이 구조는 가족이라는 부분과 밀접하게 연결이 되어 있고, 나는 우리가 계속 거간꾼 내지 사기꾼처럼 살면서도 별다른 문제없이 즐겁게 살 수 있는 한 근거를 가족에서 찾는다. 〈대부〉라는 영화에서 본 마피아 가족들의 행복한 모습을 연상해 보자. 밖에서 어떤 나쁜 짓을 하든 신성한 가족의 가장 노릇을 잘하면 모든 것은 제대로 굴러가는 것으로 간주된다. 가족이 모든 것에 우선한다는 사실은 이들에게 면죄부가 된다. 따라서 가족주의 이데올로기는 이 '피난민과 사기꾼' 구조의 핵심적 부분이다. '가족적 행복'은 인간 삶에서 매우 중요한 것이지만, 지금 우리의 역사적 상황에서는 다른 의미에서 엄청나게 중요한 부분이다. 그러니 가족을 좀더 해부해 들어가 보자. 가족 중심의 생존 전략과 가족주의 언어, 특권을 나누어 먹기 위한 인맥 결탁 관계와 결국에 심리적 만족과 에너지를 얻는 신분 의식, 내가 스케치한 우리 근대사의 중심 주제는 이런 것들이고 그 밑바닥에는 가족이라는 집단이 단단히 자리하고 있다.

먼저 가족주의에 대해 살펴보자.

코스타 가브라스 감독의 〈뮤직 박스〉는 변호사인 딸이 자신의 사랑하던 아버지가 나치 전범이었던 사실을 알아내고 고민하다가 결국 그를 법(정의)에 내주는 줄거리를 가진 영화이다. 이 영화를 본후에 나는 대학 1학년 학생들과 토론을 하였는데, 아주 불만스러워하는 젊은이들이 많았다. 어떻게 그렇게 은혜를 저버린단 말인가? 이 문제에 관한 한 우리의 구전 이야기인 〈덕수 이야기〉에 더 공감이 간다면서 〈덕수 이야기〉를 들려 준 학생도 있었다. 〈덕수 이야기〉란 밤이면 나타나서 남의 집 재물과 가축을 훔쳐 가는 도둑에 관한 이야기다. 고을 수령은 방을 붙여서 그 도둑을 잡는 이에게 큰 상을 내린다고 했다. 밤이 되면 슬그머니 집을 빠져 나가는 덕수가 도둑이라는 사실을 알아낸 덕수의 막내 동생은 대체 어떻게 해야 할지 몰라 사흘 밤낮을 고민하다가 결국 자기가 범인이라고 거짓 자수를 해서 오빠를 살리려 한다. 나중에 그 사실을 알게 된 사또는 그 여동생을 풀어 주며 동시에 아주 많은 상을 내렸다는 내용이 구전되어 온 〈덕수 이야기〉의 줄거리이다. 이런 '우리 민족의 유별난 가족애'가 자랑스럽다는 것이다.

나는 삼강 오륜적인 도덕이나 가족주의를 나쁘게 보지 않는다. 오히려 급격하게 파편화되고 있는 사회에서 그것은 긍정적인 규범으로 남을 수 있다. 나는 제주도에서 현지 조사를 하면서 상을 당한 가족과 친척들이 보름과 초하루가 되면 곡을 하면서 3년 동안 삭망 제사를 거르지 않고 지내는 것을 보았다. 그리고 그들이 여전히 정신적으로 건강한 이유를 알 것 같았다. 또, 묘사를 지내고 서원 제사를 다니며, 그 외 많은 문중일에 참여하면서 일 년에 적어도 서너 달은 조상을 위해 바치는 친척 아저씨를 보면서 그런 일은 사람이 건강하고 기쁘게 살아갈 수 있는 아주 좋은 방법임도 알게 되었다. 부계 혈통만을 강조하는 것에 대해서 '타성'인 아내가 불평만 하지 않는다면, 또 그런 불평을 잘 다스릴 자신만 있다면, 그러한 조상 중심의 가족적 삶을 사는 착실한 소시민이 많다는 것도 좋은 일일 것이다. 남을 헐뜯기보다 스스로 즐겁게 시간을 보낸다는 것만으로도 그러하다. 가족주의는 근대 시민들이 택할 수 있는 하나의 가치이며 라이프 스타일로서, 문제가 될 것이 아니다. 그것이 문제가 되는 것은 보수적 소시민의 시각으로 일을 처리해서는 안되는 집단의 사람들, 곧 국가 공동체나 그 외 가족 단위를 넘어서는 공공적 공동체의 운명에 대한 책임을 진 사람들이 가족주의적 이익에 눈이 멀어 버릴 때이다. 혈연 중심적 가족주의는 산업 사회의 하나의 구성 원리가 될 수는 있어도 그것을 총괄하는 원리가 될 수는 없다. 지금과 같은 많은 모순과 부조리와 부패는 이 점에서 혼돈을 일으키고 있는 이들에 의해 만들어지고 있다.

많은 사람들이 우리 사회가 근대화 과정에서도 개인주의화하지 않고 집단적 원리를 지녀 왔음을 다행스럽다고 말한다. 최근 들어 신보수주의적 경향이 강해지면서 그 수가 더 늘고 있다. 그러나 실제 상황을 보자. 우리 사회가 집단주의 사회인가? '피난민'과 '거간꾼'들이 주도해 간 근대사와 70년대 이후 더욱 박차를 가한 '생산력 위주'의 경제 발전이 도달한 곳은 실은 극도로 파편화된 개인들이 득실거리는 사회가 아닌가? 우리가 말하는 개인주의가 서양에서 말하는 개인주의와는 다른, 개인의 파편화 내지 '흐트러진 개인'들을 지칭하듯, 우리가 아직도 가지고 있다고 착각하는 집단주의 역시 사회학 개론서에서 읽은 그런 공동체와는 다른 것 아닐까?

극도로 파편화된 개인들이 가족 단위로 '똘똘' 뭉쳐서 제각각 살길을 찾아 살아가는 것을 집단주의라 부르겠다면, 그렇게 부를 수도 있겠다. 또 논리가 부족할 때 언론인과 정치가들이 걸핏하면 입에 담는 '국민적 정서'라는 단어에서, 80년대 '운동권' 집단에서 중요하게 여겼던 '의리'라는 단어에서, 우리는 뒤르껭이 말하는 '기계적 결속'의 사회를 연상하기도 한다. 그러나 이때의 집단은 배타성과 획일성, 그리고 감정적 유대를 바탕으로 하는 '봉건적 공동체'도, '근대적 공동체'도 아닌 집단이다.

이때의 집단은 '한통속'을 말한다. 그것은 '우리'라는 테두리를 두껍고 단단하게 치고 — 마치 우리 단독 주택의 담처럼 높게 — 그 안에 사는 사람들끼리만 서로를 귀엽게 봐주는 원리이다. 그 집단을 지배하는 감수성은 '내 품'에 들어왔으니까 어쩔 수 없이 보아주고, 미워도 받아들이고 참아 주는 감수성이다. 그 집단의 언어는 배타적이고 감정적이다. 떼거리를 쓰면 통하고, 억지를 부리면 이긴다. 이미 서로를 잘 알고 있다고 전제하기 때문에, 그래서 스스로의 마음을 표현하고 서로의 언어를 조율해 갈 필요가 없다고 생각하기 때문에, 의사 소통 회로는 늘 일방적이다. 이러한 일방 통행적 의사 소통 구도에서는 물론 힘있는 자가 이기게 되어 있다.

가족주의 언어는 아주 강력하게 우리의 일상적 삶을 지배해 왔으며, 그 언어를 견제할 다른 언어가 미약했기 때문에 더욱 그러했다. 그리고 그 언어와 감수성은 공적인 영역에까지 침투하여 가족 단위를 넘어선 관계에 지배적 효과를 낸다. 사실상 우리 사회는 서구처럼 '도구적 합리화'가 지나쳐서 생활 세계가 식민화된 사회가 아니다. 우리의 근대사는 '합리성'이 빠진 '도구화'의 근대사였고, 수단 방법을 가리지 않는 수단주의만이 활개친 역사였다. 그런 수단주의적 시대에 살면서도 우리가 이렇게 '활기차게' 살아온 것은 바로 이 배타적인 가족이 버티고 있었기 때문이다. 그러나 이젠 달라져야 할 것 같다. 더 이상의 '도구화'도, 더 이상의 '더러운 정'도 참기 어렵다는 아우성이 일기 시작했기 때문이다.

자라나는 '신세대'는 무엇이든 거머쥐면 놓지 않으려는 편집광적 부모 세대를 보면서, 그들의 절도 없는 소유욕과 비합리적 언어를 대하면서 경멸과 환멸감에 젖어 있다. 부모들의 고질병에 스스로 분열증적 환자가 되지 않을 수 없겠다고 위협을 해보기도 한다. 가족주의적 집단에 의해 심하게 수단화되었다고 느끼는 많은 젊은 이들이 생겨나고 있고, 그들은 오히려 고아가 되고 싶어한다. 그래서 기존의 가족 집단으로부터 탈출을 감행한다.

그러나 이들이 스스로 개체로서 설 노력을 하거나 새로운 공동체를 만들어 가기에 어려움을 겪고 있는 것은 그들이 여전히 자신의 응석을 받아 주던 '엉겨붙어 사는 가족'의 이미지를 간직하고 있기 때문이다. 스스로의 길을 찾기보다는 자신의 파편화된 삶을 통합시켜 줄 '원초적' 집단을 찾고 있기 때문이다. 젊은이들이 자신들의 언어를 만들어 가지 못하는 이유 중 하나는 그들이 함께 무엇을 만들어 가기보다 '집단주의적 감상'에 여전히 기대고 싶어하기 때문이라는 것이다.

신세대 전위 집단들은 기성 세대의 위선적 도덕주의에 정면으로 도전을 하기도 하지만 일상으로 돌아오면 여전히 '응석받이'의 언어를 쓸 것이라는 혐의를 거두어 들일 수 없다.[7] 그들은 미국에서 '삶의 양식'을 변화시키는 데 커다란 선풍을 일으켰던 반문화 운동 가들을 부러워하고, 1968년 프랑스 5월 항쟁을 주도한 신세대 청년 들을 부러워하지만, 막상 자신들의 삶을 일구어 가려 할 때면 쉽게 지쳐 버린다는 것을 나는 알고 있다. 신세대들은 가족으로부터 충분히 분화되어 있지도 못하고 가족주의적 언어가 아닌 언어를 별로 들어 본 적도 없는 것이다.

우리들의 행동 원리는 가족적 정, 또는 '한국적 인정'이라고들 하지만 실제로는 냉혹한 불공정 경쟁 속에 우리는 몰아넣어져 있었 다. 부모 자식의 관계는 상당히 도구화되어 버렸다. 도구적인 언어 만이 판치는 사회에서 많은 부모는 자녀와의 관계 속에서 더 이상 기쁨을 찾지 않는다. 중요한 것은 결과이다. 자신들의 헌신은 결과 하나로 보상된다. 일류 대학에 입학을 해주면 되고, 남보기에 괜찮 은 집안의 자제와 결혼식을 남부럽지 않게 해주면 된다. 학교 입학 과 결혼식과 결혼 기념일과 회갑과 장례식이 실은 이들의 삶에 질 서를 잡아 주는 '사건'이며, 이 몇 개의 사건들에서 '성공'을 해주 기만 하면 부모 세대는 만족하기로 마음을 먹고 있다.

생존에 허덕이다가 여유가 생기면 그 여유를 온통 이러한 '사건' 때 신분을 과시하기 위해 쓴다. '신분 의식'과 가족주의는 이래서 매우 밀접하게 엇물려 가는 구조이다. 서울을 방문하는 외국인들로 부터 나는 이곳 사람들이 너무나 생기가 발랄하고 에너지가 넘친다 는 말을 듣곤 한다. 삶의 의지가 하늘에 가득 차 있다는 것이다. 이 런 현상은 단순하게 설명해 버릴 수 있다. 경제가 막 일어나고 있는 개발 도상국에 가보면 언제나 삶의 의지가 충천해 있음을 느낄 수 있다. 그러면 구체적으로 우리가 삶에서 그런 활기를 갖게 되는 근 원은 어딜까? 신분 이동을 할 수 있으리라는 기대감이다. 좀더 자세 히 들여다보면 자신에게 과시를 해온 사람에게 '보답으로' 성공한 모습을 보여주겠다는 의지이다. 그래서 이들은 자신 속에 침잠하지

---

7) 신세대의 전위적 집단으로 자처하는 집단 미메시스가 《신세대, 네 멋대로 해 라》라는 책을 1993년에 현실 문화 연구에서 냈다.

않고 늘 에너지에 차 있다. 늘 '사회적'이고 생기 발랄하다. 자신 속에 빠져 들어 하루 종일 텔레비전이나 보든가 성적 유희에 몰입 하는 사람을 양산해 내고 있는 서구 사회에서 온 사람들에게는 너무나 부러운 그림이 아닐 수 없다. 그러나 이 그림은 그림 속에 있는 자신들에게는 늘 가슴 조이는 소모전이다. 우리들의 '생기 발랄함'이 신분 이동과 관련이 된다면 그것은 곧 상대적 박탈감과도 관련이 되기 때문이다.

내가 한국 사회를 분석해 내는 데 계급 사회학도 중요하지만 '신분의 사회학'이 매우 중요하다고 생각하는 이유도 이런 데에 있다. 가족주의 사회를 지탱하는 또 다른 일면이 신분과 '연줄'인 것이다. 송복은[8] 상대적 박탈감과 '신분 의식'을 중심으로 우리 사회를 풀어 내는 작업을 해왔고, 김진균은 '연줄 결속망'이라는 단어로 우리 사회의 가장 중요한 구성 원리는 혈연, 지연, 학연 등의 인맥을 통해 이루어지는 것임을 강조해 왔다.[9] 비슷한 맥락에서 박영신은 한국 사회를 가족주의와 '용해 fusion'적 특성으로 풀이한 적이 있다. 그에 따르면 우리 사회는 가족주의가 매우 강한 사회이자, 가족 외적 제도들간에 분화가 덜 된 사회이다. 복합 사회인데도 불구하고 여러 제도들이 서로 얽혀서, 한 쪽의 변화는 다른 많은 것을 건드리게 되고, 그래서 좀체로 근본적 변화를 이루어 내기가 힘들다는 것이다. 무엇이 이 제도들을 얽어매 놓고 있는가?[10] 이것은 미국의 정치학자이며 한국에 오래 머물렀던 그레고리 헨더슨이 '회오리바람의 정치학'이라는 단어로 한국 사회의 특성을 표현한 것과 일맥 상통한다. 모든 사람들이 자신이 어디에 서 있는지 상관없이 '중심'을 향한 회오리바람 속에 휘말려 드는 대중 사회로 비쳐졌다. 그 그림에서는 기회만 오면 '중심'에 들고자 하는 게임에 정신

---

8) 송복, 1990, 〈계급 갈등〉, 〈한국의 파워 엘리트〉, 《한국 사회의 갈등 구조》, 현대문학사, 79-126쪽.

9) 김진균, 1983, 〈한국 사회의 구조적 역동성의 분석을 위한 몇 가지 개념에 관하여〉, 《비판과 변동의 사회학》, 한울, 185-196쪽.

10) 박영신, 1978, 〈한국 전통 사회의 구조적 인식〉, 《현대 사회의 구조와 이론》, 일지사, 119-146쪽.

없이 빠져 드는 사람들이 주인공이다. 근대화한 이후에도 한국 사회는 조직 분화로서가 아니라 개개인이 '중심'에 들고자 하는 거대하고 활발한 움직임을 통해 변화되어 왔다는 것인데, 사실상 이런 인맥 위주의 거대한 개인 중심의 조직은 혼란기에 단기적 생존 원리로는 매우 효과적인 방안이었을 것이다.

한국 사회의 주요한 특성인 가족주의와, 그리고 신분에 관한 연구는 아직 학문계에서 주요한 비중으로 다루어지고 있지는 않지만, 적어도 착실한 첫걸음을 뗀 상태에 있다. 최근에 이 세 변수를 종합적으로 다룬 논문이 발표되었는데 이 논문은 그 동안 한국 사회의 변화가 산업화가 될수록 합리적인 제도화가 이루어지고 '연줄'이 약해진다는 서구의 경우와 대조를 이루는 방향으로 이루어져 왔다는 일반적 논의를 잘 정리해 내고 있다. 〈한국 사회 연줄망의 구조적 특성〉이라는 제목의 논문에서 김선엽은 한국 사회는 근대화 과정에서 오히려 연줄의 강도가 증가하고 있으며, 그것은 사회 경제적 지위가 높을수록 강하게 나타나는 특성을 보인다는 점에 주목한다.[11] 이런 현상은 가족 관계가 사회적 생존에 여전히 가장 중요한 부분임을 보여줌과 동시에, 기존의 전통적 연줄들이 사회의 합리화에 따라 사라진다는 서구적 가설과는 달리 학연, 지연 등 개인적 연줄이 가족 연줄을 중심으로 활성화된다는 것을 뜻한다. 김선엽은 이러한 변화를 '산업 사회적 전략성'이라는 단어로 풀어 내면서 전통적인 친족망은 해체되었지만, 부모와 형제로 이루어진 가족은 매우 도구적이고 핵심적인 연줄로서 계층적 지위 향상을 위한 자원으로 작용해 왔음을 밝혀 내고 있다. 특히 상층부에서는 학교 동창 관계를 중심으로 한 연줄이 덧붙여져 계층 상승의 주요 자원이 되어 왔다는 것인데, 이 면에서 우리는 우리나라 부모들이 자녀의 학벌에 그렇게 신경을 곤두세우는 이유를 알게 된다.

김선엽은 그간 한국 도시가 경험한 극심한 지리적 계층적 이동이 산업 사회적인 관계나 공공적 질서를 창출할 기회를 억제한 하나의

---

11) 김선엽, 1992, 〈한국 사회 연줄망의 구조적 특성〉, 《한국 사회학》 26집, 1-33쪽.

변수였다면, 정당성이 결핍된 상황에서 만들어진 공적 질서나 '생소한 것'에 대한 불신을 또 다른 변수로 지적하고 있다.[12] "공적이고 개방적인 관계에 대한 신뢰와 정당성이 취약할수록 기존의 강한 관계에 대한 의존이 커진다고 볼 때 이러한 사회적 배경은 적어도 공적 질서에 대한 신뢰를 낳는 사회적 토양과는 반대된다"고 그는 쓰고 있다.[13] 이러한 사회적 조건에서는 강한 연줄에 의존하는 것이 개인에게는 분명 유리한 적응 전략이며 합리적인 선택인데, 이는 집단 차원에서는 더욱 불합리한 사회적 조건을 재생산해 내게 되는 것이다.

그러면 이런 '연줄'의 원리는 계급 구성에 어떤 작용을 해왔을까? 개인적 연줄을 통해 계층적인 관계 형성이 이루어지지만 연줄은 계급 양극화를 자극하기보다는 억제하는 방향으로 작용하고 있다는 것이 이 논문의 결론이다. 한국 사회의 계층 형성의 주요한 변수인 가족주의적 결합은 운명적 통합과 동지적 우애를 표방하는 개인적 연결을 통해 수직적 계층 분화를 억제하거나 적어도 비가시적인 것으로 만들어 버리는 경향이 있다는 것이다. 강한 연줄 사회에서는 상대적 박탈감을 분출할 수 있는 대상을 보다 쉽게 찾을 수 있기 때문에 계급적 적대감이 단기적으로 폭발할 가능성도 없지 않으나, 그것보다도 가족주의적이고 온정주의적인 수혜나 설득에 의해 중층이나 하층의 계급적 정체성이 흐려질 가능성이 더 높기 때문에 계급 갈등이 제대로 표출될 통로를 갖지도 못한다.

시작이긴 하지만 우리 자신들의 삶을 이론화하려는 노력이 이만큼 일기 시작한 것은 무척 다행한 일이다. 우리 역사 속에서 일어나고 있는 일을 언어화하기를 포기한 이후, 엘리트들은 한편으로는 주어진 특권을 나누어 먹는 식의 체계, 겉도는 지식의 재생산 체계에 길들여져 왔고, 다른 한편으로는 배타적이고 감정적인 가족주의 언어에 길들여져 왔다. 거간꾼들이 맺어 가는 인맥 위주의 체계 속에서, 가족이라는 작은 집단과 가족 단위를 넘어서는 큰 집단 차원

---

12) 앞의 책, 27쪽.
13) 위와 같음.

을 구분하지 못하는 피난민적 패러다임 속에서 생존해 왔다.

공동체의 합의와는 무관한 힘의 논리, 무조건 다수에 속하기만 하면 생존을 보존할 수 있다는 획일주의의 원리, '억울하면 출세하라'라는 말이 가슴에 와닿는 사회, 불필요하게 서로 상처를 주고 짓밟는 악순환, 학교 꽤나 다녔다는 사람들이 드러내 보이는 못말리는 이중성과 무감각, 이런 부분은 피난민적 상황이 만들어 낸 문화적 특징이라는 것이다.

이런 상황에서는 개혁을 촉진해 갈 세력이 좀체 만들어지지 않는다. '중심'을 포기한 변혁적 인물들이 나오기도 힘들지만 동시에 '자신 있는 중심부'도 만들어지지 않기 때문이다.

대안적 근대성을 찾아서

앞에서 나는 탈식민화를 위한 첫걸음은 우리들이 상당히 오랫동안 만성화된 혼란 상태에 살아왔다는 사실을 인정하는 것이라고 말했다. 그리고 그런 상태가 만들어 낸 생존의 원리, 우리 모두가 일상적으로 행하면서 이론화해 내지 못하고 있던 삶의 드라마 한 편을 소개했다. 그것은 가족주의와 인맥과 신분 의식이 중심 주제인 드라마인데, 우리는 각자 선 자리에 따라 조금씩 차이는 있지만 알게 모르게 그 드라마 속에 빠져서 살고 있었다. 나는 이제 그 드라마 속에 더 이상 휘말려 들지 말고 그 드라마를 거리를 두고 보면서 새로운 각본을 써 가자고 말하려고 한다. "나는 누구인가?"라는 질문을 전혀 새로운 방식으로 던짐으로써 그 동안 우리를 부자유하게 묶어 온 각본에서 벗어나자는 것이다. 그것이 곧 대안적 근대성을 찾아가는 길이다.

이제 우리는 '우리'를 논하는 자리, 근대 정신을 이야기하는 마당을 새롭게 펼쳐 간다. 우리 사회가 그 동안 얼마나 분화되어 왔는지, 그러나 그러한 분화를 인정하지 않으려는 획일주의와 절대주의적 경향은 또 얼마나 강했는지에 대해 이야기한다. 우리가 미처 인식하지 못한 동안 급속히 진행된 도시화와 거대 관료화와 과학 기술화와 상업주의적 대중 매체 산업에 휘말려들 사회를 바라본다.

그리고 그 속에 살고 있는 사람들을 본다. 이제 어떤 질문으로 우리들의 문제를 풀어 갈 것인가? 어디에서 우리들의 고민을 풀어 갈 언어를 캐낼 것인가?

　서구가 하는 말 중에 우리를 위로하는 말만 골라 듣는 일은 그만두자. 세계를 제패한 적이 있는 서구가 이제 '해체'를 하겠다고 하는 것과 한번도 '중심'을 잡아본 적이 없는 우리가 '해체'를 하겠다고 할 때의 의미는 다르다. 한번도 이성의 힘을 믿어 본 적이 없는 사회에서 "이성을 믿지 말자"고 말하는 것과 '이성'을 믿고 끝까지 밀고 나가 보았던 서구 지식인들이 그 말을 하는 것의 의미는 분명 다르다. 과학적 사고를 실천해 온 사람이 다시 '주술적 사고'를 발견해 내자는 말을 하는 것과 늘 주술적인 사고만 해온 사람이 그 말을 하는 것은 다른 의미와 결과를 가진다. '총체적'으로 사고하는 훈련이 된 사람이 '총체적'으로 사고하기를 포기하자고 말하는 것과 그런 훈련을 받아본 적이 없는 사람이 그렇게 말하는 것은 전혀 다른 의미와 결과를 지닌다. 서양이 인간을 '절대적 개체'로 상정해 온 '근대'를 끝내고 '간주관적 존재'로서의 개인, '관계'로서의 개인을 다시 찾자고 이야기하는 것과 늘 지연과 학연과 혈연으로서의 존재로만 살아온 우리가 그리 말하는 것과는 커다란 차이가 있다. 서구가 공동체로 돌아가자고 말할 때 우리도 그렇게 말한다. 그런데 그때의 공동체상은 또 매우 다르다.

　우리는 지금부터 극도로 비틀린 모습을 지닌 생활 세계를 합리화해 가야 한다. 새로운 공공 영역의 창출이 시급하다는 말이다. 도시에서 수시로 만나게 되는 낯선 사람들과의 상호 작용을 원활하게 하는 시민적 예의, 귀속적 신분 의식이 아닌 획득적 신분 의식을 갖는 것, 최소한의 자율성을 확보해 가고, 자신의 운명을 스스로 결정해 가려는 결심을 다지며, 자신이 원하는 사회를 위해 타인들과 자발적으로 협력하고 공동체를 만들어 가는 것, 이런 것들은 도시화된, 분화된 지금 상황에서 마땅히 이루어 내야 할 변화의 항목들이다. 우리를 불편하게 하는 것들이 얼마나 많은가? 그것들을 고쳐 가는 것이 바로 새로운 각본을 짜가는 작업이다.

　주변을 찬찬히 돌아본다. 서울에서 자동차를 운전하면서도 느낀다. 도로 안내판은 초행자에게 도움이 되는 식으로 만들어져 있지 않다. 늘 다니던 사람들이나 교통 위반을 하지 않고 길을 찾아갈 수 있지 새로 온 사람은 이 도시에서 길을 잃는다. 그리고 이 도시가 얼마나 새로 들어오려는 사람들을 골탕을 먹이는 배타적 도시인지를 알게 된다. 서울이 그 많은 도시 이주민들을 어떻게 받아들여 왔을지 상상이 간다. 이 도시는 전혀 새로 온 사람들에게 친절한 근대적 도시가 아니다.

어릴 때 기억이 난다. 우리집 앞집 이층에 사는 여자는 가끔 벌거벗고 다녔다. 동네 아이들은 그 여자를 미친 여자라고 했고, 어떤 아이는 그 여자가 벌거벗고 나오는 것을 구경하려고 놀지도 않고 그 집을 지켜 보고 있었다. 나는 어린 마음에 궁금했다. 그 여자는 정말 미친 여자일까? 별로 그런 것 같지 않았다. 그러면 벌거벗고 다니는 여자는 어리석은 여자인가? 목욕을 하고 나서 잠시 벌거벗고 다니는 여자를 구경하기 위해 그렇게 자기 시간을 낭비하는 이 아이가 어리석은 아이인가?

때로 자신이 벌거벗고 싶은 때는 없는가? 자유롭게 하고 싶은 일을 하면서 살고 싶지 않은가? 자유와 부자유에 대해 생각해 보지 않는가? 왜 우리는 자기가 하고 싶은 일에 몰두하지 못할까?

우리는 이제 본격적으로 '근대성'에 대한 탐색을 시작한다. 근대적 삶의 양식이 무엇인지 실험하고 만들어 간다. 유효 기간은 얼마 남지 않았다. 우리가 언제까지나 기댈 수 있을 것 같았던 가족은 급격하게 해체되고 있다. 삶의 중심을 잡아 가는 것을 도와주는 '중간 집단'은 여전히 부재하다. 지역 공동체나 자발적 공동체가 극히 허약한 상태에서 개인은 급격하게 파편화되고 있다.

그래서 역사 속을 기웃거린다. 한글 표준화를 24년 동안, 그것도 보수적 신하들의 거센 반대에도 불구하고 기어코 해낸 집현전 학자들의 언어는 어떤 것이었을까? 근대성에 관한 적절한 질문을 찾기 위해 우리는 임진 왜란 후에 쏟아져 나온 자기 반성적 저작들과 근대 초기 박지원의 《열하일기》를 읽는다. 실학파들의 언어 속으로, 개화파의 고민 속으로도 들어가 본다. 동학 운동이 만들어 보려고 했던 근대 정신의 맹아를 찾아서, 원불교가 이어온 수양하는 생활 원리의 실천과 일제 시대 민족주의자들이 더듬던 언어를 다시 꺼내 봐야 할지 모르겠다. 근대적 노동관은 어떤 것이며, 신분제는 왜 타파되어야 하는가? 근대적 사회로의 이행을 어렵게 하는 주술적 사고란 무엇이며 농경적 공동체가 깨진 상태에서, 도시화된 사회에서 개인은 어떻게 일하고 먹고 또 사회적 관계를 맺으며 살아야 하는가? 시민적 공공성이란 무엇인가? 근대 사회에서의 가족은 무엇 때문에 있어야 하는가?

역사 속으로 들어가면서, 또한 우리는 세계 속으로 들어간다. 세계 규모의 자본주의 시장은 점점 더 확대되고 수천 개의 위성 / 유선 텔레비전 채널이 시간과 공간, 언어와 역사, 그리고 현존하는 매체의 경계를 허물며 온갖 정보를 퍼뜨리고 있다. 기존의 경제와 문화와 정치 사이의 경계선이 무너지고 '우리 것'과 '그들의 것'을 구분해 내기가 어려워지고 있다. 여기서 혼성 모방을 하는 나는 누구인가? 완전한 자주 독립의 상태라는 것을 상정하는 것이 주체적으로 역사를 써가는 데 도움이 되는 것일까? 아니라면 적절한 의존의 상태라는 것은 어떤 상태를 말하는가? 적절한 '열림과 닫힘'의 묘를 살린 상태란 또 어떤 상태를 말하는가?

그런데, 소외된 언어가 난무하는 대중 매체는 무서운 속도로 안방을 점령해 버렸다. 도시건 농촌이건 없이 동네마다 즐비한 비디오 가게와 헐리우드와 홍콩에서 온 비디오 테이프는 '환태평양' 지역 주민들이 그나마 어렵게 확보한 여가 시간을 삽시간에 사로잡아 먹어 치운다. 서방 사회에서 온 여행자는 이 한국 땅에 뿌리내린 비디오 문화의 '선진성'에 놀란다. 그들의 '근대화'는 적어도 그들 나름의 가족과 친지간의 여가 활동 공간과 시간을 남겨 두어서, 자본주의 상흔이 만들어 내는 첨단 유흥 문화의 바람을 어느 정도는 막아 주었다. 얼떨떨한 주변부 주민들은 그런 바람막이 하나 없이 가차없는 자본주의 상흔과 맞부딪치며 자기의 삶과 무관한 이야기를 담은 비디오를 즐기면서 하루살이처럼 살아간다. 그들, 서구인들이 누리는 풍요와 여가를 자신들도 이제 누릴 수 있게 되었다는 안도감 속에서 …… 이제는 마침내 '따라잡은 것인가?'

누누이 강조해 왔듯이, 뿌리 뽑힌 적이 없는 '그들'은 아직도 강하다. 400년 전 세계 전 지역에 물건을 운반할 항구를 만들고 철도를 깔았듯이 지금 그들은 금융망과 정보망을 앞장서서 깔고 있다. 위성 방송을 주도하고 있으며 금융 관리도 여전히 그들 손에 들어 있다. 문화적 원리는 쉽게 변하지 않는다. 콜럼버스의 후예답게 그들은 낯선 곳을 그냥 두지 못한다. 개척자와 탐험가의 후예답게, 발명가들의 후예답게, 탄광을 세우고 철도를 간 목수들의 후예답게 그들은 원활한 자본의 유통과 정보 교류망을 깔기 위한 새 지도를 만들고 있는 것이다. 이러한 움직임에 유색 인종이 포함되어 있지 않은 것은 아니다. 그러나 이 움직임은 콜럼버스를 만들어 낸 그들 문화의 연장선에서 이루어지고 있고, 세계의 주도적 원리는 아직도 서구가 주도해 온 근대적 원리의 연장선상에서 이루어지고 있다. 다만 달라질 수 있으며 달라져야 한다는 사람들이 동서양 모두에서 늘어나고 있다는 점에서 달라졌다.

어느 누구도 가늠하기 힘든 불확실성의 시대에 자신의 일상적 삶의 장을 다지는 일이 남았다. '우리'를 새롭게 만들어 가는 일이 남아 있다. 그런 일을 해내기 위해 우선 우리는 자신을 낯설게 바라보는 훈련을 해야 한다. 남이 나를 보듯이, 거리를 두고 상대주의적으로 보는 훈련을 해야 한다는 것이다. 지금까지 써오던 개념이 아닌 개념으로 이야기를 하기 시작해야 한다.

식민 모국의 지식인들보다 더 교조적으로 공식화된 역사와 기존 명제들을 수용해 왔던 우리는 이제 정전(正典)화된 텍스트, 절대화된 명제들을 의심하면서 "우리가 알고 있다는 것을 어떻게 아는가?"라는 인식론적 질문을 던져야 한다. "있는 대로 보는 것이 아니라 보는 대로 있다"는 말은 무엇을 의미하는가? 우리는 그 동안 특정한 질문만을 하도록 길들여져 왔으며, 어떤 질문은 아예 물을 수 없도록 금지당해 왔다. 지금 그 선을 우리는 넘어선다.

의심해서는 안되는 것을 의심한다. 항상 그곳에 있었으나 '보이지' 않았던 현상을 새롭게 '발견'한다. 가슴 깊이 묻어 둔 기억들을 찾아 나선다. '하찮은 것'으로 간주된 것들, 비공식적 역사, 문자에 매이지 않으며, 일상 언어로 푸는 수다에 귀를 기울인다. 서양의 이론을 읽되 그 이론가가 살고 있던, 구체적 맥락과 지적 계보 속에서 읽어 내고, 건질 것을 건지고 던져 버린다. 이런 일은 우리를 한동안 몹시 혼란스럽게 만들 것이다. 스스로를 늘 '구조로서의 실체'로 규정해 오던 버릇을 던져 버린다. 그리고는 '만들어 가는 주체'를 발견한다.[14]

애국가가 나오면 눈물을 흘리며 '나라'를 사랑해 온 애국자나, '민중'을 위해 또는 '통일'의 '지상 명제'를 위해 온몸을 바치기로 한 투사나, 한 가정의 생계를 책임지는 '가장'이라는 사실만으로 든든한 주체 의식을 가져 왔던 가부장이나, 식민지 시대에 종주국의 총애를 받아온 엘리트나, '입신 출세자'로서의 정체성을 대단하게 여겨 온 '중심부 인물'이나 모두 갑자기 당혹스러워지기 시작할 것이다. '주체'가 없어졌다는 느낌, 정체성의 불안은 전염병처럼 세계 곳곳에 번지게 될 것이다. 김치를 먹고 삼강 오륜을 강조하는 사람이 '한국적'인가, 수출 액수를 채우느라 차분히 밥먹을 시간도 없어서 햄버거를 사먹는 사람이 더 '한국적'인가? '나'는 누구인가? 나를 어떻게 규정하는 것이 정당하며, 또 '나'와 내가 속하는 공동체를 위한 길일까?

그 동안 우리는 자신의 정체성을 굳어진 구조 속에서만 찾아왔다. 그것도 한 범주만을 인정하는 경향을 가져왔다. 국가, 인종, 계급, 종교, 성의 범주를 통해 자신을 규정하고 자신과 달리 규정된 이들과 싸움을 걸어 왔다. 그런데 지금 무수한 다른 주체의 범주들이 만들어지고 있다. 더 이상 '단군'의 자손으로서의 자아 정체성이라든가 '한국의 피끓는 남아'라는 슬로건은 사람들을 흥분시키지 않는다. 정말 우리는 하나의 '정체성'에만 충실해야 했을까? 현해탄에서 고국을 바라보면서 차마 돌아오지 못하고 바다에 몸을 던진 '종군 위안부'에게 고국은 무엇을 뜻했을까? 순결을 잃었다는 이유만으로 그에게 죽음을 강요하는 가부장제가 그에게 부여한 '정

---

14) 1993년 10월 26일 연세대학교 동서 문제 연구소에서 열린 세미나에서 〈탈식민 담론: 재영토화 와중에서 일고 있는 민족주의 언설들〉이라는 제목 아래 이 주제에 관한 열띤 토론이 있었다. 이 부분을 정리하는 데 많은 도움을 받았음을 밝혀 둔다. 그 세미나의 발제는 송도영이 하였으며, '구조로서의 실체'에 관한 이야기를 주로 하였다.

체성'은 왜 이야기되지 않았는가? 파시즘이 대두하던 당시 아랍계 이주 노동자와 게르만계 노동자는 왜 그렇게 철천지 원수처럼 서로를 노려보며 죽여야 했을까? 국내 생산직 노동자와 방글라데쉬에서 온 이민 노동자 사이에는 아직도 공통의 정체성이 형성되어 있지 않은 것은 왤까?

우리는 그 동안 자신을 이미 규정된 기존의 범주 안에서만 보았고, 자신이 가진 것에 악착스럽게 매달려 왔다. 조금 가진 것을 빼앗길까 두려워하며, 또한 못가진 사람들을 보면서 자신의 정체성을 확인해 왔다. 남자란 것에 매달려 여자란 존재를 무시해 왔고 대학을 간 것에 매달려 대학을 못간 사람을 무시해 왔다. 그러면서 동시에 자신이 가지지 못한 것 때문에 괴로와해 왔다. 우리는 늘상 이상적 '주체'에 비해 '결핍'된 존재로서의 자신을 보아왔고, 그 상대적 결핍을 보완하기 위해 더욱 나쁜 상황의 사람들을 눌러왔다.

'중심'에 의해 규정된 자기 정체성의 허구를 알게 된 소수민 — 식민지 주민, 백인주의 사회의 흑인, 남성 중심 사회의 여성, 국가 중심주의 사회의 이주 노동자, 연장자 지배 사회의 청년 등 — 들은 자신의 정체성을 새롭게 규정하겠다고 나설 것이고, 이런 와중에서 '중심'에 있던 많은 사람들은 스스로를 들여다보지 않을 수 없게 될 것이다.

우리는 이제 기존의 범주에 매이지 않고 스스로를 규정해 갈 준비를 해야 한다. 다시 한국민으로 돌아오더라도 한국의 범주를 일단 떠나서 자신을 바라보는 훈련을 하자. 한국은 내게 무엇이며, 중산층이라는 것은 무엇이며, 가족은 또 내게 무엇인가? 우리는 왜 그 범주에 집착해 왔는가? 지금 말하고 있는 '나'는 누구이며 '우리'는 누구인가? 그때 여러 개의 '나', 여러 개의 '우리'가 있지 않은가?

각자 선 자리를 돌아보자. 그리고 기존의 틀에서 자신을 규정하는 일을 그치고 내가 만들어 가고 싶은 세상에 맞는 정체성을 찾아내 가보자. 나는 남한에 사는 '국민'이며, '민족주의자'이며, '중산층'이며, '엘리트'로 살아 왔다. 또한 나는 '여성'의 범주에 속하는 사람으로서, 자신의 언어를 잃어 온 '식민지 주민'으로서 살아 왔다. 또한 나는 나 자신을 '지구상의 위기를 염려하는 세계의 양심있는 주민'으로 규정짓고 싶어하고, 내가 살고 있는 '신촌을 가꾸는 지역 주민'으로서의 존재를 강조하고 싶어한다.

대안적 근대성을 추구하는 마당에서 우리는 '결핍'으로서의 정체성 속에 갇히기보다는 새로운 문화 / 관계 / 공간을 만들어 가는 '개성'의 정체성을 찾아간다. 자신이 선 자리, 주변이자 경계점인 그곳을 창조적 지점으로 삼아 간다. 더 이상 자신을 주어진 체제 속의 이분법으로 규정하지 않는다. 현존하는 다양한 사회 모순이 자신의 일상적 삶 속에 어떻게 나타나고 있는지를 보면서 이제 '개인적인 것이 정치적인 것'임을 알아 간다. '주체'는 매우 전략적이고 유동적인 것이다. '정체성'을 만들어 가는 것이 곧 정치적인 행위이며 사회 운동이다. ■

3'장 서구의 자기 성찰
— '급진적 근대성'과 '탈근대'에 대하여

　　서구 사회를 특수하게 바라보게 된다는 것은 타자화 / 주변화된 자신을 재발견하는 새로운 '시선'을 가지게 됨을 의미한다. 남의 시선을 빌려서가 아니라, 허약한 자기 존재를 정면으로 바라볼 수 있는 시선을 가지게 됨을 말한다. 상실과 자격지심에 시달려 온 자신을 외면하지 않고 스스로 역사를 만들어 가기 위해서는 이미 깊숙하게 진행되어 버린 서구 중심적 세계화의 과정에서 우리들이 선 자리를 새롭게 잡아 갈 필요가 있다. 서구적 근대성을 창출해 낸 서구 특유의 중세적 세계 질서와 도시 중심의 역사, 개방적이면서 엄격하게 닫힌 힘의 질서, 그리고 '진보'와 '주체'에 대한 개념이나 기독교적 전통에 바탕을 둔 '공동성'과 '합리성'에 대한 담론을 살펴보면서 서구 문명이 이루어 낸 근대화의 깊이와 시행 착오에 대해, 그리고 그들이 추진해 온 근대화의 구체적 내용과 형식에 대해 이해해 나갈 필요가 있겠다는 것이다. 이 장에서 서구 특유의 역사적 내용에 대해서 정리해 볼 생각은 없다. 그 작업은 실은 이제 본격적으로 시작되고 있으며, 학문의 탈식민화가 어느 정도 이루어진 후에야 가능하기 때문이다. 여기서 내가 하고자 하는 것은 서구인 자신들이 지금 만들어 가고 있는 자기 성찰적 담론을 내 나름대로 정리해 보는 작업이다. 때마침 문화적 쇠퇴를 심각하게 느끼고 있는 서구가 자체적으로 자신들이 거쳐온 '근대화'를 성찰하고 재규정하려는 움직임을 벌이고 있다. '탈근대론' '미완의 근대 기획' '급진적 근대성' '고전적 근대성' 등의 논의가 바로 이 흐름에서 만들어지고 있는 것들이다.
　　온 세계를 '근대화'의 물결로 오염시킨 서구는 반이성적 파시즘의 폭력과 일이차 대전을 체험하고서, 식민지에서 일어난 민족 해방 운동을 겪으면서, 또 후기 산업 사회에 들어선 자신들의 사회가 경제 문화적으로 무너져 내리는 것을 보면서 그 동안 자신들이 저질러 온 일에 대해 크게 당황하고 당혹스러워하고 있다. 서구의 지성은 그 동안 역사를 읽어 가는 데 별로 성공적이지 못했다면서 자신들이 믿어 온 인식론적 틀을 전폭적으로 수정하겠다고 나섰다.[1] 그래서 대안을 찾아 근대사 이전으로 돌아가 보거나, 중심부에 들지 못했던 소외 집단들의 현장을 찾아 나서거나, 제3세계를 기웃거리기 시작했다. 전지구적 위기 상황에서 이들은 어느 때보다 근원적인 자기 성찰 작업으로 들어가고 있는 것이다.

최근에 활발하게 일고 있는 자기 성찰적 논의는 크게 둘로 나누어 볼 수 있는데, 하나는 '근대'를 이어 가려는 '근대론자'들이 제기하는 논의다.[2] 16세기 이후에 진행된 '근대적 기획'은 아직 끝나지 않았고, 그것이 가진 잠재력을 제대로 살려서 잘못 가고 있는 세계사의 방향을 바로잡아야 한다는 것이 이들 '근대론자'들의 주장이다. 이들은 근대가 안고 있는 자기 성찰과 비판 능력, 그리고 그것을 통한 자기 갱신의 능력을 신뢰한다. 반면에 탈근대론자들은 '근대적 기획'은 끝났고 그 시대가 지닌 창조적 에너지는 이미 고갈되었다고 주장한다. 따라서 18세기 이래 계몽주의자들이 주창해 온 역사의 진보에 대한 희망과 개인적 자유와 공공의 행복에 대한 꿈은 환상이었다고 이들은 말하고 있다. 그러니 '근대'와 미련없이 단절을 하고 새로운 시대를 만들어 가야 한다는 것이다. 전자의 경우에 드는 사상가로 독일의 위르겐 하버마스, 영국의 안토니 기든스와 미국의 마샬 버만과 같은 이를 들 수 있고, 후자에 속하는 이들로 료따르와 데리다 등을 들 수 있겠다.

급진적 근대성을 찾아서

매우 대중적인 책을 쓴 미국의 영문학자 마샬 버만의 《현대성의 경험 — 견고한 모든 것은 대기 속으로 녹아 버린다》[3]를 서두로 서구가 경험한 '근

---

1) 역사 쓰기에 나타난 서구 중심성을 분석한 저서로 로버트 영의 《백인의 신화: 역사와 서양을 다시 쓰기》가 있다. R. Young, 1990, *White Mythologies: Writing History and the West*, London: Routledge.

2) '근대론자'에 따옴표를 한 것은, 이들을 기술의 진보가 사회의 진보를 가져오리라고 믿은 단순한 근대론자들과 구별하기 위함이다.

3) Marshall Berman, (1982) 1988, *All That Is Solid Melts into Air: The Experience of Modernity*, New York: Penguin Books. 이 책과 관련한 국내에 소개된 글로 페리 앤더슨이 쓴 〈근대성과 혁명〉이 있다. 《창작과 비평》 1993 21(2), 336-371쪽. 최근 번역서가 나왔다. 마샬 버만, 1994, 《현대성의 경험 — 견고한 모든 것은 대기 속으로 녹아 버린다》, 윤호병·이만식 옮김, 현대미학사.

대'에 관해 생각해 보자. 요즘은 흥미롭게도 문학도가 역사를 쓰고 역사학자가 문학과 문화를 다룬다. 전환기에 삶을 읽어 내기 위해 요구되는 조건, 곧 편협한 전문적 시각에서 벗어나려는 노력의 결과일 것이다.

버만은 매우 포괄적으로 근대주의를 규정하고 들어간다. 그는 "근대를 사는 사람들이 근대적 세상을 파악해 가고, 그 속에서 나름대로 안착하려는 시도, 곧 근대화의 주체이자 대상이 되는 모든 시도를 근대주의라 부르고자 한다"[4]고 하면서 그 동안 근대를 좁은 범주로 나누어 온 분과별 접근이 갖는 한계를 넘어서서 근대를 생각해 보려고 이런 포괄적 규정을 하게 되었다고 덧붙인다. 또 그는 근대란 '변화'를 그 속성으로 하고 있으며, 그런 면에서 근대주의란 끊임없이 변하는 세상에 편안하게 들어 앉으려는 투쟁이라고 말하고 있다. 한 시점에서 만들어 낸 훌륭한 성취물이 곧바로 위험 천만한 물건으로 화하고, 그럴 위험성을 막기 위해서 끝없는 새로운 고안을 해내야 하는 시대가 바로 근대라는 것이다. 버만은 도스토예프스키의 소설 《지하 생활자의 수기 Underground Man》에 나오는 독백 구절[5]을 인용하면서 거대한 왕국을 짓겠다는 근대인의 창조적인 모험은 애초부터 그곳에 살아가야 한다는 악몽과 함께 가는 것이라고 말하고 있다. 그는 '자유가 주는 짐'에 대해서 그리고 근대적이기 위해서는 '반근대적'일 수밖에 없는 아이러니에 대해 이야기한다. 그가 이 책에서 한 작업은 이러한 아이러니를 말한 작가들을 새롭게 읽어 내는 것이고, 이러한 아이러니의 삶을 살게 하는

---

4) Berman, 같은 책, p.5.
5) "신사들이여, 당신들은 아마도 나를 미쳤다고 생각할 것입니다. 그러나 내게도 말할 기회를 주십시오. 저 역시 인간은 뛰어나게 창조적 동물이며, 목적을 달성하기 위해 의식적으로 노력해야 하는 운명에 있는, 그래서 영원히, 또 쉬임 없이 계획을 세우고 어디로 갈지 잘 모르면서도 새 길을 만들어 가는 존재임을 알고 있습니다. 인간은 새로운 길을 만들기를 사랑하지요. 이것은 논쟁의 여지가 없는 사실입니다. 그러나 또한 그는 혹시 그 목적을 성취하기를, 그가 만들고 있는 구성물을 완성하기를 본능적으로 두려워하는 존재는 아닐까요? 어쩌면 그는 그 구성물을 멀리서 바라보고 싶어할 뿐 가까이 가고 싶어하지 않는 것 아닐까요? 그것을 만들기를 좋아할 뿐, 그 속에 살고 싶어하지는 않는 것 아닐까요?" 앞의 책, p.6에서 재인용.

Gourmelin 그림, 웨일즈 공연 연구 센터가 주최한 국제 연극 회의 안내서 중에서
근대를 이끌어 간 서구적 주체는 이제 거대한 획일적 모습으로 자신들을 감추고 있다.

근대는 '세계적'인 것임을 말한다.

"지금 전세계에 걸쳐 모든 사람들이 공유하고 있는 중요한 경험의 양식, 곧 시간
과 공간, 나 자신과 남, 삶의 가능성과 위험에 대한 공통된 경험의 양식이 존재
한다. 나는 이런 경험을 '근대성 modernity'이라고 부르고자 한다. '근대적'이 된
다는 것은 모험과 힘과 기쁨과 성장과 초월을 약속하는 환경 속에 살고 있다는
말이면서 동시에 우리가 가진 모든 것, 알고 있는 모든 것, 우리 존재 자체를 파
괴하려는 환경 속에 살고 있음을 의미한다. 근대적인 환경과 경험은 지리적, 인
종적, 계급적, 민족적, 종교적, 이데올로기적인 모든 경계들을 넘어서는 것이다.
이런 의미에서 근대성은 전인류를 통일시킨다고 말할 수 있다. 그러나 이때의
통일은 분열 속의 통일이라는 역설적인 것이다. 그것은 끊임없는 해체와 재생,
투쟁과 모순, 그리고 애매 모호함과 고뇌의 소용돌이 속으로 우리를 몰아넣는다.
근대적이 된다는 것은 '모든 단단한 것이 자취없이 녹아 사라지는' 세계의 일부
가 되는 것이다."[6]

---

6) 앞의 책, p.15.

그에 따르면 근대화는 엄격한 신분제와 위계 서열, 봉건적 도덕성과 편협한 상상력으로부터 개인을 해방시키는 한편 비정한 경제 축적의 도구로 인간을 소외시키고 원자화시켜 가는 양면성을 지녀왔으며, 이런 양면성에 관한 통찰력은 근대 초기부터 있어 온 자각이다. 이 양면성은 개인의 심리 차원에서 본다면 자아 실현에 따른 새로운 자기 영역의 확장이나 정서의 해방을 뜻함과 동시에 고립감과 혼란, 동요와 불안의 경험을 말한다. 버만은 "이런 동요와 혼란, 어지럽고 취한 듯한 심리 상태, 경험 가능한 세계의 끝없는 확장, 도덕적 규범과 개인적 속박들의 무너짐, 자아 확장과 자아 분열, 거리와 영혼들 속을 떠도는 여러 환영들, 이런 것들이 난무하는 분위기가 바로 근대적 감수성을 탄생시킨 분위기이다"[7]라고 하면서 근대가 지닌 양면성, 곧 가능성과 파괴력에 관한 통찰력을 발휘해 갈 것을 촉구한다.

버만은 근대화가 '경제적인 발전'만이 아니라 사회 문화적인 발전이며, 사회 구성원은 이 두 가지 의미의 발전을 동시에 경험하면서 내부에 극적인 긴장을 가지게 된다는 점에 주목하여 '근대성'에 관한 집중적 논의를 펼치고 있다. 경제적 과정 modernization 과 문화적 비전 Modernism 사이에 그 어느 편도 아니면서 서로를 매개해 주는 역사적인 경험을 읽어 내고 이론화해 가는 근대적 통찰력 내지 감수성에 근거하여 근대사를 새롭게 정리해야 할 필요가 있다는 것이다.

근대적 감수성과 그것을 읽어 내려는 통찰력에 초점을 맞추어 버만은 5세기에 걸친 서구의 근대화 시기를 세 단계로 나누고 있다.[8] 그 첫번째 단계는 세계 시장이 등장한 16세기부터 18세기 말에 이르는 초기 자본주의화의 시기로서, 이 시기의 사람들은 겨우 근대적 경험을 하기 시작했으나 무슨 일이 자신들에게 일어났는지 분명히 알고 있지 못했다. 그들은 자신들의 상황을 표현해 낼 적절한 단어들을 열심히 찾았으나 아직 근대적 공공성에 대한 실험이나 감각을 갖지 못했던 때이어서, 시대를 읽어 낼 언어를 채 만들어 가지 못했다는 것이다.

프랑스 대혁명을 전후한 18세기 말부터 두번째 국면이 등장하는데 이때

---

7) 앞의 책, p.18.
8) 앞의 책, pp.16-17.

비로소 근대적 경험이 다양한 비전들로 나타나기 시작한다. 사람들은 개인적, 사회적, 정치적 영역에 걸쳐서 다양한 실험을 하면서 새로운 느낌으로 살아가게 된다. 자아의 변신 과정에서 그들은 자신들이 막 지나쳐 온 '근대적'이지 않은 시대에 대한 기억을 해내게 되고 그런 내적 기억에 대한 성찰과 새로운 실험적 경험을 통해 근대화를 파악하고 근대 정신을 만들어 간다. 버만은 이러한 통찰력이 싹튼 시기를 '고전적 근대성'의 시기라고 부른다.

세번째 단계는 이러한 고전적 근대성이 고착되어 가는 시기로 근대주의가 세계적 문화를 형성한 시기로 본다. 근대적 공공성은 더욱 확대되고 근대적 경험을 한 사람들은 이제 확대된 공공 영역 안에서 더욱 파편화되고 삶의 질감으로부터 멀어져 간다. 이 결과로 근대성의 급진적인 뿌리로부터 멀리 떨어진 현재의 모습이 드러난다. 이 시기를 버만은 폐쇄적이고 정태적인 상태로 보고, 시급히 방향 전환을 이루어야 할 것이라고 말한다.

그러면 어떤 방향으로 가야 할 것인가? 여기서 버만은 산업 자본주의화가 가져온 충격을 이해하려는 언어가 본격적으로 만들어진 19세기에 주목할 것을 제안한다. 이때는 자본주의가 지닌 양면성을 명확하게 인지하게 되면서 역사의 주체자로서의 인식과, 두 갈래로 나갈 수 있는 자본주의의 흐름을 주체적으로 조정해 가기 위한 여러 가지 비전이 제시되었던 시기라는 것이다. 우리가 알고 있는 유명한 저작들, 예를 들어 독일 철학자 괴테의 《파우스트》, 맑스의 〈공산당 선언〉, 프랑스 시인 보들레르의 산문시나, 러시아 문호 푸슈킨과 고골리, 도스토예프스키의 저작 등 다양한 장르와 작품을 통해 이 문제가 본격적으로 다루어져 왔다는 것이다. 버만은 괴테의 《파우스트》를 새로 탄생하는 근대 사회의 전례없는 물적, 정신적 변화를 찬양하면서 동시에 거부하고 있는 걸작품으로 평가한다. 파우스트는 이중적인 의미에서의 '발전', 곧 "바다를 둑으로 가둠으로써 자아를 자유롭게 하는 개인이 겪는 비극"을 이미 간파하고 있었다는 것이다.[9] 베버 역시 '쇠우리 iron cage'라는 개념을 통해 근대를 합리적 사회로 이행해 가는 과정으로 파악하면서 동시에 사람들은 바로 자신이 만든 그 거대한 '합리적' 관료 체제

---

9) 앞의 책, pp.337-340.

속에 갇히게 될 것이라고 경고한 바 있다. 버만은 이러한 19세기적 통찰력은 '전근대적' 사회에 사는 것에 대한 기억을 가지면서 새로운 사회의 모습을 상상할 수 있는 변경에 있는 지식인들의 체험적 바탕에 근거한 것이라면서, 이 당시의 경험이 지닌 변증법적 긴장이 21세기적 위기 상황을 극복해 가기 위한 통찰력으로 되살려져야 한다고 주장한다.

버만이 보기에 20세기의 문화적 비전은 개인의 삶과 공동체적 삶의 연관성을 보여주기보다는 그 모순을 양극화함으로써 근대성 경험 자체를 평면적으로 만들어 버리고 긴장을 풀고 말았다. 그는 20세기의 대표적인 목소리를 독일의 사회학자 마르쿠제나 영국의 문학가 엘리어트로부터 듣는다. 이들이 자신의 시대를 유기적 공동체나 자율성을 상실한 개체들의 정신적 황무지로 표현한 바 있듯이, 이 시대는 절망적인 비전이 지배적인 시대 정신의 자리에 앉았다. 이들의 비관론은 실은 다른 한편의 낙관론과 함께 가는데, 버만은 이 낙관론자의 범주에 근대화론의 옹호자들과 마샬 맥루한을 포함시킨다. 버만은 후자에 속하는 이들은 근대성을 기계 문명과 동일시하면서 기술 문명 자체가 미적 전율과 행복을 보장해 줄 것이라는 비전을 고수한다고 말하고 있다.

새로운 근대사를 쓰기를 원하는 버만의 염원은 20세기의 사상가들을 매우 비판적인 눈으로 보게 한다. "19세기 사상가들은 근대적 삶의 모호함과 모순들에 맞서 힘겹게 씨름하는, 근대적 삶에 대한 열렬한 찬양자이면서 동시에 적대자였다. 이런 모순적 태도와 내적인 긴장이 그들의 창조력의 원천이었다. 20세기의 계승자들은 경직된 양극화와 평면적인 전체화로 기울어 버렸다. 그들은 근대성을 맹목적이고 무비판적으로 수용하거나 아니면 초연하고 경멸적인 태도로 처분해 버리려 했다. 어느 쪽이든간에 근대성은 사람들이 만들어 가거나 변화시킬 수 없는 닫힌 체계로 인식되고 만 것이다."[10] 이렇게 20세기의 긴장 풀린 지성을 비판하면서 버만은 21세기에는 고전적인 비전을 되살려 근대화에 대한 올바른 감각을 회복해 갈 것을 촉구하게 된다. 19세기의 시대 정신을 '기억'함으로 21세기의 시대 정신을 창조할 새로운 전망과 용기를 갖자는 것이다.

10) 앞의 책, p.24.

근대의 '위대한' 저자들

하버마스가 논의하고 있는 '미완의 근대 기획'이란 주제 역시 이 선상에서 근대성의 문제를 풀고자 하는 시도이다.[8] 사실상 자본주의가 파생시킨 과잉 생산이나 공황의 문제, 그리고 개인의 파편화 문제들을 서구는 적절히 해결해 내지 못했다. 사회주의 혁명과 복지 제도의 도입 등으로 부분적으로 이 문제를 다루어 왔지만 크게 성공하지 못했고, 자신들의 성찰적 토론과는 전혀 무관한 방향에서 일이 처리되곤 했다. 예를 들어 여러 번에 걸친 내적 위기를 제국주의적 확장이나 일이차 유럽 전쟁, 그 이후의 소비 자본주의화로 땜질을 하듯 모면해 왔던 것이며, 그런 식의 모면의 결과로 지금 더 많은 문제를 안게 된 것이다. 독일 철학 / 사회학자인 하버마스는 이 문제의 해결을 베버가 제기한 '합리성'의 문제로 되돌아감으로 찾고자 하는 학자 중에 한 사람이다. 하버마스의 논의를 잠시 보자.

하버마스 역시 버만과 마찬가지로 사회 변화를 두 차원으로 나누어서 보고 있다. 근대화를 경제 / 기술과 상징 / 공동체 차원, 곧 체제 통합과 사회 통합, 물적 조건과 이념적 조건이라는 두 영역으로 나누어 보고, 이 두 영역에서 독자적으로, 그러면서 서로 영향을 주고 받으면서 일어나는 역동적 변화 과정을 추적한다. 하버마스에게 그 동안의 서구 역사는 산업 자본주의화의 역사로서, 경제 / 기술 영역이 과도하게 부상한 역사였고, 결과적으로 공동체적 / 상징 영역이 극소화되어 급기야는 '생활 세계의 식민화' 현상을 낳게 되었다. 이는 사회 차원에서는 정당성의 위기로, 개인 차원에서는 동기상의 위기 현상으로 나타나고 있다. 하버마스에게 있어서 이 위기는 경제 / 기술 영역의 주도 원리인 '도구적 합리성'이 삶을 과도하게 지배해 온 데서 오는 것이므로, 공동체 / 상징 영역을 관할하는 원리인 의사 소통이 활성화되어야 극복될 수 있는 성질의 것이다. 그래서 하버마스는 '이상적 담화 공동체'라는 개념을 부각시키면서 의사 소통의 차원에 새로운 관심을 기울일 것을 촉구한다. 베버가 자본주의 사회가 도달할 곳은 "정신이 없는 전문가와 애정이 없는 향락주의 인간"만이 남게 되는 곳이며, 수단 합리성이 목적 합리성을 압도하는 사회일 것이라는 우려를 표하면서 '사회적 행위 society

---

8) J. Habermas, 1984, *The Theory of Communicative Action 1: Reason and the Rationalization of Society*, trans. by T. McCarthy, Cambridge: Polity Press.

action'가 '공동체적 행위 community action'를 눌러 버리지 않는[12] 세상을 만들어 가야 한다고 한 주장을, 하버마스는 그 우려가 더 이상 우려가 아닌 현실이 된 상황에서 새롭게 하고 있는 것이다.

변화된 상황에서 다시 19세기로 돌아가자는 서구 지성인들의 이러한 움직임은 의미 심장하다. 이들은 여전히 칸트와 맑스와 베버의 후예이기를 원하고 있는 것인가? 찾아볼 '선배'를 가졌다는 것은 어쨌든 좋은 일이 아닌가?

안토니 기든스는 역시 그 동안의 근대에 관한 연구가 상당히 편협한 것임을 지적하며 근대적 제도의 범주를 넓혀서 보다 포괄적이고 체계적인 연구를 해갈 것을 제안한다. 우리가 잘 알다시피 현대 문명, 또는 근대 기획이란 서구에서 일어난 자본주의화, 다시 말해서 끊임없이 자본을 축적하고 시장을 확장해 가는 것을 목표로 하는 경제 활동이, 상호 호혜나 재분배 등을 원리로 하는 다른 형식의 경제 활동을 압도하고 더 나아가 다른 사회 문화 전 영역을 근원적으로 재구성해 나간 역사였다. 그러나 실은 이 과정은 경제적인 변화를 독자적인 축으로 일관되게 추진해 간 역사는 아니었다. 근대화는 자본주의적 시장의 원리가 촉진시킨 산업 혁명, 인구 변동, 도시의 팽창, 민족 국가의 형성 등과 같은 일련의 역사적 사건들을 포괄하는 거대한 과정이었다. 기든스는 《포스트 모더니티》[13]라는 책에서 바로 이 점을 강조하고 있다.

기든스는 【도표 1】【도표 2】에서 보듯 근대화의 제도적 차원을 네 개의 축으로 나누어 논의한다. 지금까지 근대화 논의에서 가장 중심적으로 논의되어온 부분, 곧 '경쟁적인 노동과 상품 시장 안에서의 자본 축적'을 중심으로 하는 자본주의는 근대를 형성하는 하나의 축에 불과하며, '자연을 변형시켜 인위적 환경을 만들어 가는' 산업주의와 '정보에 대한 통제와 사회적 관리'를 맡는 국가와 대중 매체적 감시 체계, '전쟁의 산업화와 관련된

12) 베버, 1980,《프로테스탄트 윤리와 자본주의의 정신》, 양종회 번역, 을유문화사, 217쪽.
13) 기든스,《포스트 모더니티》, 1991, 이윤희 · 이현희 옮김, 민영사. 원 제목은 '근대적 경험의 결과 The Consequences of Modernity'이다.

【도표 1】 근대성의 제도적 차원들

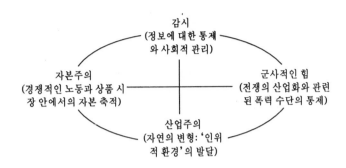

감시
(정보에 대한 통제
와 사회적 관리)

자본주의
(경쟁적인 노동과 상품 시
장 안에서의 자본 축적)

군사적인 힘
(전쟁의 산업화와 관련
된 폭력 수단의 통제)

산업주의
(자연의 변형: '인위
적 환경'의 발달)

【도표 2】 근대성의 강도 높은 위험들

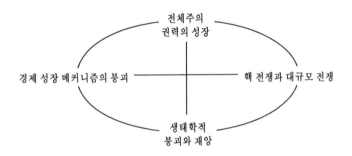

전체주의
권력의 성장

경제 성장 메커니즘의 붕괴

핵 전쟁과 대규모 전쟁

생태학적
붕괴와 재앙

폭력 수단의 통제'를 맡는 군사 체계가 모두 근대적 제도로서 근대를 형성해 가는 기본 축임을 그는 강조하고 있다. 따라서 근대화는 제도의 다차원성과 이 여러 영역들간의 상호 작용을 통해 형성되는 보다 포괄적인 과정으로 이해되어야 한다는 것이다. 이런 시각에서 볼 때 현재의 위기 상황은 근대적 사회 질서의 해체적 징후라기보다는 보다 급진적인 근대성으로 대응해 가야 할 성격의 것이라고 기든스는 말하고 있다.

기든스 역시 위의 두 사람과 마찬가지로 근대의 양면성과 성찰성을 부각시킨다. 기든스는 위기 극복을 위한 대안으로 '유토피안적 현실주의'라는 단어를 쓰면서 근대가 처한 위기 상황을 전 인류가 함께 인식하고 사회 운

【도표 3】 탈근대적 질서의 윤곽

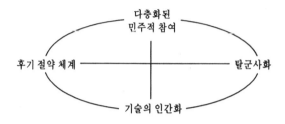

동을 통한 적극적인 현실 개혁에 나서야 할 것을 제안하고 있다. 【도표 3】
에서 보듯 근대의 위기는 기술의 인간화, 다층화된 민주적 참여, 탈군사화
와 후기 절약 체계를 이루어 갈 때 극복되리라는 것이다.

근대를 넘어서

서구가 만들어 낸 근대 문명의 테두리 안에서 위기를 극복하는 방안을 찾
아보려는 이러한 연속적인 시도와는 좀 다른 시각에서 위기를 바라보고, 처
방을 내리는 사상가들이 있다. 그것은 푸코나 들뢰즈, 료따르처럼 자신의 역
사를 거리를 두고 서술하면서, 그전까지의, '근대 기획'과는 좀더 급진적인
단절을 이루어 냄으로 현재의 다양한 모순들을 극복해 가려는 움직임이다.

푸코 역시 근대가 지닌 양면성에서부터 논의를 시작한다. 자유와 해방의
역사로 표방되어 온 근대는 실은 배제와 감시가 강화되는 관리 사회로의 이
행 과정이기도 했음을 푸코는 군대, 감옥, 병원, 학교 등에서 관리가 제도화
되는 과정을 통해 밝혀 낸다. '진보사관'을 철저히 거부하는 푸코는 그 동
안의 역사가 공식/비공식의 이분화, 비극/희극의 이분화, 유심론과 유물
론의 이분화를 토대로 쓰여져 왔음을 밝혀 내고 그런 이분법을 넘어선 역사
를 써내기 위해 추상화의 수준을 낮추고 아주 자세한 기술을 통해 역사를
써내려 하였다. 그가 계보학적 방법을 활용하여 그 동안 있어 온 절대적 진
리 주장들을 발생시킨 은폐된 조건들을 추적해 간 《감시와 처벌》 그리고
《성의 역사 1》는 서구 문명 안에 살면서 자신의 사회를 상대화시켜 본 착실

한 작업이며, 그 작업은 '서구적 주체'의 형성 과정을 이해하는 데 큰 도움을 준다.

푸코에게 있어 근대는 표면적으로 개인의 자유가 늘어나는 시대인 것 같지만 실은 행동의 미세한 부분에 이르기까지 감시하고 검열하는 장치를 발전시킨 시대이다. 이런 시대적 진전은 성욕과 감정적 친밀성까지를 일일이 관여하고 조종하는 고도로 세련된 제도화로 이어진다. 권력은 집중되어 있지 않으며 그런 면에서 권력에 대해 저항한다는 것 역시 매우 복잡해져 버렸음을 푸코는 저작을 통해 매우 분명하게 보여주고 있다. 푸코는 지식과 권력 간의 관계를 어디까지나 구체성을 통해 보여주려 하였다는 면에서, 그리고 섣불리 처방을 내리기를 거부했다는 면에서 탈근대적 언어를 만들어 간 문명 비판가들의 대열에 선다.

료따르는 근대와의 단절을 보다 과감하게 주장한 철학자이다. 료따르와 같은 탈근대론자들은 지금까지 삶을 설명해 온 지배 담론과 분명한 단절을 이루어 내고 싶어한다. 료따르, 보드리야르, 데리다, 린다 허치언, 안드레아스 후이센 등 이 범주에 속하는 학자들은 정보 과학 기술의 발달과 대중 매체의 확산으로 기호가 실물 세계에 우선하는 이미지 중독의 시대, 그리고 파편화된 대중 / 소비 자본주의적 상황에 초점을 맞춘다.[14] 고도의 과학 기술화로 인한 사회 변동, 특히 미디어 혁명 이후 앎의 영역이 지배 양식과 밀접하게 엇물리고, 저항의 초점이 물질적 생산 과정의 장을 훨씬 벗어나 버린 후기 산업 사회적 상황에 초점이 모아진 만큼 그러한 상황에서 찾아질 탈출구는 그전 것과는 급진적으로 다를 수밖에 없다는 것이다.

대중 매체와 국가, 그 외 여러 가지 기재를 통한 고도 관리 사회에 들어서면 개인은 자신이 무기력하다는 생각조차 하기 어렵게 된다. 각종 매체를 통해 전달되는 뉴스가 소설가들이 만들어 낸 어떤 이야기보다 더 가공할 사

---

14) 국내에 포스트 모더니즘에 관한 많은 책이 번역되어 있지만 내가 참고한 것으로는 김욱동 편, 1990, 《포스트 모더니즘의 이해》, 문학과 지성사; 정정호·강내희 편, 1989, 《포스트 모더니즘론》, 도서출판 터; 권택영 편, 1991, 《포스트 모더니즘과 문화》, 문예출판사; 김성곤 편, 1990, 《포스트 모더니즘과 현대 미국 소설》, 열음사; 마크 포스터, 1990, 《푸코, 마르크시즘, 역사》, 인간사랑 등이 있다.

도미니끄 아뻬아, 〈기억의 틈새에서〉, 1975

건들엄을 알게 되면서 '허구'의 사실성과 '사실'의 허구성을 구분할 수 없게 되는 상황이 오고 이런 시대에 소설가는 이렇게 탄식을 할 수밖에 없다. "현실은 부단히 우리의 재능을 무력하게 하고 문화는 소설가들이 부러워할 만큼 날마다 새로운 사건들을 전해 주고 있다 …… 신문은 놀라운 일로 지면을 가득 메우고 있다 …… 그러한 상황에서 소설가의 주제는 무엇이겠는가? …… 우리로 하여금 소설을 쓰도록 해주는 것은 리얼리티가 갖고 있는 자력과 신비이다. 우리가 리얼리티에 대해 신비감이 아닌 망연 자실함을 느끼고 그것에 이끌리는 대신 혐오감을 느낀다면 더 이상 어떻게 소설을 쓸 수 있겠는가? 그렇게 된다면 결국 역사 소설이나 풍자 소설밖에 쓸 수 없을 것이다."[15] 소설가 필립 로스가 이렇게 소설의 죽음을 이야기한 것은 1961년이었다. 서유럽과 북미 사회는 실제로 2차 대전 이후 이런 후기 산업 사회적 징후를 분명하게 드러내 보이기 시작했다.

포스트 모더니즘을 말하는 이론가들은 이렇게 망연 자실해 할 수밖에 없는 시대적 상황에 초점을 맞춘다. 소비와 이미지 시대의 '이론 아닌 이론'을 말하고자 하면서 이들이 강조하는 것은 단일한 세계사를 쓸 수 있다는 허상에서 벗어나라는 것이다. 탈근대론자들은 탈식민주의자들과 마찬가지로 '자유와 평등을 향한 투쟁사'로서의 인류 보편사라든가 그것을 뒷받침해 온 휴머니즘이란 것이 실은 제국주의라는 거대한 비합리의 세계와 어우러져 지탱되어 왔음에 주목하면서 '이성'과 '휴머니즘'이라는 개념이 내포해 온 '비이성'을 주저없이 폭로한다. 서구의 역사는 바로 자신들이 추구하기로 한 '합리성'에 맞지 않는 모든 것은 '미신'이라는 범주로 몰아넣고 '유일하고 보편적인' 인류 발전의 틀이고자 하는 거대한 유일 담론 — 마치 그들의 기독교적 유일신의 목소리와 같은 — 을 구축해 간 역사라는 것이며, 탈근대론자들은 그 '합리성'의 역사에 맞서고자 하는 것이다. 흥미롭게도 이들은 시대적 단절을 강조하면서 실은 역사 속에서 크게 빛을 보지 못했던 선배들을 다시 불러들이는데, 비트겐슈타인과 니체와 벤야민 등이 그

---

15) 김성곤, 1990, 〈소설의 죽음과 포스트 모더니즘〉, 《포스트 모더니즘과 현대 미국 소설》, 열음사, 30-31쪽.

들이 관련을 맺어 보려는 선배들이다.[16]

료따르의 논의를 좀더 자세히 살펴보자. 서구 근대의 담론적 특성을 분석하면서 료따르[17]는 근대적 글쓰기의 형태인 대서사에 대한 불신을 노골적으로 드러내고 있는데, 그가 말하는 대서사는 도구적 이성에 입각한 과학주의, 세계 어디서나 통용되는 보편 원리라는 식의 주장, 특정 이해 관계나 목적에 지배되지 않는 객관성과 자율성을 전제로 한 것이라는 투로 쓰여진 텍스트를 말한다. 료따르는 그 동안 서구 사회가 제국주의 과정에서 만들어낸, 총체성과 정당성에 집착하는 언설은 세계 각곳에서 근대화 과정을 겪고 있던 사회에 전체주의적 테러리즘을 행사했다고 주장한다. 료따르는 거대하고 단일한 서사, 곧 "전체 또는 하나를 향한, 개념과 감각의 일체를 향한, 그리고 자명하고 소통 가능한 경험을 향한 향수" 때문에 인류는 지나친 희생을 치르었다고 말하면서 '국지적인 이야기들'을 만들어 갈 것을 대안으로 제시하고 있다.

료따르는 특히 근대적 대서사가 과학적 지식과 서사적 지식을 통일하려한 점에 주목한다. 이 두 지식은 "과학적 지식에 근거하여 서사적 지식의 타당성 여부를 판단할 수도 없고 그 역도 마찬가지"인, 근본적으로 다른 규칙을 가진 언어 게임인데 그 동안의 근대적 서사는 이 둘을 무리하게 통합시키려 했다는 것이다. 따라서 료따르의 탈근대 작업은 바로 이 잘못된 통합 상태를 해체하는 작업이다.

'해방을 약속하는 유토피안적 역사'는 위선의 텍스트라고 선언한 료따르는 자신들의 역사가 지닌 제국주의적인 근원을 소크라테스의 '존재론적 제국주의'에까지 거슬러 올라가서 찾는다. 헤겔적 변증법과 하이데거의 존재론에 그대로 드러나 있는 서구 특유의 존재론은 '통합적 자아' 내지 '흔들리지 않는 주체'를 상정하고 있는데, 이것은 인간을 개인의 자유와 권리를 침해하는 사회와 대적하는 존재로 상정한 근대적 인간관의 핵심이다. 구체

---

16) 이런 방향의 대표적 논의로 질 들뢰르, (1962) 1993, 《니체, 철학의 주사위》, 신범순·조영복, 인간사랑을 참고할 것.

17) Lyotard, J., 1984, *The Postmodern Condition*, Manchester. 이 책은 1992년에 이현복이 옮긴 《포스트 모던적 조건》이라는 제목으로 서광사에서 출간되었다.

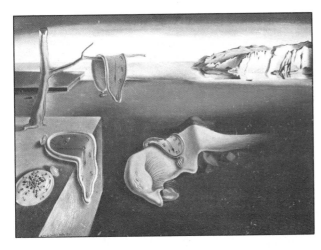

Dali
*The Persistance
of memory*
1931

근대는
시간과 공간,
그리고
'인간 주체'에
대한 개념을
근원적으로
바꾸어 놓았다.

적으로 이런 인식론은 근대 초기 인간을 '자기 보호 본능'으로 등식화한 홉스나, '소유욕'으로 규정한 로크의 정치 사상에서, 또 인간의 진정한 자유는 바로 그러한 본능을 극복하는 것에 있다고 주장하는 데카르트와 칸트의 사상과 연결되어 있다. 이런 인간관은 한편으로는 인간을 '절대 개인'으로 놓음으로써 '간주관적 존재'로서의 의미를 축소시켰으며 다른 한편으로 '전 인류의 총체적 혁명과 해방'을 꿈꾸는, 유일한 이론을 낳게 하였다고 료따르는 주장한다.[18]

서구적 근대가 상정한 '흔들리지 않는 주체'가 지니는 사회적 의미는 그 유일한 주체에 대립되는 '타자'의 성격을 규정짓는다. 료따르는 '고정된 자아'와 '타자'의 관계는 종국에는 소유와 흡수적인 권력 관계로 성립한다는 점에 주목한다. 유대적인 신과 인간의 관계, 헤겔이 말하는 주인과 노예의 관계, 맑스가 말하는 자본가와 노동자, 그리고 식민 모국과 식민지의 관계는 기본적으로 이 관계의 원형을 따르고 있다는 것이다. 이런 관계의 틀은 자연스럽게 서구의 제국주의적 지배를 가능하게 하고 또 바람직하게 보게 하는 철학적 바탕이 되어 왔다고 료따르는 주장한다.

탈근대론자들은 후기 정보 자본주의 사회의 문화적 배열은 더 이상 유클리드적 확률론이나 결정론으로 설명할 수 없는 것임을 분명히 하고 더 이상

---

18) 근대의 해방 이론에 대한 자세한 논의를 알기 위해서 함재봉, 1993, 〈포스트 모더니즘과 해방 이론의 해체〉, 《한국 정치학 회보》, 26(2), 45-65쪽 참조할 것.

그 패러다임 속에 머물지 말 것을 권한다. 탈근대 사회는 근대로부터의 인식론적 단절을 이루어 내야 하고, 탈근대적 언어로 풀려야 한다는 것이다. '정보'와 '소비' 중심의 시대에 들어서면서 '보이지 않는 손'에 의한 '대중 관리'가 보다 철저해지고, 그것이 단순한 규제나 간섭이 아닌 기호의 정치 경제, 욕망의 산출 차원에서 이루어진다는 인식이 뿌리를 내리면서 기존의 학문적 언어는 급진적으로 파기되어야 한다는 주장이 이들 가운데서 강하게 나오고 있다. 그러나 그들이 내놓는 대안은 아직 그리 구체적이지는 않다.

후기 산업 사회적 상황에서 나름대로 구체적인 대안을 제시한 학자로 앙리 르페브르를 들 수 있을 것이다.[19] 르페브르는 광고, 미디어 등에 의해 일상적 생활 세계가 프로그램화된 상태에서 살고 있는 도시의 현대인들은 개인의 행동에 의미를 부여할 수 있는 고유하고 창조적인 생활 방식과 축제를 상실한 채 살아가고 있다고 말한다. 현대 사회를 과잉 억압의 사회로 보고 그 억압적 강제가 자발성으로 위장하고 있음에 주목하는 앙리 르페브르는 '공포적 독재 상태와는 다른, 공포가 전체적이며 세부적이고 일상화된' 상황을 어떻게 벗어날 수 있을지로 고심한다.

내부와 외부의 차이가 사라지고 내적인 것처럼 보이는 것이 실은 집중화되고 정당화된 외부일 뿐인 상황, 관료적 지식이 인식과 동일시되고 마침내 설득이 강제와 동일시되는 광고 사회로의 변천을 추적하면서 그는 지금까지 서구가 벌여 온 메시안적 / 유토피안적 사회 운동이 아닌, 아주 다른 형태의 영구적 문화 혁명이 일어야 함을 주장하기에 이른다. 그는 인간적인 도시적 삶의 실현과 일상 생활에서 축제성을 회복하는 일을 강조하면서 말이 일상성과 현실에서 동떨어진 기호가 된 사회 속에서의 사회 운동은 문화 혁명일 수밖에 없다고 말하고 있다. 그가 문화 혁명이라는 단어로 표현한 작업은 개개인이 자신의 운명을 스스로 제어하고 책임을 지면서 삶 자체를 하나의 훌륭한 예술 작품으로 만들어 가는 것을 뜻한다. '자기 관리'를 수단과 목표로 하는 새로운 사회 운동이 일어야 한다는 것이다.

탈근대적 논조를 띤 논의들을 보면 서구인들은 이제 자신들의 '중심'을 보다 근원적으로 성찰하기 시작했음을 보게 된다. 그들이 지향해 가고 있는

---

19) 앙리 르페브르, (1968) 1990, 《현대 세계의 일상성》, 박정자 옮김, 세계일보사.

도미에르, 〈공화국〉, 1848

'아래로부터의 혁명'으로 형성된 프랑스 근대 국민 국가는
선하고 능력 있는 어머니의 이미지를 갖는다.
그리고 그 국가의 지식인들은 국가라는 신성한 제단에 바쳐진 소수이다.
이러한 근대 국가 개념은 서구 내 이웃 국가로 번져 갔으며
서구의 세계 재패 과정에서 온 세계로 수출된다.
민중에 의한 혁명을 거친 적이 없는 우리에게 이 개념은
어떤 형태로 이식되어 사용되고 있는가?

곳은 어디일까? 이들은 우선 고정된 '자기 진술'의 틀을 깸으로 많은 묶여 져 있던 것들이 풀려나가기를 기다린다. 그리고 새로운 길을 찾아 나서는데, 그 자료를 자신들의 고대사나 그 동안 '보이지 않고 들리지 않는 존재'로 감추어져 있던 '주변'에 주목을 한다. '그들'과 '우리'를 명확하게 구분해 왔던 이원주의를 극복하고, 판단을 유보하면서 그 동안 자신들이 '타자화' 시켜 온 대상을 진지한 반성의 주제이자 대안으로 삼고자 하는 것이다.

나는 서구 지식인들 사이에서 자기를 '타자화된 존재' 또는 '주변적 존 재'로 인식하고 싶어하는 것이 유행처럼 퍼져 있음을 보아 왔다. 반체제 anti-establishment를 내걸고 기성 세대의 모든 제도적 / 문화적 권력과 속물 성을 파기하려 했던 60년대의 광범위한 사회 운동 이후, 그런 욕망은 명백 하게 가시화되었었다. '타자성'과 '주변성'을 느끼는 예민한 자만이 이 시 대가 강요하는 '자기 마비'와 분열에서 벗어날 수 있고, 새로움을 싹틔어 갈 수 있다고 믿는 서구의 진보적 지식인들은 그런 면에서 '구원'에 아주 가까이 있는 듯한 제3세계 친구들을 부러워한다.

서구의 자기 성찰 작업을 보면서

급진적 근대론이건 탈근대론이건 이들 서구 지식인들이 벌이는 논의의 다양함은 바로 그들이 현재의 위기 상황에 대해 매우 활발한 논의를 펼치고 있다는 증거이다. 사실상 근대 기획을 제대로 이어 가자는 논의건 단절을 이루자는 논의건, 내가 선 자리에서 볼 때는 매우 비슷한 문제 의식과 상황 인식을 깔고 있다. 적어도 서울에 살고 있고, 남한의 지식인들에게 글을 쓰 고 있는, '비서구인'인 내가 보는 입장에서는 그 둘간의 차이는 그리 대단 하지 않다. 전자는 자신들의 역사 속에서 해결책을 찾아보려는, '연속성'을 강조하고 있는 반면 후자는 '단절성'을 강조하고 싶어하는 면에서 차이가 날 뿐 내게는 크게 대립된 입장으로 읽히지 않는다는 것이다.[20]

20) 료따르와 하버마스의 논쟁에 관해서는 김욱동, 1990, 《포스트 모더니즘의 이 해》, 3부 〈포스트 모더니즘과 포스트 모더니티〉, 문학과 지성사, 241-367쪽 참 고할 것.

오히려 내게는 논의의 다양성이 서구 사회 내에 존재하는 구체적 역사성과 관련이 있어 보여서 흥미롭다. 산업 자본주의화가 가장 늦었고, 따라서 도시화와 산업화의 속도가 영국이나 프랑스에 비해 매우 급했던 독일에서 '근대성'에 관한 논의들이 집중적으로 일어났다는 점은 주목을 요한다. 19세기 후반에야 본격적으로 산업화를 한 독일은 그로 인한 충격적인 변화를 문화적으로 소화해 내기 힘들었고, 당시 사회 이론가들은 그러한 변화를 이론화하기 위해 총력을 기울였다. 베버나 퇴니스가 농업 사회적 특성과 산업 사회적 특성을 두고 사회 구성 원리를 대비시켜 본 논의들은 다 이 와중에 나온 것들이다. 또한 독일에서 파시즘이 가장 강하게 인 것도 이런 급격한 산업화의 속도를 사회 구성원들이 미처 소화해 내지 못했다는 사실과 무관하지 않을 것이다.

한편 파시즘이 득세한 역사적 경험을 가진 독일의 지성계는 근대성이 초래한 현재의 위기를 보는 시각에서도 좀 독특한 자세를 취한다. 파시즘의 상처와 위험이 아직 도사리고 있다고 생각하는 독일 지성계는 '합리'와 '이성'의 개념을 쉽게 포기하지 못하고 있다. 반면 민중 봉기로 근대 혁명을 이루어 냈고 파시즘의 병을 가장 적게 앓은 편인 프랑스는 또다시 전혀 새로운 '감성'으로 시대를 쓰고 싶어하는 경향을 보인다. 어쩌면 프랑스 지성인들은 나름대로 '이성'을 토대로 한 '근대사'를 살아 보았고 이제 그 '이성'을 가장한 질서에서 미련없이 벗어나고 싶어졌는지도 모르겠다. 전통에 매이지 않는 편인 미국 지식인들 역시 탈근대적 논의에 적극 참여하는 편이다. 어쨌든지 서구의 자기 성찰적인 지식인들은 각자가 선 자리에서 자신들이 만들어 온 세계를 돌아보게 되었고, 포괄적인 삶의 영역을 연구의 대상으로 삼으면서 이제 자신들이 가져온 근대적 체험을 바탕으로 '근대'의 방향을 크게 수정하고 싶어하고 있다.

이들은 모두 자기들의 상황을 논의하는 언어가 더 이상 적절하지 않음에 동의하고 있다. 객관성과 도구적 이성주의가 안고 있는 물신성의 위험,[21] 진보적 역사관이 함축하고 있는 전체주의의 위험, 개성(個性) 시대가 안고 있

---

21) 영국의 인류학자 어네스트 겔너는 이것을 '이성주의적 근본주의'라 부른다. E. Gellner, 1992, *Postmodernism, Reason and Religion*, London: Routledge.

는 병리적인 자기애의 위험을 인지하면서, 이들은 "더 이상의 발전은 없다"고 입을 모아 말한다. 그리고 확장이 아닌 보존의 차원에서 자기 성찰, 자기 부정, 자기 발견의 단계에 들어서고 있다.[22] 아울러 이들은 새로운 공동체적 회복을 꾀하고 있는데, '신뢰 관계의 회복'(기든스) '자기에 대한 배려'(푸코) '자주 관리'(르페브르) '이상적 담화 공동체'(하버마스) '소서사 쓰기'(료따르) 등이 바로 그런 그들의 염원을 말해 주고 있다.

내가 여기서 서구의 '근대성' 논의를 이런 식으로 장황하게 소개한 것은 — 그것도 평면적으로 해낼 수밖에 없는 나 자신의 능력을 알고 있음에도 불구하고 — 두 가지 이유에서였다. 하나는 그들이 자신들이 경험한 구체적 근대에 관한 논의를 어디까지 끌어 가고 있는지를 보임으로써 그들의 논의를 그들 역사의 맥락 속에 위치시키기 위해서였고, 다른 하나는 근대 초반부터 근대가 지닌 양면성을 인지하고 그것이 지닌 함정을 염려하면서 토론을 이어 갔다는 점을 보이기 위해서였다. 근대가 지닌 양면성의 위험은 우리의 운명 속에도 고스란히 보이고 있던 위험이다. 서구 지식인들은 마르쿠제의 표현대로, '물질적인 생산성 자체를 지고의 가치로 자기 목적화하는 자본주의의 속성'에 대한 위험성을 인식하고 끊임없이 토론의 장을 열어 왔다. 산업과 고도 기술화라는 물질적 변화의 축에 끊임없이 저항하면서 사람이 중시되는 사회를 이루어 가려고 노력해 왔던 것이다. 대량 생산과 대량 소비 양식을 이론화하기 위해 자동차 기업가인 포드의 이름을 딴 '포디즘'이라는 개념을 만들어 내듯이 그들은 수많은 개념을 만들어 내면서 자신의 삶을 파악하려 노력해 왔다. 서구인들은 기억을 되살리면서 지속적으로 역사를 써 가고 있고 자기 성찰력을 높이면서 적응력 있는 미래를 만들어 가고 있었던 것이다.

그들은 20세기 초반부에 "현대의 경험은 20세기 개념의 틀에 의해 파악될 수 없을 정도로 확대되었고, 또 이 세계는 이미 하나의 체계에 의해 재구성할 수 없을 정도로 붕괴되어 버렸다"[23]면서 그러한 위기 상황을 극복해

22) 김성곤, 1990, 〈포스트 모더니즘의 제3세계적 가능성〉, 《포스트 모더니즘과 현대 미국 소설》, 열음사.
23) 반성완 편역, 1983, 《발터 벤야민의 문예 이론》, 민음사, 370-371쪽.

서양은 벨젠의 떼무덤을 발견하기 전까지는 1945년까지 자행된 처참한 인류 대학살의
이야기를 믿지 않으려 했다. 이 사진은 죽음 직전에 구조된 포로의 사진이다.
— Harold Evans, *Front Page History*, Quiller Press 중에서

나가기 위한 논의들을 펴왔다. 이들은 개별 국가 단위의 경제 체제가 더 이
상 효율적이지 않다는 것을 알게 되면서 그들의 선조들이 봉건제에서 자본
제로 넘어설 때처럼 재빨리 새로운 질서를 만들어 가고자 한 것이다. 개별
국가 단위를 넘어선 공동체로 삶의 터전을 넓히면서 동시에 보다 작은 지역
단위, 내지 자치적 주민적 공동체를 활성화함으로써 융통성 있게 지역 / 문
화 재편을 시도해 가고 있는 것이다. 이들은 자신들의 역사 속으로, 또 주변
에 있는 다양성을 찾아 적극적으로 나서기 시작했다. 허약한 자기 문화를
치유해 갈 거리를 찾으러 나선 것이다.

비단 책을 통해서만이 아니라 최근에 만들어지고 있는 영화를 통해서도
이들이 하고 있는 자기 성찰 작업을 쉽게 볼 수 있다. 자신들의 근대사를
거리를 두고 그려 낸 것으로 〈1900년〉, 〈당통〉, 〈리틀 도리〉, 〈정복자 펠레〉,
〈시네마 천국〉, 〈개 같은 내 인생〉, 〈장미의 이름〉 등이 있고, 사회에서 극단
적으로 고립되고 소외된 인간상을 그린 영화로 〈카프카〉, 〈파리 텍사스〉,
〈섹스, 거짓말, 그리고 비디오 테이프〉, 〈내 고향 아이다호〉, 〈버디〉와 같은

영화가 있다. 파시즘의 대두를 개인의 삶과 연결시켜 본 〈레들 대령〉, 〈하누센〉과 같은 영화, 그리고 파시즘의 폭력을 어처구니 없이 당한 아이나 여자의 눈으로 반이성적 시대를 그린 〈양철북〉이나 〈소피의 선택〉과 같은 영화에서 그들이 가졌던 독특한 근대적 체험을 읽어 낼 수 있다. 악마적 분위기를 그린 〈델리카트슨〉, 〈요리사, 도둑, 아내와 연인〉 역시 근대성의 어두움을 암시해 주는 훌륭한 영화이며, 고도 기술 관리 사회의 종말론적 절망을 기독교적 메시지로 풀어 가려는 〈터미네이터 1〉, 〈다크맨〉도 그들이 여전히 기독교적 언어를 통해 의사 소통을 하고 있음을 보여준다는 점에서 주목을 끈다. 극히 반동적인 고도 기술 독재 체제가 기독교적 성서를 바탕으로 만들어질 수 있다는 것을 보여준 〈핸드 메이즈〉나 〈브라질〉 등의 영화에서도 서양이 보는 후기 산업 사회에 대한 인식과 상상력의 지평을 읽어 낼 수 있다. 우리는 여기서 그들의 역사의 깊이를 본다. 구체적인 문제와 고통을 보고, 그것을 풀어 가는 데 전념해 온 사람들을 만난다.

자생적 근대화를 하였다는 것은 사회 개혁을 해내는 '중심'이 있었음을 의미한다. 자신들의 허약한 상태를 있는 대로 드러내 놓는 것, 드러내 놓고 토론하는 장이 열려 있는 것, 바로 그런 상태를 뜻한다. ■

4장 식민지 지식인의 옷 벗기

— 지식 생산 주체에 관하여

내가 아닌 나를
나인 줄 알고 살다가
가끔 나를 만나면
낯설어 얼굴 돌린다.

아아
무아의 세계로
갈 수는 없는가*
— 조만철

* 이 시는 정신과 의사인 내 오빠가 쓴 것이다.
쉰살이 되어서도 여전히 낯선 자기를 거울에서 보는 것은,
그리고 무아의 세계로 가버리고 싶어하는 것은
그가 가진 불교적 색채 탓일까, 식민지 주민으로서의
무의식 탓일까?

어느 억압된 주체든 해방을 원할 때 거치게 되는 일반적 과정이 있다. 먼저 자신들이 억압당하고 있는 존재임을 인식하는 계기를 갖는 단계를 거친다. 대부분의 억압 상태는 여러 가지 장치를 통해서 억압당한 주체가 그것을 느끼지 못하는 식으로 유지되기 때문에 자신이 세뇌당한 소수 집단, 곧 '타자화된 존재'라는 것을 알아차리는 것은 '자연스럽게' 일어나지 않는다. 그러나 일단 그러한 자의식이 생기면 그는 자신을 억압해 온 '중심'을 새로운 눈으로 보게 된다. 그들은 지금까지 의심하지 않고 받아들여 온 전제들을 의심하게 되며, 지금까지 '중심'에 있던 집단이 더 능력있고 도덕적으로 우월하며 사회적으로 필요한 존재라는 등의 고정된 시각에서 벗어나게 된다.

이 단계에서 중요한 것은 자신을 억압하는 지배 구조를 거리를 두고 상대화시켜 볼 수 있는 능력이다. 거리를 두지 못할 때 억압에서 벗어나려는 갖가지 투쟁은 지배 구조 속에 말려들어가 버리고 만다. '보편성'을 주장하는 지배적 담론에서 벗어나지 못한다면 자칫 한풀이만 하는 사태가 벌어질 위험성이 있다. 따라서 '중심'을 바라보는 시선의 변화는 피해 의식에서 벗어나는 일과 같이 가야 하는데, 이것은 '중심'을 더 이상 보편적인 주체가 아니라 하나의 주체로 상대화시켜 보면서, 타자화되어 온 자신을 재발견하는 '시선'을 가지게 되는 것을 뜻한다. 억압당하고 짓밟히기만 해온 존재로서가 아니라, 타자화된 표면 아래서 꿈틀거려 왔던 존재를 찾아내기 시작해야 한다는 것이다. 이를 위해 억압을 당해 온 이들은 새로운 정치적 공간을 만들어 가야 하는데, 이것이 바로 대항 담론의 장이다. 그 새로운 담론의 장에서 자신들의 손상되지 않은 모습, 터져 나오지 못하게 눌려 있던 기억을 더듬어 억압 기재를 교란시키면서 자신들의 역사를 써갈 거점을 마련해 가게 된다. 억압을 드러내고 고발하면서 지배 담론에 틈새를 내는 것, 그리고 기운을 차리고 자신을 새롭게 만들어 가는 것, 이것은 탈식민화 작업에서 필수적인 작업들이다.

자, 이제 '보편의 논리'와 힘에 저항하는 주변부의 자기 긍정에 대해 이야기해 보자. 지식이란 경험에 의해 만들어진다는 매우 자명한 명제를 다시 한번 확인하자. 경험과 유리된 지식을 재생산해 내는 데 길들여졌던 주변부가 자신들의 타자화된 모습을 발견하고 그것을 거점으로 새롭게 자신을 만들어 가는 방법은 어떤 것일까? 지배자의 눈치를 살피거나 그들의 발상 속에 머무르지 않고 자신의 정치적 공간을 확장해 가는 것은 어떤 작업을 통해 가능할까?

그 동안 우리는 자기에 대해서도 모르고 그렇다고 세계에 대한 배려나 이해가 있지도 않는 상태에서 부유해 왔다. 지배 담론에서 규정한 단일한 모습으로 스스로를 인지해 왔고, 그래서 주체성과 능동성을 잃은, 또 다양성이 무시된 존재로 살아 왔다. 일상적 생존의 장에서는 뛰어난 적응력으로, 기득권을 놓치지 않으려는 조바심으로 순발력을 발휘하지만 그것은 이미 승산이 결정되어 있는 '장기판' 위에서의 놀음이었다. 이제 다시 정체성 논의를 끄집어내는 것은 모든 입장들이 이미 결정되어 있는 구도, 또는 '장기판' 위가 아니라 각자 만들어 가는 자리에 대해 이야기하고자 함이다. 우리가 장기판 자체를 바꾸고 싶어한다면, 기존의 판 위로 더 이상 올라가서는 안된다. 이제 우리는 각자가 새로운 판을 짜기 위한 자리를 스스로 정한다.

여기서 우리는 권력의 작용에 대해 좀더 알아야 할 필요성을 느낀다. '의식'이 바뀐다고 삶이 바뀌지 않는다는 말은 맞는 말이다. 의식의 변화는 자신이 선 '자리'에 대한 명확한 인식과 일상적인 투쟁의 장으로 이어지지 않으면 의미가 없다. 우리는 담론 속에 자신의 위치를 분명히 정함으로 그 동안 '초자아'의 자리에 군림해 온 '주체'의 정체를 보게 되고 스스로가 '주체'가 될 수 있다. 자신의 삶을 애써 외면해 온 자신 속에 있는 권력 의지에 대해서도 알게 되고 욕망에 대해서도 분석해 낼 수 있게 된다.

자신의 자리를 찾아가고 기억을 새롭게 한다는 것이 어떤 것인지를 말하기 위해 여기서 나는 나 자신이 지나온 여정에 대해 이야기하고자 한다. 각자 자기가 선 자리에서 일상을 투쟁의 장으로 삼아 가자는 말을 하기 위해 더 이상 총론을 펼칠 필요는 없을 것이다. 오히려 앞에서 내가 해온 말이 겉도는 말이 아님을 보일 필요가 있을 것이다. 내가 좋아하는 소설가 토마스 만은 "나는 말을 찾아 여러 곳을 여행한다. 그리고 그렇게 찾은 말을 내 것으로 만든다. 여기서 내가 한 말이나 암시하고자 했던 그 어떤 것도 외부로부터 온 엄정하고 객관적인 지식이 아니다. 그것은 모두 내 속에 있었다. 나는 그것들을 내 속에서 다 경험해 왔다"고 말하였는데, 나 역시 그런 말을 하고 싶은 것이다.

총론으로 결론을 명료하게 내리지 않고 '무책임하게' 각론으로 대안을 대신하려 한 데에는 그래야 독자들이 자신의 삶을 책임질 궁리를 스스로 진지하게 할 것이라는 나름대로의 계산도 깔려 있다. '대서사'의 시대를 끝내면서 우리는 이제 구체적 처방을 각자가 내려야 하게 되었다. 더 이상 우리 삶을 책임져 줄 대부도, 가부장도 없으며, 우리 삶을 좌지 우지할 신과 같은 존재도, 또 폭군도 없어야 하지 않는가? 독자가 경험하지 않은, 소속하지 않은 모임에 대한 이야기를 장황하게 하는 것이 마음에 걸리지만 열린 독자라면 그 속에서 자신을 읽어 낼 수 있으리라 믿는다.

여기서 말하기에도, 또 듣기에도 부담스러운 자기 진술을 하는 것은 내가 '고정된 주체'를 가진 존재가 아니라 끊임없이 스스로를 만들어 가는 존재라는 전제를 가지고 있기 때문이다. 많은 이들이 자기 진술하기를 꺼리는데, 그것은, 내 생각에는, 그 진술을 통해 자신이 고정되어 버릴지 모른다는 공포심 때문인 것 같다. 자신을 규정해 버리면 더 이상 신비스럽지도 않을 것이고 스스로 그 말에 갇혀 버릴 것이라는 생각들을 한다. 내게 있어 자기 진술은 자기 성찰이자 자기 해방적인 행위이다. 나를 말하는 것은 내가 변하기 때문이고, 변하고 싶기 때문이다. 말하고 난 후의 나는 그 전의 나와 다르다. 글을 쓰고 나면 나는 이미 그 글을 쓴 사람으로부터 조금은 달라져 있다. 그래서 그 글은 내 허물이며 분신이면서 또 나와는 이제 무관하다.

내가 나름대로 식민지 지식인의 옷을 벗어야겠다고 생각하게 된 것은 내 성장 과정과 밀접한 관련이 있겠지만, 이 장에서는 유학의 경험, 인류학이라는 학문을 하는 과정과, 강단에 서서 학생들과 만나 가는 과정을 중심으로 살펴보려고 한다. 다음 장에서 여성으로서의 정체성을 가지게 되면서 본격적으로 '주변'에 대한 성찰을 하게 되는 과정을 논의하려고 한다.

유학길

나는 도시에서 자란 자율적이고 '서구적'인 아이였다. 미국이 문화적으로만이 아니라 정치적으로도 지배적인 위치에 있었던 미군정 시대에 임신이 되어 남한에 대한 민국 정부가 수립된 가을에 태어났다. '책 읽는 문화'를 가진 가정에서 자랐으며, 또 공부를 잘한다는 이유만으로 학교 안팎에서 주어지는 많은 특혜를 누리며 자랐다.

시대사적으로 말한다면 부산이라는 도시에서 사회 경제적으로 안정된 환경에서 자랐기에 50년대의 전쟁과 기아, 60년대의 보릿고개와는 무관하게 살았다. 반독재 투쟁사로 본다면 4·19 세대가 되기에는 너무 어렸고, 〈민청학련〉 사건 등으로 대학생이라면 누구나가 온몸으로 '투신'해야 한다고 생각했던 때 나는 유학을 가 있었다. 역사의 무게를 무겁게 져야 했던 4·19 세대도, 70년대 후반, 또는 80년대 학번도 아니라는 것이다.

70대 후반 연령대인 부모님은 청년기에 해방을 맞은, '역사는 진보하고, 정의는 이긴다'는 역사관을 분명히 가지고 있는 '신'세대였으며, 일본을 싫어했던 만큼 미국을 신뢰하였다. 기독교계 엘리트 학교를 다닌 나는 서구식 자유주의 이상을 가진 교사들 아래서 배웠으며, 대학을 졸업하고 미국 유학을 가서 박사가 된다는 것은 내게는 아주 일찍부터 당연시된 행로였다. 아버지 세대의 유학생들에게 '미국'은 미지의 나라였을지 모르나, 우리 세대의 선택된 엘리트들에게 미국은 아주 친숙한 곳이었고, 유학을 간다는 것은 마치 국민학교에서 중학교에 가듯 자연스런 일이었다. 대학 4학년이 되자 미국 대학에 원서를 보내고, 헤세의 《데미안》에 나오는 싱클레어처럼 나는 멋있게, 또 미련없이 날아오를 준비를 하였다.

대학을 졸업하자 그해 여름에 유학길에 올랐다. 유학과 친구들 중에는 집에서 결혼하지 않으면 보내 주지 않겠다고 해서 고민하는 이들도 꽤 있었지만 그런 구속과는 거리가 먼 가정에서 자란 나는

할아버지와 아버지 세대는 배를 타고 일본으로, 서양으로 유학을 떠났고, 이모와 우리는
모두 노스트웨스트라고 쓴 미국 회사 비행기를 타고 미국으로 유학을 떠났다.

'축복' 속에 유학길에 올랐다. 미국 유학을 한 적이 있는 아버지와
삼촌들, 언니를 통해 나는 이미 경험적인 지식을 상당히 얻어듣고
있던 터였다. 아버지는 떠나기 전부터 영어 논문을 쓰는 요령이나,
교수와의 관계에 대한 문제 등을 이야기해 주었고, 유학생들끼리
몰려다니지 말고 미국 생활 속에 파고들도록 하라는 것, "김치 얻어
먹으러 이 집 저 집 다니지 말고" "담배를 피우게 되더라도 불을
붙이지 않은 담배는 물고 있지 말라"는 등의 생활 수칙을 일러주었
다. 아버지는 또한 너무 진을 빼지 않도록 여유를 가지고 재미있게
공부하라고 당부했다. 그곳 사람들에게 기죽지 말 것이며, 집에서
부쳐 주는 우리나라 잡지도 꼬박꼬박 읽어서 우리 글에 대한 감각
을 잃지 않도록 하라고 일렀다. 유학을 떠나기 전까지 서양은 내게
절대적인 정신적 지주였고, 나는 '보편적 인간 / 세계 시민'이 되겠
다는 열망으로 유학길에 올랐다.

  애초에 역사학자가 되려고 했던 나는 대학 3학년 쯤에 우리가 존
경하는 교수의 저서가 실은 거의 번역서와 다름이 없다는 사실을
찾아내고는 상당한 충격을 받았다. 세계사적 전망에서 우리의 역사
를 다시 써보겠다는 내 야망은 실현되지 않으리라는 예감과 함께
……. 한국 고대사 연구팀을 따라 고고학 발굴에 참여하면서 나는
'마을'이라는 공간과 그곳에 사는 사람들을 새롭게 만나게 되고,

내가 다닌 대학 캠퍼스 중심에
있는 원주 기둥

식민지 땅에서 살았기에,
나는 더욱 종주국에 대해
많이 알고 있었던 것이다.
기숙사에는 나만큼
서양 소설을 많이 읽은
친구도 드물었고,
나만큼 고전에서
대중 가요에 이르기까지
서양 음악을 알고
있는 이도 드물었다.

그들과 이야기하면서 사람 사는 것에 대해 많은 것을 배운다는 것을 알게 되면서, 좀더 새로운 학문인 인류학으로 전공을 바꾸기로 하였다. 그래서 나는 인류학과 대학원에 입학을 한다.

내가 다닌 학교는 중부에 있는 주립 대학 캠퍼스였는데, 대학이 있는 작은 비행장에 내리자 마중을 나왔던 한국 유학생 회장은 끝내 나를 알아보지 못하고 계속 사람을 찾고 있었다. 다른 사람들이 다 빠져 나가고 둘만 남게 되자 그는 놀라면서 "처음 서울에서 오는 유학생 같지 않아서 ……"라고 말해서 나를 어리둥절하게 만들었다. 그는 한국서 갓 온 사람이 어떻게 그렇게 '미국적'인지 의아했던 모양이었다. 비틀즈 노래가 노래 상자에서 수시로 흘러나오는 그곳 대학 캠퍼스의 분위기는 집에 온 듯 친숙하게 느껴졌다. 기숙사에는 나만큼 서양 소설을 많이 읽은 친구도 드물었고, 나만큼 고전에서 대중 가요에 이르기까지 서양 음악을 알고 있는 이도 드물었다. 식민지 땅에서 살았기에, 나는 더욱 종주국에 대해 많이 알고 있었던 것이다.

내가 유학을 간 1971년 무렵은 반전 운동이 활발하게 일고 난 직후로, 히피풍 저항 문화가 캠퍼스 분위기를 주도하고 있던 때였다. 점심 때면 '반전' 피켓을 들고 시위를 하는 교수가 있는가 하면, 발가벗고 캠퍼스를 뛰어다니거나 말을 타고 다니는 장난스런 짓거리 streaking 들이 자주 일어났고, '단단히 사회에 자리를 굳힌 인간'들을 기성 세대 the establishment 라는 단어로 싸잡아 부르면서 경멸했다. 일종의 문화 혁명이 일고 있었던 것이다. (그 세대가 바로 지금 미국의 대통령이 속해 있는 세대이다.)

가장 진보적인 학문에 속한다는 인류학과에 이상하게도 흑인이 하나도 없었다. 제3세계에서 온 학생은 나와 타일랜드에서 온 두 학생이었는데, 우리는 수업 시간에 종종 실험 대상이 되었다. 처음 입학해서 얼마 되지 않은 수업 시간이었다. 교수는 이런 질문을 던졌다. "인간이 곧 비를 오거나 오지 않게 통제할 수 있게 될 것이라고 생각하느냐?" 열두어 명 앉은 학생 중에 그럴 수 있다고 확신하는 사람은 나와 타일랜드에서 온 학생 두 명뿐이었다. 우리는 '근대화'를 통해 인류는 무지에서 벗어나고 행복해지리라고 배운 모범생들이었던 것이다. 우리는 냉소적인 웃음을 띠고 있는 백인 학생들을 이상스럽게 바라보았고, 그들은 우리를 귀엽다는 듯 바라봤다. 그날 이후 나는 "그래, 인간이 비를 통제할 수 없단 말이지? 기다리면 할 수 있을 거야. 왜 없겠어?"라면서 혼란스러워했다. 선진 지식을 착실히 배워서 행복한 조국을 만들, 전형적 식민지 지식인으로서의 사명감을 나는 사수했다.

인류학에서는 일상성이 학문의 주제가 되는 만큼, 강의실에는 삶과 유리되지 않는 이야기가 넘쳐흘렀다. 야간 강의가 많았고 아프리카나 인도에서 갓 돌아온 구레나룻을 기른 교수의 집에 가면 금방 현장에서 가져온 그곳의 '따끈따근한' 이야기와 물건과 음식을 맛볼 수 있었다. 우리는 이런 연구를 통해 곧 '인류'의 다양한 삶에 대해 알아 가고 그 다양성을 꿰뚫는 보편적 법칙을 곧 알아 갈 수 있을 것 같았다. 나는 내가 원하는 학문을 찾아 집에 돌아온 느낌이었다.

"세계 방방 곡곡에 퍼져 있는 산업화 이전 상태에 있는 소규모 부족 사회 주민들은 절묘하게 기능적인 독특한 문화를 통해 환경에 적응하며 살아가고 있다. 따라서 개개 문화는 기능주의적이고 총체적으로, 또 '원주민의 관점'이 충분히 감안된 형태로, 다시 말해서

각 문화는 상대주의적으로 연구되어야 한다." 현장 조사를 다녀온 교수들은 이런 내용의 말을 한결같이 신념을 가지고 말하고 있었다. "부족 사회 사람들은 함께 사는 지혜를 알고 있으며, 그들의 이상한 습관들은 그들이 적응해야 하는 환경의 맥락에서 볼 때 아주 현명한 선택들이다. 문명을 뽐내는 '우리' 서구인들은 이들을 보며 잘난 척할 것이 없으며, 우리는 그들을 스승으로 삼아야 한다." 이런 가르침은 단순한 지식이 아니라 깨달음으로 내게 다가왔다. 인류에 대한 사랑과 생에 대한 활기가 넘쳐 흐르는 마가렛 미드의 글을 좋아했다. 미드는 이렇게 썼다.

"인류학의 역할은 인간도 하나의 동물이라는 사실을 결코 인정하지 않으려는 인문학과, 인간이 양심을 가졌다는 사실을 무시하려는, 시대에 뒤떨어진 물리학 이론을 단순히 재탕하려는 사회 과학 사이에 다리를 놓는 것이다."

나는 인류학에서 말하는 '문화적 상대주의'가 마음에 들었다. 그것은 내게 우리 문화에 대한 자부심을 갖게 해주었고, 나는 점점 전통주의자가 되어가고 있었다. "우리나라도 알고 보면 괜찮은 나라야, 그 마을 전체를 묶어 주는 부락굿이며, 어릴 때부터 많은 사람들과 만나면서 사회성을 길러갈 수 있는 확대 가족 제도며, 지켜 가야 할 것들이 아주 많아. 그리고 그렇게 많은 사람들 속에서 자랐기 때문에 나는 얼마나 이곳 아이들보다 관찰력이 많은가?" 이런 말을 하며 나는 우쭐해지기도 했다. '문화적 상대주의'가 힘없는 나라에서 온 사람에게 우쭐한 감을 주는 반면, 그들을 탈정치화시킬 위험성이 많다는 사실을 알게 된 것은 내가 공부를 끝낼 즈음에 인류학계 내에서 일고 있던 '반문화적 상대주의' 논쟁을 통해서였다. 그리고 다시 '문화적 상대주의'의 관점이 혼란의 격변기를 사는 우리에게는 너무나 필요한 개념 내지 안경이라는 생각을 하게 된 것은 귀국을 한 후였다.

일이 년이 지나 인류학 전반에 대해 나름대로 윤곽을 잡아 가게 되면서 나는 조금씩 흥미를 잃어 가기 시작했다. 교수들의 모험담은 신이 난다. 그런데 깨달음 이후에 더 이상 전진되는 것이 없었다. 갖가지 사회를 다룬 민족지 ethnography 시리즈를 차례로 읽다 보면 통찰력 있는 소수를 제외하고는 매우 지루하다. 세계 문화 지도를 좀더 자세히 알아 가는 백과 사전식 나열과 별로 다를 것이 없지 않는가? 사례 연구에 치중하는 인류학을 비판하며 나온 인지 인류학 cognitive anthropology 이나 민속 과학 ethnoscience은 좀더 과학적이고 보편적인 이론화 작업을 하겠다더니, 인간을 논리의 기계처럼 취급해 버리고 있다. "'바나나' 하면 찬 느낌이 나는가, 따뜻한 느낌이 나는가?"라는 질문으로 감성을 분류하고, 온갖 사물과 인간을 분류하는 방법을 나열하고 어려운 논리적 부호와 숫자로 추상화해 내고는 대단한 일을 한 듯 흐뭇해 한다. 그때부터 내 입에서는 "그래서 어쨌다는 거냐? So what?"라는 말이 자주 튀어나왔다. 나는 서서히 학문에 대해 실망하기 시작했다.

나는 유럽쪽 인류학 조류에 관심을 기울이게 되었는데, 나를 매료시킨 분야는 구조주의자들의 연구였다. 성서에 나타난 음식 금기 사항을 분석해서 인간의 사고가 얼마나 구조적으로 이루어지는지를 알아내는 에드문드 리치나 구조 기능주의자 레드 클리프 브라운, 그리고 구조주의자인 클로드 레비스트로스와 루이 뒤몽과 같은 학자들은 내게 매력적인 연구들을 보여주었다. 처음에 나는 이들이 유럽인이라는 것을 몰랐는데 — 실제로 영어로 쓰면 다 미국 것인 줄만 알고 있을 정도로 나는 미국이 서구를 온통 대표한다고 생각하고 있었으니까 — 나중에야 유럽인이라는 것을 알게 되었다.

미국 인류학의 '아버지'라 할 수 있는 프란츠 보아즈는 급속하게 사라지고 있는 미국 내 인디안 연구에 치중해 왔는데 거대 보편 이론으로 모든 세계 문화를 설명해 내려는 유럽식 진화론을 거부하고 '역사적 특수주의'를 바탕으로 인류학을 정립해 나가고자 했다. 초기 미국 인류학자들은 곧 사라지고 말지도 모르는 인류의 지혜를 건져내는 일에 몰두해야 한다는 강박 관념을 가지고 자료를 열심히 모았던 반면, 거대한 식민지를 가지고 있던 영국의 인류학은 기능주의적 패러다임 아래 식민지 사회가 돌아가는 사회 전반의 움직임을 연구했던 것이다. 그래서 미국의 문화 인류학이 문학과 신화와 의례 등에 관심이 많고 순진한 세계주의자의 이상을 깔고 있었다면, 영국의 〈사회 인류학〉은 식민지 사회인 '이방 사회'들을 다루는 학문으로서, 비교 정치학이자 비교 경제학이자 비교 인지학적인 (구조주의적) 방법론적 바탕을 깔고 있었다.

그즈음 미국이라는 사회가 눈에 들어오기 시작했다. 나는 사람이 살아가는 것에 대한 관찰력과 분석력이 꽤 있는 편이었다. 집안에서 셋째 아이로 태어났다든가, 내가 관찰한 것을 대화로 나눌 수 있는 가정 환경에서 자랐다든가, 항상 주위에 돌아가는 일을 다 알고 있어야 하는 못말리는 호기심을 가졌다든가, 종종 잔병치레로 아파 누워서 세상 되어가는 일을 되짚어 보는 일을 즐긴다든가, 또 이사와 전학을 해본 경험 등이 그런 능력을 키워 주었을 것이다. 친해지다 보니, 기숙사 친구들은 의외로 '무식'했고 '보편적 시각'을 가지지 못했으며, 종교적인 보수성을 지닌 경우도 많았다. 그리고 무엇보다 그들은 외로움을 많이 탔고, 이성 관계로 너무 많은 시간을 보내거나 고민에 빠져 들곤 했는데, 그런 젊은이들이 내겐 측은해 보였다. 나는 외로운 그곳의 젊은이들에 대해 좀더 관찰하기 시작했다.

한국에서는 가족들의 지나친 끈끈함과 기대가 불행을 낳고 있는데, 미국의 가족 생활은 어쩌하기에 이렇게들 고독해 하는가? 이들은 왜 주말에 애인이 없으면 곧 죽을 것처럼 불행해 하는가? 영화 〈미스터 굿바를 찾아서〉에 나오는 주인공처럼 '머리 속에 성 sex 이 가득 들어 있는,' 착실한 것 같으면서 끊임없이 불안해 하는 아이들, 매우 독립적인 것 같으면서 실제로는 매우 의존적인 정서 불안의 사람들, 나는 이들에 대해 분석해 가기 시작했다. 그런 젊은이들이 모이는 종교 단체를 석사 학위 논문 연구감으로 잡았다. 현장을 중시하는 인류학에 다시 정을 붙이면서 나는 뉴욕으로, 로스엔젤레스로, 시카고로 다니면서 미국의 지배 문화가 낳은 부적응 집단이라 할 수 있는 〈하레 크리시나 사람들〉과 여름 몇 달을 함께 지냈다.

미국의 〈하레 크리시나교〉는 힌두교에 나오는 사랑의 신 크리시나를 모시는 종파인데, 인도에서 온 아주 자그마한 70대 노인이 교

현장을 중시하는
인류학에 다시
정을 붙이면서
나는 뉴욕으로,
로스엔젤레스로,
시카고로 다니면서
미국의 지배 문화가
낳은 부적응 집단이라
할 수 있는 〈하레
크리시나 사람들〉과
여름 몇 달을
함께 지냈다.

주였다. 주로 20대 남녀가 대도시에 있는 절에서 살면서 새벽 4시에 일어나서 신비스런 인도 음악에 맞추어 〈하레 크리시나〉 제단 앞에 꽃을 바치고 춤을 추다가 무아의 경지에 들어가는 예배 의례에 참여한다. 그 교단에서 운영하는 초와 향을 만드는 공장에서 일을 하면서 수시로 번화가에 나가서 춤과 노래를 부름으로써 지나가는 사람들에게 '은혜'를 입히는 일을 한다. 결혼도 중매와 비슷한 형태로 하며, 인도 음식을 인도식으로 손으로 먹고, 매우 금욕적인 생활을 하였다. 이들은 경쟁 사회에 치이다 더 이상 견디지 못하여 자신을 온통 바칠 곳을 찾고 싶어했던 것이며, 이 신비한 교단은 그러한 그들의 욕구를 잘 충족시켜 주고 있었다. 그들은 도피적인 방식이지만 자신들이 더 이상 적응할 수 없는 경쟁 사회 대신 도시 속의 절을 택하여 안주하기로 한 것이다.

특히 내게 신기했던 점은 이들이 만든 공동체였다. 이들은 내가 생각해 온 서로를 위해 주고 협력해 가는 공동체가 아니라 각기 신과 개별적으로 만나는 군중을 이루고 있을 뿐이었다. 식사 당번, 청소 당번 등 각자는 생활을 꾸려 가기 위해 맡은 책임들을 착실히 할 뿐 서로에게 관여하지 않았다. 이들에 대한 연구의 기회를 통해 나는 서양식의 '개인주의'에 대해 생각하게 되고, 내게 내면화된 '개인주의'가 이들의 것과는 매우 다른 것이라는 점도 알게 되었다. 예를 들어 나는 "고맙다, 미안하다, 천만에" 따위의 말을 잘하지 않는다. 그런데 그 말을 해야 될 때 안하면 상대방을 매우 불편하게 만든다. 예를 들어 내가 친절한 일을 했을 때 상대방은 "고맙다"고 말을 하게 되어 있고 그러면 "천만에 you are welcome"라고 응대를 해야 하는데, 나는 그 말이 입에서 잘 나오지가 않았다. 그 이유를 가만히 생각해 보니까 내게 친절한 행동은 내가 때마침 그 장소에 또 그런 여력이 있어서 했을 뿐인 당연한 것이고, 따라서 그 말을 하면 그나마 우리가 가지고 있는 마땅히 친절해야 하는 '공동체성' 을 잃어버리는 것만 같은 생각이 들어서 쉽게 그 말이 나오지 않았던 것이다. 나는 즉각적 계산을 하기보다 장기적 계산을 하는, 인류학적으로 말하면, 공동체에 대한 신뢰를 깐 '상호 호혜적' 사고를 하고 있었던 것이다. "내가 한 친절은 내게 직접 돌아오지 않더라도 다른 누구에게 돌아가면 된다. 마치 나 자신이 내가 직접 행하지 않은 친절의 혜택을 입어 왔듯이, 주고 받음에는 그런 긴 안목에서의 거래가 있다"는 생각을 하고 있었는데, 이것은 서구적이고 자본주의적인 계산과는 상당히 거리가 먼, 내가 한국의 토양에서 자라왔기 때문에 가지게 된 태도이자 세계관이었던 것이다. 물론 이런 이야기는 우리가 즐겨 보았던 〈러브 스토리〉에도 나온다. "사랑하는 사람들끼리는 '미안해'라는 말을 안한다"는 이태리계 이민인 미국인 아버지의 입에서 나온 말이든가?

유학 생활은 내게 서양 사회를 연구하는 현장이 되었고 그 연구는 내게 탈식민화하는 자기 발견의 눈을 안겨 주기 시작했다. 또한 전문적 용어가 난무하면서 실제 내가 원하고 있던 '보편적 지식'에 대해서 별로 많은 것을 말해 주지 못하는 인류학에 대해 실망을 하면서 나는 인류학 이론을 떠나 더욱 '현장 연구'에 관심을 쏟게 되었다. 식민지 시대에 탄생한 인류학이 가장 식민주의적이면서 가장 탈식민주의적일 수 있는 가능성은 그것이 낯선 것에 대해 끝없는 호기심으로 열려 있고, 현장을 중시하는 데 있다는 것을 어렴풋이 느끼고 있었다.

미국 생활을 4년쯤 하고 나니까, 현장 조사를 한 덕분이기도 하지만, 미국 사회는 내게 충분히 그 구체적 모습을 드러내 주었다. 아, 그냥 크고 강한 사회구나. 이제 슬슬 정리하고 집으로 가야겠구나. 나는 인류학자가 되려면 반드시 거쳐야 한다는 현지 조사를 서둘러 떠나기로 했다. 연구 논문 주제를 '성 불평등'에 관해 하기로 정하고 제주도 잠수 사회를 현장으로 잡았다. 나는 예비 전문가의 안경을 끼고 인류학도로서 다시 우리 사회를 관찰하기 위해 돌아가게 되었다.

제주도는 우리나라에 속해 있지만 내가 알고 있는 우리나라와는 매우 달랐다. 같은 나라에 속해 있다는 것은 무엇을 의미하는가? 서로를 이해할 수 있는 언어를 사용하고 조상 제사를 지내는 것? 그리고 수상한 사람이 나타나면 간첩 신고를 하는 것? 내가 현장 조사한 마을에는 텔레비전도 두어 대밖에 없어서 우리집 할머니는 죽었다가 다음날 또 살아나는 탤런트를 보고 놀라시곤 하셨는데, 결국 문화로 말한다면 실은 여러 가지로 커뮤니케이션 채널이 있는 미국과 서울이 서울과 이 마을보다 한결 가까운 것이 아닌가? 서울 중심의 중앙 집권은 이 마을과 무슨 관계가 있는 것인가? 나는 이런 질문을 한쪽에서 던지면서 다른 한편으로는 내가 채워 가야 할 자료를 모으기에 바빴다.

나는 성별 분업과 권력 체계에 관한 이론적 가설을 가지고 잠수들의 사회를 관찰했고, 그들과 함께 물질도 하고 밭일도 하고, 마을의 제삿날이면 빠짐없이 제사떡을 먹으러 다니면서 잠수 마을의 삶을 '총체적으로' 읽어내 보고자 했다. 인간의 '보편적 삶과 정서'에 대해서도 많은 것을 느꼈다. 이제 언제나 관찰만 해야 되는 인류학자의 특이한 '떠돌이' 인생이 시작된다는 생각에 두려움과 자부심을 동시에 느끼면서 '보편적 진리를 알아 가는 길목에 선' 고독한 학자의 모습을 떠올렸다.

현장 조사에 들어가면 '인간적인' 고민을 많이 하게 된다. 배고픈 것, 돼지가 잠들기를 기다려 '일'을 보는 것, 성질 나쁜 주민의 비위를 맞추는 것, 그 외 내가 하는 일의 도덕적 의미에 대한 질문 등 장기간에 걸친 현장 조사를 해야 하는 인류학자들이 갖는 번민은 상당하다. 특히 현지 주민들의 삶을 깊숙이 파헤쳐 들어가는 연구가 그들을 번거롭게 한 만큼 그들에게 득이 되는가 하는 고민을 하기 시작하면 힘이 빠진다. 내가 제주도에 관한 정책 건의를 할 만한 좋은 자료들을 모으고 있는 것인가? 그들의 현재적 삶을 개선하는 것과는 무관한 것들이 아닌가? 이런 저런 생각에 학문에 대한 회의감도 들게 되었다. 그러나 강한 '계몽주의사'로서의 '나'는 인류의 지식 창고에 들어가야 할 무엇을 만들어야 한다는 명분을 찾아내었고 제주 아이들이 읽을 교과서를 다시 쓰기 위해서도 이런 연구는 해야 한다면서 그 연구를 마무리지을 수 있었다.

미국에 돌아가서 나는 여성의 경제적 자립이 무엇을 뜻하는지를 제주 잠수의 사례를 중심으로 정리하여 논의하는 글을 써서 학위를 받았고, '강한 여성의 이미지'가 두드러지는 제주 잠수들을 그린 한 편의 논문을 미국의 인류학자와 페미니스트들에게 남겨 두고 짐을 쌌다. 학회에서 발표를 하였을 때 많은 페미니스트들은 또 다른

'성 불평등'을 연구 논문 주제로 현지 조사를 했던 제주도 잠수 마을 사진

위계 서열적인 대립은 차이를 재현하는 지배적 형식임과
동시에 그 차이로 인한 복종을 정당화시키는 지배 형태에 머문다.
이런 이항 대립 없이 어떻게 차이를 인식할 것인가? '결핍'의 상태로서의
타자가 아닌 '차이'로서의 자신을 찾기. 인과적 설명이나 본질주의적
사고에서 벗어나 다중적 주체를 살려 내는 방법을 알아내야 한다.

급격한 근대화 과정에서 우리 개개인은 많은 상처를 입었다.
그리고 그 상처 난 곳이 미처 아물 시간도 없이 마냥 쫓기듯 달려만 왔다.
덕지덕지 화장으로 상처를 감춘 채 자신의 모습을 직시하지 않으려 애쓰면서
달려온 역사, 쫓겨온 역사, 일상에 뿌리 내린 역사를 애써 외면해 온 권력 의지,
그 막강한 힘을 거슬러서 자신의 상처와 꿈과 좌절과 분열과 희망에 대해
이야기해야 한다. 총론이 아니라 각론을 펴나갈 때다.

〈아마조니언〉이 동양에서 나타난 것처럼 좋아들 했다. 내가 제시한 제주도에 대한 그림은 꼭 그런 것만은 아닌데 그들은 그렇게 읽어 내고 싶어했다. 그들에게는 '강한 여성'의 이미지가 필요했던 것이다. 나는 그들이 듣고 싶어하는 것을 선물한 것인가? 나는 회의에 잠겼지만 그것도 이제 더 이상 내게 남겨진 문제는 아니라는 생각이 들었다. 나는 이제 집으로 떠날 테니까 ……

지도 교수는 그곳에 남아서 재미 교포 연구를 좀 하다가 가라고 하였지만, 나는 더 이상 그곳에 머물 이유가 없음을 알고 있었다. 나는 그곳을 충분히 보았고 졸업할 때가 되었다. 이제 미국은 내게 선망의 땅이 아니라 하나의 나라에 불과하다. 더 이상 그들의 문제에 내 시간을 쏟을 필요는 없다. 나는 미국을 향해 고국을 떠날 때처럼, 미련없이 나를 기다리고 있는 '계몽해야 할 땅'으로 돌아왔다.

다시 서울에 돌아와서

79년 귀국했을 때 나라는 어수선했다. 그리고 반체제 운동은 이미 단단한 덩어리로 조직화되어 굴러가고 있었다. 그 덩어리는 너무 단단하여 나같이 무른 사람이 끼어들 틈은 없었다. 고작 교수 성명서에 서명이나 하며 주변에 비껴나 있었다. 80년대에 나는 '주류'의 역사에서 비껴난 자리에서 '딴짓'을 했고, 바로 그 '딴짓'은 주로 학생들과 만나 가는 일이었다.

귀국해서 나를 가장 곤경에 빠뜨린 것은 학생들이었다. 미국서 개론을 가르치는 식으로 강의를 하면 전혀 먹혀 들지를 않았다. '교차 사촌'이니 '족외혼'이니 하는 어려운 친족 관계를 가르칠 수는 있다. 그러면 학생들은 시험 문제에 나올 것 같은 그 단어를 외우느라고 열심히 배울 것이다. 그렇지만 나는 그런 강의를 하지는 않을 것이다. 나는 그들이 꼭 해내야 하는 문화에 대한 감각을 불러일으켜 주고 싶었다. 그런데 그런 〈인류학 개론〉 강의를 여러 번 하고서도 나는 매번 횡설 수설하고 있었다. 왜가? 학생들은 이방 사회에 사는 사람들이 살아가는 일상의 이야기에 관심이 없었다. 그들은

"이렇게 생각할 수도 있고, 저렇게 생각할 수도 있다"는 말이나 "이렇게 살 수도 있고 저렇게 살 수도 있다"는 말에 별로 동요하지 않았다. 오히려 불안해 하면서 정답을 달라고 했다. 그리고 가끔 용기있는 학생은 말했다. "저희들은 사회 생활을 지배하는 보편적 법칙에 대해서 알고 싶어요. 이런 저런 사람 사는 이야기를 들으려고 사회학을 하지는 않는데요. 사람들이 각기 다르게 산다는 것을 누가 모르나요?" 이들은 다른 나라 사람들에 대해 관심이 없었다. 사회적 법칙을 알고 싶고, 어려운 사회 이론이 알고 싶을 뿐이다.

당시에 인류학에 대해 좀 안다고 생각하는 학생들은 인류학이 '제국주의적 지배의 도구'였다는 사실을 말하곤 했다. 실은 그들은 그것만 알고 있었다. 나는 자기에 대해서도, 세계에 대해서도 별로 알고 싶어하지 않는 학생들을 앉혀 놓고 문화적 상대주의에 대해서 역설을 했다.

문화적 상대주의는 '타문화'를 연구해 온 인류학이 초기부터 강조해 온 관점이다. 사회를 비교하려면 문화적 상대주의 시각이 철저하게 깔려야 한다. 삶에 대한 기본적 전제가 다른 사회를 연구할 때 필수적으로 갖추어야 할 시각이며 방법론인 것이다. 문화적 상대주의란 자신이 가지고 있는 고정 관념을 버리고 대상을 열린 눈으로 바라보는 시선과 자세를 의미한다. 자신이 살아오면서 내면화해 온 기준으로 사물을 판단하는 일을 그만두고, 자신이 교류하려는 상대 사회 구성원들이 가진 판단 기준을 알아내고 그 기준에 따라 생각하는 것을 말한다. 이런 자세는 자신이 그 동안 가져온 전제와 신념을 의심함과 동시에 상대방이 가진 안경으로 사물을 보고, 그의 입장에서 느껴 보려는 노력을 할 때 익혀 갈 수 있다. 모두가 당연시하는 것에 대해 늘 "왜 그런가?"를 물어야 하며, 모두가 해서는 안된다고 하는 것에 대해 "왜 안되는가?"를 물어야 한다. 자신에게 익숙지 않다고 피하기보다, 낯선 것에 더욱 적극적으로 다가가고 탐험적이 되어 이해해 가야 한다. 그래서 자민족 중심주의를 벗어나서, '우위로서의 서열'화가 아닌 '차이' 그 자체를 잡아 내도록 해야 한다.

이 상대주의적 자세는 실은 인류학의 독점물이 아니다. 모든 지혜로운 사람들이 인생을 살아가면서 취해 온 자세이기도 하다. "남의 입장에 서서 생각해 보라"는 말은 동서 고금을 막론하고 위대한 현자와 종교 지도자들의 어록에 빠짐없이 등장하는 말 아닌가? 단지 '상대주의' 앞에 '문화적'이라는 형용사를 부침으로써 개인적 차이만이 아니라 태어날 때부터 자신을 둘러싸고 있었던 거대한 '문화'적 차이, 집단간의 차이에까지 그 원리를 적용할 수가 있어야 한다고 덧붙였다. 물고기가 물의 성질을 모르고도 헤엄을 칠 수 있고, 우리가 문법을 모르고도 말을 할 수 있듯이 사람이 그냥 살아가기에는 꼭 문화를 알아야 할 필요는 없다. 그러나 이질 집단간의 만남이 잦아진 '국제화' 시대에 들어와서 '문화'에 대한 이해는 필수적이 되었고, 문화적 상대주의의 시각을 갖는다는 것은 우리의 의무가 된 것이다. 다시 말해서 문화적 상대주의는 우리가 원하든 원하지 않든 인류가 하나의 생활권으로 묶이기 시작하면서 나타난 시각이며, 각 문화의 차이를 없애기 위해서가 아니라, 그 차이를 토대로 새로운 공존의 원리를 알아내기 위해서, 그 작업이 시급히 요구되는 시기에 출현한 방법론이다. 상대주의적 방법론을 익혀야 하는 것은 서구나 우리나 마찬가지일 것인데, 타자화가 심한 우리일수록 상대주의적 인식을 할 필요가 있다. 우리가 아무리 상대주의적 태도를 익혀 가는 면에서 불리한 역사를 지니고 있다고 하더라도 우리는 해내야 한다. 특히 서구의 언어에 젖어 있는 식민지 지식인들, '제 땅에 사는 이방인'이자 '일상적 문화의 미개인'인 지식인들은 더욱 분발해야 한다. 그 동안 많은 인류학적 연구가 정치적 무기력을 낳고 '제국주의의 틀' 안에서 벗어나지 못했던 것은 충분히 상대주의적이지 못했기 때문이며, 그런 연구를 한 인류학자가 충분한 역사적 인식을 가지지 못했던 때문이지 문화적 상대주의와는 무관하다.

나는 이런 식으로 학생들을 열심히 설득하고 가르쳐 보려 하였지만 잘되지 않았다. 여전히 학생들은 강의 내용을 별로 소화해 내는 눈치가 아니었다. 사실 우리의 획일주의적 문화가 그렇고, 입시 위주의 교육이 그렇고 또 80년대 정치적 상황을 보아도, 문화적 상대주의가 들어설 자리는 없었다. 나는 문화적 상대주의를 강의하기보다 상대주의의 관점에서 우선 학생들의 생각을 알아 가야겠다고 생각했다.

학생들은 우선 문화를 비교할 필요성을 느끼지 않고 있었다. 자신의 삶을 스스로 바꾸어 갈 수 있다고 생각하지 못하는 이들에게 다른 문화에서 사람들이 어떤 짓을 하며 살든 무슨 상관이 있겠는가? 문화적 상대주의는 자신에게 맞는 새로운 라이프 스타일을 적극적으로 찾아보려는 '근대적 인간'들에게, 또 문화적 우월주의에 빠져 있는 사람들에게나 필요한 관점이다. 문화적 상대주의는 위기에 처한 서구 산업 사회에 살고 있는 사람들에게 새로운 적응력을 길러 가는 데 도움이 되는 관점인 것이다. 자신들이 옳고 가장 바람직하다고 생각해 온 생활 질서가 급격하게 변하는 상황에서, 보다 적응력 있는 가족 제도란 어떤 형태이며, 종교 생활은 어떠해야 하며, 국가간의 관계는 또 어떤 방향으로 나아가야 하는지를 탐색하게 하는 안경이다. 그런데 산업화의 부작용보다 봉건성의 부담 속에 숨막혀 하는 우리 학생들이 미국서 강의하던 인류학 내용을 어떻게 소화해 낼 수 있단 말인가? 왜 소화해 내야 한단 말인가? 우리 학생들은 '미국은 아름답다'는 우월주의 속에 살고 있는 미국인 학생들과 매우 달랐다. 그러니 우월감을 깨고 겸손하게 남의 사회로부터 배우게 하려는 식의 인류학 개론이 먹힐 리가 없다. 우리는 겸손하다 못해 비굴할 정도로 남으로부터 배우고 있지 않은가? 여기서 더 어떻게 겸손해지라는 건가? 나는 학생 편에 서려고 여러 가지 질문을 던져 보았다.

내가 한 학기 동안 가르친 미국의 학부 3학년 학생들은 남태평양에 사는 〈티위〉 부족에서는 일부 다처제 사회인데, 남자들이 몇 명의 아내를 가지며, 또 모든 여자들이 태어날 때부터 약혼이 된 후 늘 결혼 상태에 있다는 것, 그리고 여자들은 첫결혼을 아버지의 친구와 하게 되며, 첫남편이 늙어 죽고 나면 중년이 된 여자는 자기보다 스무살쯤 아래인 남자와 결혼하게 된다는 이야기를 해주면, 곧 자기가 가지고 있는 결혼에 대한 고정 관념에 대해 생각해 본다. 일부 일처제만이 올바르고 행복한 가정 생활을 보장한다는 자기 사회의 전통적 규범을 그런 사회에 비교해서 생각해 보고 지금 자신이 원하는 형태의 결혼은 어떤 것일지를 생각해 보려 한다는 것이다. 반면에 우리 학생들은 그런 이야기를 듣고는 "참 재미있는 사람들도 있구나. 하기야 사람들은 생긴 대로 살지"라고 반응한다. 먼 곳에 살고 있는 '토인'은 자신들과 무관한 존재이며, 기껏해야 그들의 혼인 관습은 농담 거리가 될지언정 그런 사람들로부터 배울 것이 무엇이 있는지 잘 모르겠다는 것이었다. 당연한 반응이다. 이것을 우리 학생들의 호기심의 결핍으로만 해석할 것인가? 이들 역시 강렬한 호기심을 가지고 있다. 그런데 그 호기심은 식민 종주국에 대한 것이지 종래 인류학에서 다루어 온 부족 사회를 향한 것은 아니었던 것이다.

우리 학생들은 자신이 원하는 '선망의 삶'이 있고 그것의 결핍을 원망하고 있었지, 지금 자기가 가진 것이 싫어서 다른 새로운 것을 추구하고 싶은 상태에 있지 않았다. 인류학적 지식은 뭔가 자신의 지금 상태와는 매우 다르게 살아 보고 싶어하는 사람들에게 도움을 준다. "지금 너의 문화에서는 절대적으로 금기시하더라도 너는 그것을 할 수 있어"라는 용기를 준다. 그러나 다르게 살 수 있다는 생각을 하지 못하거나, 결핍 상태를 아쉬워하는 사람들에게 이런 지식은 아무런 흥미 거리가 되지 못한다. 자, 무엇을 어떻게 가르치지? 나는 매 학기 학생들을 만나면 가슴이 답답해 왔다.

내가 이미 체계화된 인류학을 가르치는 전문적 학자이기 이전에 우리 시대와 문화를 파악해 가는 '지식인'이 되어야 한다고 생각한 것은 이러한 과정을 거치면서이다. 모든 인문 사회 과학자들이 비판적이고 급진적일 필요는 없다. 그러나 특정한 역사적 시점에서 학자는 자신이 하고 있는 학문을 밑바탕까지 뒤흔들어야 할 때가 있고, 나는 바로 그러한 시점에 있다고 느꼈던 것이다.

내게 당혹감을 준 것은 학생만은 아니었다. 학회 역시 내게 당혹감을 안겨 주었다. 인류학은 아직 초기 단계에 있어서 학회 회원의 수가 적고 매우 정감적인 분위기를 가지고 있었다. 그리고 학문적 관심과 언어가 아직 조율이 잘되지 않은 상태에 있다. 귀국 초기에 나는 여성학적 인류학과 관련하여 '소외된 집단의 언어'라든가 '전통적 경험 세계와 여성' 등에 관해서 발표를 했었는데, 학문적 토론은 거의 되지 않았다. 반면에 사회학계에서는 이론적인 것을 매우 좋아해서 논문을 쓸 때면 서양의 이론을 끌어들이기 위해 이것 저것 많이 뒤적거려야 했다. 학자들의 세계는 학생들로부터 느끼는 것과는 매우 다른 종류의 답답함이 있었다. 나는 서서히 기존 학계를 포기하고 — 지금 생각하니 나는 포기해야 할 것은 매우 쉽고 빨리 포기하는 장점이 있는 것 같다 — 비판 이론과 페미니즘의 시각에서 우리 삶을 들여다보는 새로운 연구 공간을 만들어 가고 있었다.

사실 당시의 사회학계를 이렇게 간단히 처리해 버리는 것은 부당한 일일 것이다. 내가 귀국한 즈음 학계에서는 자체 내 사대주의 성향에 관한 자성의 소리가 일고 있었다. 그 소리는 70년대 이후부터 '사회학의 토착화'라는 표어 아래 기성 사회학계 안에서 일어 온 것으로, 김진균, 한완상 교수 등이 학문의 '몰역사성'과 '민중 지향성'에 관한 주제로 본격적 토론의 장을 열었다. 그 이후 사회 전반에 걸친 변혁 운동의 와중에서 소장파 학술 운동 단체 등을 중심으로 '학문의 어용화'에 대한 고발과, '우리 식의 사회학'을 만들어 가려는 시도가 활발하게 일어났다.

그런데 우리가 잘 알다시피 '우리 식의 사회학'을 만들어 가자는 목소리는 주로 맑스주의와 제3세계론의 틀에서 이루어져 왔다. 논의의 초점은 '보편적인' 역사 발전 단계 속에서의 한국 사회의 성격을 규정짓는 작업에 맞추어져 왔으며, 이들이 제기하는 민중 지향적 변혁론은 한동안 지성계에 새로운 활력소가 되었다. 적어도 '식민지성'에 대해 성찰하는 계기를 마련해 주었다. 그러나 민중 중심의 변혁을 지향하는 진보학계는 경험과 지식을 연결시키는 작업에서 역부족이었다. 변혁을 향한 운동이 '조직주의'로 흐르게 되면서 '자기 성찰'의 여지를 막아 버렸기 때문이었다.

'조직'과 '힘의 논리'가 지배하던 80년대는 개인적 경험이나 자기 성찰이 들어설 자리가 없었다. 오히려 개인적 삶으로부터의 도피가 정당화되고, 자기 성찰은 하지 않는 것이 미덕이 되기까지 한 시대였다. "대(大)를 위해 소(小)를 버려라. 조직을 위해 개인을 버려라. 개인적 문제에 연연하지 말라." 이런 상황에서 일상적 삶은 또 한번 뒤로 밀리고, 문화에 대한 논의는 싹을 틔우기도 어려웠다.

이즈음 일본에서 학위 논문을 출판하자는 제의가 왔다. 나는 또 다른 질문을 물어야 했다. 누가 그것을 읽을 것이며, 그것이 누구에게 어떤 도움이 될 것인가? 혹시 제주도 주민들을 신기한 사람으로만 만들어 버리는 결과를 초래하는 것은 아닐까? 일본은 특히 취미로 책을 보는 사람들이 많다는데 …… 나는 이런 질문을 하게 되었고, 결국 출판을 하지 않기로 했다. 대신 나는 제주도 연구를 다시 시작했고, 그곳을 재방문하여 8-9년 만의 변화를 추적해 보았다. 제주도의 역사와 구조적 조건에 대해 좀더 연구하고 자본주의화와 특히 대중 매체의 확대에 따라 그 마을 주민들의 삶이 어떻게 변화되는지를 알아 본 것이다.

그 연구 과정에서 나는 우리의 식민지적 근대화 과정과 강력한 중앙 집권화와의 상관 관계를 보게 되었다. '국가 개발' 과정에서 제주도는 아무런 목소리를 내지 못하고 '개발'당하는 '식민지'였고, 중앙은 제국주의적인 세력이었다. 그러한 자국 내 식민화는 강제에 의해서가 아니라 갑자기 깔리기 시작한 텔레비전이라는 대중 매체와 대중 고등 교육의 기재에 의해 급속하게 일고 있었다. 그곳의 지식인들은 거대한 중심에 빌붙는 존재들이었고 나는 갑자기 그 모습이 바로 나라는 생각이 들었다.

지방의 자치적 문화는 급격하게 잠식당하고 있는데 그곳의 '의욕적인' 엘리트들은 서울에서 벌어지는 작업의 지부는 만들지언정 자생적인 일을 벌이지 않고 있었다. 그들은 '중앙'에서 멀어질지도 모른다는 불안을 안고 있었으며, 늘 상대적 박탈감에 시달리고 있는 듯했다. 그러면서 그 내부에 부여된 한정된 '부와 권력'을 가지고 다툼을 하고 있었다. '중심'과 타자화된 주변, 나는 그곳에서 타자화에 앞장서는 엘리트들의 언술들을 여실히 볼 수 있었고, 그 속에는 나도 포함되어 있었다. 이중적 언어, 자기 분열의 상태에서 무엇을 할 수 있단 말인가? 나는 소위 인텔리 또는 엘리트라는 집단이 자신의 경험을 성찰해 내는 능력이 가장 부족한 집단이라는 것을 인정하지 않을 수 없었다. 그렇다. 시골 현장 조사에 가면 종종 만나는 예리한 통찰력을 가진 현명한 할머니들에 비해, 엘리트라는 우리는 얼마나 진리와 멀리 떨어져 있는가? 존엄성을 지키며 살기에 얼마나 어려운 조건 속에 있는가?

나는 동시에 내가 아무리 제주도 전문 연구가라 할지라도 '서울 사람'이며 그곳의 삶을 일으키는 '주체'가 될 수 없다는 것을 알게 되었다. 나는 서울 사람으로서, 인류학자로서, 신촌 캠퍼스의 학생들을 가르치는 교수로서 풀어 가야 할 시급한 과제가 있음을 알게 되었다. 내 현장은 강의실이며, 신촌 바닥이며, 아이들이 매맞고 오는 교실이며, 4학년이 되면 갑자기 의기 소침해지는 여대생들의 모임이며 인류학회이다. 나는 좀더 내 현장 속으로 깊숙이 들어가야 한다.

서양과 서양에 뿌리를 둔 '인류학'을 본격적으로, 또 체계적으로 거리를 두고 보기 시작한 것은 1987년 영국 캠브리지에서 일 년간 안식년을 보내면서였다. 영국과 미국의 차이를 보면서 나는 그때야 비로소 서양 사회의 구체적 역사성을 피부로 느낄 수 있었다. 존 스타인 백과 마가렛 미첼과 헤밍웨이가 미국에서 나올 수밖에 없었고, T.S.엘리어트와 버지니아 울프와 샤롯 브론테가 영국에서 나올 수밖에 없음을 알게 되었다. 미국인들이 거리에서 낯선 사람과 만나서도 인사를 하는 것이 원래 '서양적'인 것이 아님도 알았다. 그것은 서구로 개척해 들어가는 상황에서 서로를 적으로 의심하는 분위기를 신뢰의 분위기로 바꾸어 가려는 문화적 전략으로 나온 인사법임에 틀림없다.

나는 또 영국인들이 길을 모르면 몇 시간이고 지도를 가지고 런던 거리를 헤매더라도 지나가는 사람에게 묻지 않는다는 것을 알았다. 길을 묻는 사람은 어린애와 같이 제대로 삶을 추스리지 못하는 사람들이 하는 짓이니까 …… 그래서 그들은 만약 길을 물으면 어린애에게 하듯 친절하게 데려다 주곤 한다. 나는 여기서 서구 개인주의의 원형을 본다. 자기 삶을 철저하게 자기가 챙긴다는 자립의 원리. 내가 알고 있는 미국은 그런 원형을 '개척 경험'을 통해 많이 변형시킨 또 다른 빛깔의 개인주의를 가지고 있었던 것 아닌가!

나는 그곳에서 서구가 거쳐 간 깊고 험한 역사와, 그 사회들이 이루어 낸 문화적 통합성과 힘을 느낄 수 있었다. 그곳은 한 사회의 힘이란 딱히 경제력이나 땅덩어리의 크기에서 오는 것이 아니라 창의력과 지력의 토양인 정신적 '여유'에서 나온다는 생각을 하는 곳이다. 그곳은 모든 것이 획일화되어 있는 미국에서는 느끼지 못하는 콤플렉스를 방문객들에게 강하게 심는다. 나는 유럽을 둘러보면서, 그리고 곳곳에 세워진 크고 작은 박물관에서 지역 주민들의 생활사와 그들이 일으켜 온 항쟁과 전쟁의 기록들을 읽으면서, 또 농민 노동자와 도시 이주 노동자들이 17세기부터 벌여 온 노동 운동에 관한 영화와 찰스 디킨즈 원작의 〈리틀 도리〉라는 영화를 보면서 서구인들이 근대화 과정에서 겪은 고통과 혼란을 실감할 수 있었다. 그들은 우리처럼 자신들이 곧 통제 가능한 상황에 들어가리라는 꿈이나 꾸면서 자신들을 내버려두지 않았다.

비디오로도 나와 있는 영화 〈정복자 펠레〉는 덴마크의 전설적인 노동 운동가의 어린 시절을 그린 영화인데, 애초에 그는 극도의 빈곤 상태를 벗어나기 위해서 스웨덴에서 아버지와 덴마크의 농장으로 일하러 이주해 온 소년이다. 이 영화에는 근대 초기 유럽을 휩쓴 빈곤이 나라의 변경을 넘어선 거대한 인구 이동을 하게 했고, 그 와중에서 가족은 해체되어 개인성이 더욱 강조되는 사회로 이행해 가는 과정이 여실히 그려져 있다. 가족이 해체된 상태에서 유랑민과 다른 노동자들과 함께 비인간적 착취를 당하며 사는 '공동체적 경험'과 설움 속에서 소년은 '의식'을 가지게 되고, 또한 새로운 실험적 공동체의 꿈을 갖게 된다. 영화는 그러한 꿈을 가진 소년이 이 농장을 떠나는 시기까지의 삶을 그리고 있다. 그런데 실제로 그렇게 자란 그는 덴마크의 노동 운동 지도자가 된다. 농장에서 싹튼 '의식'이 내용을 가지게 되고 새로운 사회 의식으로 발전하는 것이다. 서구의 근대는 이런 개인의 경험들이 만들어낸 역사이며, 나는 바로 이 점이 뿌리 뽑힌 식민지 사회와 그렇지 않은 사회를 구별하는 기준이라는 생각을 하게 되었다.

얼마 동안 그곳에 체류하자 영국적 삶에 스며 있는 특유의 신분 의식과, 삶에서 너무 큰 욕심을 부려서는 안된다는 분위기가 눈에 들어오기 시작했는데, 얼핏 그것은 제국주의적 이미지와는 전혀 어울리지 않는 것이다. 나는 이 점에서 감이 잘 잡히지 않아서 좀더 여러 곳을 두리번거리고 책을 뒤적이곤 했는데, 매우 영국적인 영화라 할 수 있는 〈모리스 Maurice〉와 〈어 만스 인 더 칸츄리 A Month In The Country〉 등의 영화를 보면서 그것을 이해할 수 있었다. 이들의 차분함과 관조적 분위기는 우리의 들뜸과 얼마나 대조되는가? 근대적 경험은 그들에게도 엄청난 충격의 경험이었고, 그들은 그 경험을 '다스려 가기 위해' 물러서는 법을 배우고 있었다. 아무리 자본주의 사회라 해도 무엇이든 다 되는 것은 아니라는 것을 그들은 알아 가고 있었다. 그것은 물론 영국 사회의 안정된 계급화와도 관련이 되어 있고, 나는 이런 식의 계급화가 전혀 마음에 들지 않는다. 그렇다고 우리 사회가 가진 터무니 없는 낙관주의와 욕심을 좋아할 수 있을까? 나는 우리의 '낙천성'과 '가무 음주를 좋아하는 성향'을 단순한 민족성으로 보고 있지 않다. 그것 역시 만성화된 혼란 상태와 관련이 있는 역사적인 경험의 소산이다.

계급 문화에 관해서도 그렇다. 제임스 아이보리 감독의 〈하워즈 엔드〉는 빅토리아 시대에 몰락해 가는 상류층 노처녀들의 생활을 그리고 있는 영화다. 그들은 불로 소득을 하는 가난한 상속녀인데, 자연과 더불어 사는 전원 저택에 살고 싶어한다. 하지만 이들은 곧 도시화된 자본주의 사회에 중산층으로 몰락하게 될 운명에 있는 사람들이다. 이 여자들이 가진 특징은 끊임없이 꿈을 가지고 살고자 하며, 말을 통해 삶을 이해해 가고자 하는 면이다. 이들은 독립적이며 사회와 타협하지 않는다. 그들 중 한 명은 꿈을 잃지 않은 노동자 계급 청년을 사랑하게 되고, '고매한' 영혼을 가졌다면 계급을 초월하여 만나야 한다는 '이상'을 몸으로 말한다. '고매한' 영혼만 가진다면 귀족 계급이라 해도 언제든 노동 계급과 상징적 결합을 한다는 영국적 '이상' — 한번에 전격적으로 실현된 적이 없는 — 을 영화는 보여주고 있는 것이다. 다른 노처녀 역시 30세가 넘어서 부자와 결혼을 하게 되는데, 소설 《제인 에어》에서 잘 보여준 영국 여성 특유의 통합적 개성과 '영국적' 정직함을 지켰기 때문에 그녀는 자신이 원하는 전원의 저택을 상속받게 된다. 이 영화는 극히 영국적이다. 영국인에게 근대 초기부터 품어 온 자신들의 '고매한' 인간에 대한 이미지와 특이한 계급 의식, 곧 부르주아 계급의 천박

성과 대비하여 귀족층과 노동 계층의 동질성과 연대 가능성을 새삼 상기시키고 있기 때문이다. 이 영화는 또한 자기 표현을 당당하게 하고 지혜롭게 삶을 운영해 가는 근대적 여성상이 어떤 사회적 조건 속에서 만들어졌는지를 잘 보여준다.

그 동안 서구에 특유한 경험을 그들 특유의 방식으로 담아낸 그런 영화를 보면서 나는 무엇을 느꼈던 것일까? 얼마나 아전 인수격으로, 또는 파편적으로 읽으면서 감동을 받았다고 생각했을까? 물론 제작자가 의도했던 대로 영화를 읽어 내야 하는 것은 아니다. 그러나 예술가가 뭔가를 이야기하고 싶어하는데 경치만 보면서 즐기는 수준에서 읽어 낸다든가 연애 이야기에만 관심을 기울인 것은 아닐까? 나는 어릴 때부터 보아온 많은 영화들을 떠올렸다.

그런 식의 영화 읽기를 앞으로도 계속해야 할까? 문화적 주변에 속하는 사회의 구성원으로서 느낀 그때의 비애감을 나는 아직도 기억하고 있다. 그들은 자신의 체험을 통해서 글을 쓰고 영화를 만들며, 그것들은 곧 세계적인 텍스트가 된다. 그들은 자신이 담긴 사회 이론서를 읽으며 또 영화를 보고 토론을 한다. 우리는 우리라는 존재를 안중에 넣지 않고 만든 영화나 텍스트를 보면서 혼자 즐거워하거나 공연히 비판을 해대곤 한다. 언제 우리의 이야기가 담긴 예술적 작품들을 풍성하게 가질 수 있을까?

그곳에서 나는 또 인류학과 관련해서 늘 의문을 가져온 부분을 확인할 수 있었다. 나는 매주 열리는 그들의 교수 세미나에 참석하면서 그들이 어떻게 학문적 논의를 만들어 가고 지식을 생산해 가는지를 주목해 보았다. 영국이 몇 세기에 걸쳐 광범위한 식민지를 가지고 있었다는 것은 인류학에 어떤 의미를 갖는가? 영국 인류학은 미국 인류학과 어떻게 다르며 왜 다른가? 그리고 독일과 프랑스와 덴마크는 또 왜 다른가? 나는 이때 인류학을 보편적 학문으로 보기 이전에 각 사회가 발전시킨 이방 사회에 대한 독특한 지식 체계로 보아야 한다는 확신을 굳혔다. 이런 저런 자료를 찾으면서 각 사회가 축적해 간 인류학적 자료가 얼마나 다른 대상을 또 얼마나 다르게 다루어 왔는지도 알게 되었다. 그리고 같은 영국 내에서도 스코틀란드계와 캠브리지 등의 학풍이 얼마나 다른지도 알 수 있었다. 인류학을 '이방 사회에 대한 지식을 생산하는 학문 분과'라고 간단히 정의를 내린다면 인류학은 이방 사회와 가장 접촉이 많은 역사를 가진 사회에서 발전할 수밖에 없는 학문이다. 다시 말해서 영국과 프랑스와 같이 식민지가 많은 사회나, 미국처럼 사회 자체 내에 분명한 이질적 집단들(인디언과 흑인, 그리고 많은 소수 민족들)을 가진 사회에서나 발전할 학문이라는 것이다. 그리고 실제로 정통 인류학은 그러했다.

인류학 내에서도 인류학을 '이방 사회에 대한 연구'라고 못박고 있는 영국 계통의 사회 인류학자들은 미국의 문화 인류학을 가볍게 보는 경향이 있다. 정통을 고수하고 싶어하는 영국 인류학 계통은 점차 이전의 식민지 국가에서 인류학자를 환영하지 않게 되면서 새로운 개척지인 사회주의 국가 쪽으로 현장을 옮기고 있다. 그들은 아직도 자신들의 패러다임을 크게 바꾸기보다는 고수하고자 한다. 유럽인들에게 세계사의 중심은 어디까지나 서유럽이며, 미국은 '주변'에 지나지 않는다. 그들은 미국은 주변이기 때문에 실험이 가능한 곳이라고 생각하는 듯했다. 미국이 아무리 경제적으로나 군사적으로 막강해도 미국은 그곳의 엘리트들에게는 지부일 뿐이지 중심은 아니었다. 나는 그곳에 가서 우리가 미국을 '서양'의 대명사로 알아온 것을 바로잡으면서, 또 서양을 '세계'의 대명사로 알아온 것을 바로잡았다.

시선의 차이들, 그리고 인류학적 실천의 다양함을 둘러보면서, 나는 학문의 역사성, 그리고 지식의 정치성을 분명하게 보게 되었다. 정치적 투쟁은 지식을 만들어 가기 위한 선행 조건이며, 새로운 지식을 만들어 갈 공간을 만드는 것은 그 자체로서 정치적인 행위인 것이다. 나는 인류학을 '미국 인류학' '소련 인류학' '동구라파 인류학' '독일 인류학' 등으로 분류함으로써 몰역사적인 보편 학문으로서의 인류학을 구체적인 특수 학문으로 보기 시작했다. 그리고 한국에서 뿌리 내릴 인류학에 대해서도 근원적 질문을 던지며 탐색하기 시작했다.

식민지도 없고 자체 내 이질 집단도 딱히 없는 우리나라와 같은 경우에 인류학이 있어야 할 필요가 있을까? 우리 기업들이 해외 확장을 하려고 기지개를 펴고 있는데, 그런 다국적 기업 연구를 위해 인류학이 필요할까? 우리의 제국주의적 특성을 연구하기 위해서? 아니면 지금처럼 온 세계에 퍼져 있는 해외 동포들에 관한 연구라든가 우리 민족의 이동과 풍속 등에 관해 역사적 연구에 초점을 두는 것이 좋을까? 그런 정도의 연구를 위해서라면 사회학이나 경영학이나 지역 연구나 국제 정치나 어떤 학문 분과에 끼어서 충분히 할 수 있는 것이 아닌가? 나는 이런 질문을 계속 물을 수밖에 없었고 결국 '타자화된' 자문화 연구가 우리들이 시급히 해야 할 작업이라는 결론을 내리게 되었다. 다시 말해서 인류학은 이제 '이방 사회'를 새롭게 정의해야 할 것이다.

다행히 최근 서구 인류학에서도 자성의 기운이 강하게 일고 있다. 그것은 식민지였던 사회가 힘을 갖게 되면서 생긴 변화이기도 한데, 제3세계 출신 학자들이 대거 진출하면서 서양 인류학자는 이제 더 이상 이방 사회의 '유일하고 절대적인 대변자' 노릇을 하지 못하게 된 것이다. 연구 대상자들이 아프리카 밀림 속에 머물고 있었던 때에 인류학자가 내놓은 지식은 '신의 말'과 같이 절대적인 것이었다. 그런데 그들의 손자가 이제 교실에, 공장에, 때로는 교수실을 차지하고 있다. 인류학은 이제 그 방법과 존재 이유를 새롭게 재고하지 않으면 안되게 되었다.

미국에서는 흑인이나 치카노 출신 인류학자들이 중심이 되어 '다름'에 대한 새로운 접근을 시도해 왔는데, 이들은 자신들이 하는 인류학을 '원주민 인류학 native anthropology'라고 부른다. 이들은 이방 사회를 '총체적으로' 본다는 것, 다시 말해서 원주민의 머리 속에 들어가 보면서 동시에 멀리서 바라본다는 것이 불가능하다고 말한다. 그들은 그 동안 '소수 집단'에 속하는 자신들을 연구해 온 성과물이 얼마나 자신들의 삶과는 무관하거나 오히려 악영향을 끼치는 것인지를 잘 알고 있기 때문에 더 이상 그 전제를 고수하려 들지 않는다. 그들은 '객관성'을 가장한 연구의 허위를 밝혀 내면서, 연구자가 소속감을 확실히 할 것을 요구한다. '원주민을 위한, 원주민에 의한, 원주민의 연구'를 하겠다는 것이며, 이는 '가치가 개입된 연구'를 하는 국지적 지식인이 되겠다는 것을 뜻한다.

제3세계에서도 자기 문화를 연구하는 독자적인 집단이 생기기 시작하였고, 또 백인 인류학자 사이에서도 반성적 연구가 활발해졌다. 70년대 페미니스트 인류학에서 나온 연구 성과도 이런 방향 전환에 크게 기여하였다. 80년대 들어서서 기존 현장 조사의 '비정치성' 밑에 깔린 정치성을 드러내는 연구가 활발해졌다. 그에 따라 현장 연구의 대상이 바꾸어져야 함을 주장해 왔는데, 예를 들어 다국적 기업간의 결탁 현상이라든가 기존의 인류학적 연구 성과물을 재조명하는 연구들이 그것이다.

인류학이 앞으로 나아갈 방향은, 초월적인 전문가가 이방 사회의 주민을 대신해서 말해 주던 시기를 지나 각 집단에서 자기 스스로를 말하는 방향으로 나가야 한다는 것은 매우 자명해지고 있다. 나는 우리의 인류학이 먼저 '타자화'된 우리 자신들을 집중적으로 연구하는 '원주민 인류학' 내지 '자문화를 연구하는 인류학'으로 정착하여야 하며, 종국에는 '원주민 인류학'이라는 단어가 없어지는 방향으로 인류학을 탈제국주의화시켜 나가야 한다고 생각한다. 물론 그 과정에서 우리는 세계 체제를 그려낼 수밖에 없을 것이고 우리 기업과 여행자들이 다니는 곳을 따라가고 외교 문서 뒤에 숨겨져 이루어지고 있는 많은 사실들을 알아내야 할 것이다. 우리나라 인류학자 중에는 강신표 교수와 같이 학문 이름을 '인학 人學'으로 바꾸자는 제안을 하는 분도 있고, 나도 가끔 '문화학'이 오히려 낫지 않을까 하고 생각해 보기도 한다. 그러나 원래 근대 학문이란 모두가 수입된 것인데다가 학문 분과별 계보와 전통을 따지는 우리 학문 풍토에서, 또 세계적인 연대가 활성화되어야 하는 시대에 그런 단절적인 시도를 하는 것은 바람직한 효과를 낼 것 같지는 않다.

나는 서양에서 들어온 근대 학문 가운데서는 가장 적은 수의 전제와 고정의 틀을 가진 면에서, 또 현장을 중시하고 자기 비판을 주저하지 않는 면에서의 인류학을 좋아해 왔고 따라서 그런 인류학이 이 땅에 뿌리 내리는 것도 나쁘지 않다고 생각한다. 초기 인류학이 가졌던 급진성을 충분히 살리면서, 자생적인 자성적 성찰의 담론을 우리 역사 속에서 끌어내 간다면 — 삼국 유사에서건 실학에서건 — 분명 인류학은 격변기에 있는 우리의 인문 사회 과학계에 새로운 전망을 제시하는 역할을 해낼 것이다. '타자화된 자아'에 대한 연구, 이것이 내가 지금 '인류학'이라는 이름 아래 하고자 하는 연구이며 이 책도 그 작업의 연장선상에 있다. 잃어버린 일상을 되찾는 것, 그리고 문화적 상대주의적 시각이 가장 필요한 이들이 가장 상대주의적으로 보지 못하는 딜레마를 해결해 가는 것부터 시작해야 한다.

나는 여기서 내가 나름으로 탈식민화하는 과정에서 서방 세계에서 산 경험이 매우 중요했음을 이야기했다. 그곳을 구태여 둘러보지 않고도 지금과 같은 생각을 하게 되었을까? 대답은 분명치 않다. 아마도 우리 시대의 사람들, 특히 미국 지향성이 극히 심했던 우리 세대의 사람들에게는 그 사회에 가서 직접 본 것이 큰 도움이 되었을 것이다. 자신의 주변성을 알아 가기 위해, 또는 서양을 상대화시켜 보기 위해 그 사회에 직접 가서 살아 보는 것은 물론 필수적이지 않다. 통찰력이 있는 사람은 그런 직접적인 경험이 없이도 많은 것을 알아차렸을 것이며, 이미 우리 세대의 이러한 방황과 경험이 후배들에게 전해지고 있다는 점에서 상황도 달라지고 있지 않은가? 10년 전에 비하면 학생들도 많이 달라졌다. 호기심이 많아졌으며, 주체적이고자 하는 열망도 강하다.

서양의 친구들은 종종 "너희들도 와서 우리를 좀 연구해 주렴" 하고 부탁한다. 그런데 그럴 시간이 있는가? 나는 아직도 학생들과 제대로 의사 소통을 하는 교실을 만들지 못해 전전긍긍하는데 ……그러나 머지않아 조그만 보따리 하나만 들고 세계 구석구석을 돌아다니는 후배들이 많아질 것이다. 그들은 우리 모두에게 필요한 이야기를 풀어내 줄 수 있을 것이다. 유학간 제자들 중에는 수업 시간에 '주변인' 내지 타자화된 경험이 없는 '바보 같은 아이들'과 공부하기 힘들다면서 '큰소리'를 치는 이들이 없지 않다. 그들은 나처럼 교실에서 '원주민'의 표본처럼 구경을 당하면서 공부하지는 않을 것이며, 자신의 '국외자로서의 느낌'을 즐기면서 당당한 자기 목소리를 만들어 가고 있을 것이다. 물론 앞으로는 구태여 중심인 '그곳'에 유학을 가지 않고도 '그곳'을 읽어낼 수 있는 이들이 늘어나야 할 것이고, 그것은 어떤 식으로든 자신의 '타자화'된 경험을 성찰해 낼 수 있으면 가능한 일이다.

지식 생산 주체에 관하여

이 책에서 제일 쓰기 어려웠고, 제일 많이 줄이고, 또 고쳐 쓴 부분이 바로 위에 쓴 부분이다. 내가 이 부분의 자기 진술을 통해서 하고 싶은 이야기는 지식 생산에 관한 것이었다. 인류학을 하면서, 또 서양 여러 곳에서 유학을 하고 여행을 하면서 터득한 한 가지 분명한 사실, 곧 지식은 구체적 생산 과정 속에서 만들어진다는 점을 말하고자 하였다. 모든 지식은 구체적인 역사적 맥락에서 만들어진 것이고, 따라서 그런 맥락 속에서 파악되어야 한다. 이때 지식을 생산하는 주체가 분명히 드러나야 하고, 그 과정이 파악되어야 한다. 그 주체는 물론 개인들의 집합체일 것이고 지식이 생산되는 자리는 일상적 삶이 경험되는 자리이면서, 권력이 개입된 자리이다.

서구 지식인들은 자신들이 말하고 있는 지식과 이론이 나온 맥락을 잘 알고 있다. 그래서 그들은 구태여 그것을 일일이 말할 필요가 없었다. 이제 그들은 지식의 생산 과정에 대해 이야기한다. 기존 지식이 자신들의 구체적 삶의 맥락에 더 이상 적합치 않다고 느끼게 되었기 때문이다. 특히 최근에 지적 계보학에 대한 관심을 통해 이들은 더욱 지식의 생산 과정에 대해 많은 논의를 벌이고 있다.

지식은 이상적으로 공동체적 삶을 보다 낫게 하기 위해서 존재한다. 그러나 실제로 지식은 개인의, 또는 특정 집단의 권력을 증대시키는 쪽으로 더욱 많이 작용해 왔다. 또, 한 시대에 공동체적 선을 이루어 내기 위해 만들어진 '진리'가 다음 시대에 특정 집단의 권력을 증대시키는 '수단'으로 전락하기도 한다. 지식이 공동체적 삶을 위한 것이 될 수 있게 하려면 우리는 지식이 생산되고 유포되는 과정과, 그 지식을 생산하는 '주체'의 권력 의지와 욕망에 대해 좀 더 많이 알고 있어야 한다.

우리들이 그 동안 지식면에서 생산적이지 못했던 이유 중 하나는 바로 지식 생산을 해내야 하는 이들이 자신을 충분히 성찰하지 못했기 때문은 아닐까? 우리는 지금까지 서구의 언설을 곧바로 직수입하는 문화에 살아왔다. 그런데, 실제 그런가? 가만히 살펴보면 직수입만 한 것은 아니었다. 우리는 선택적으로 어떤 지식은 절대적으로 받아들이고, 어떤 것은 필사적으로 거부했다. 왜 그랬을까? 그런 선택을 하는 이면에 무엇이 숨겨져 있었던 것일까? 특정 집단이 지식 생산을 독점하고, 과도하게 권력을 남용하는 일이 없기 위해서 우리는 밖에서 들어온 지식의 생산 과정에 내해서 알고 있어야 함과 동시에 자기가 선 구체적 자리를 또한 파악하고 있어야 한다.

나는 내가 '서양적' 문법을 나름대로 터득하고 있었기 때문에 서양을 이런 식으로 배반하게 되었다는 것을 안다. 나는 또 내가 '개화'된, 대화가 있는 집안에서 자라지 않았다면 이렇게 일상을 분석하는 것에, 또 기존의 지식 체계를 의심하는 것에 집요하게 매달리지 않으리라는 것을 알고 있다. 그 환경적 조건은 물론 중산층 출신이라는 계급적 자리를 포함하며, 일제 치하에서 막 벗어나 새로운 이상 사회가 오리라는 꿈을 꾸며 새 가정을 이룬 부모 아래서 자랐다는 사실이나 내가 '여자'로 살아왔다는 사실을 포함한다. 그리고 바로 그 조건적 한계 때문에 어떤 주제에 대해서는 매우 생산적인 지식을 낼 수 있으나, 어떤 면에서는 매우 파괴적일 수 있다.

우리가 공동체적인 지식을 생산해 가고자 한다면 각자가 지닌 특성을 간과해서는 안될 것이다. 여기서 '우리'라고 불리우는 우리는 실은 매우 다른 배경과 경험을 가진 '우리들'이다. 우리는 이제 그 '다름'을 바탕으로 다양한 지식 생산의 주체로 나선다. ■

5장 개인 속의 역사, 기억으로서의 역사

— 주변성에 대하여

빛과 어둠이 만나는 지점에서
발성 연습을 하는
그대는 누구인가?
밖도 아니고 안도 아닌 곳에서
낯선 말을 하고 있는
그대는 누구인가?
그 소리를 듣는 순간부터
쫄기 시작하는
그대는 또 누구인가?

논리와 소유라는 계율로 만든
단음계의 노래는
더 이상 우리를 유혹할 수 없다.

앞장에서 나는 지식 생산 과정에서 주체가 되는 것에 대해 말했다. 이 장에서 나는 자신이 선 '주변'의 자리, 그리고 일상의 공간에서 '부정'의 정체성이 아니라 '긍정'의 정체성을 만들어 가는 것에 대해서 말하려고 한다.

내가 식민지 주민으로서, 그리고 여성으로서 주변화된 존재라는 것을 알게 되기까지, 그리고 그 주변의 자리에서 중심을 향해 호소하며 무엇인가를 얻어 내려 하다가 그 언어를 포기하기까지, 그리고 분리주의의 언어를 갖게 되었다가 다시 그 언어를 이렇게 내놓게 되기까지에는 많은 시간이 걸렸다. 나와 같은 자리에 있는 이들이 내게 새로운 준거 집단으로 등장하였고, 점차 경전적 지식을 정면으로 거부하게 되었고, 일상 속에서 게릴라전을 펴나가게 되기까지 많은 만남과 깨우침이 있었다. 알고 있던 많은 이름을 지우고 경험을 통해 새 이름을 붙이는 재미와, '반역적인' 할머니를 다시 기억해 내기까지 많은 방황의 시간이 있었다. 그리고 이런 모든 것이 문화적 자생력을 기르는 것과 통하며, 탈식민화를 위한 방법이라는 것을 안 것은 불과 일이 년 전이다.

여자로서의 자기 인식

나는 상당히 뒤늦게 '여자'로서의 정체성을 갖게 된 경우이다. 나는 여자도 자기 일이 있어야 한다는 가정에서, 하고 싶은 일을 거의 다하며 자랐으며 '여성'적인 편이 아니어서 여자라는 의식을 거의 않고 살았다. 나는 '여성적'인 것을 별로 좋아하지 않았다. 내게 '여성적인 것'은 자질구레한 것에 신경을 쓴다거나 천천히 눈을 내리깔고 걷는다거나 내숭을 떠는 것과 관련이 되는 것이었다. 나는 숨어서 담배를 피우는 여자들을 경멸했으며, 산을 오르면서 남에게 매달리며 우는 소리를 하는 여자를 싫어했다.

나는 그런 여자들과 같이 취급되는 것이 싫어서 그들과 잘 어울리지도 않았다. 남자 친구들이 많았으나, 나를 여자로 대우하는 것을 거부했으며, 같은 학문을 하는 동료로서, 여행을 즐기는 친구로서 대해 주기를 요구했다. 나는 그들을 '형'이라 불렀으며, 나의 그러한 강한 '욕망'이 그들에게 전해져서 그들은 나를 늘 '동등한 친구'로 대해 주었다. 나는 홍일점일 때가 많았으며, 그런 자리에서 어색해 하지 않는 나는 나중에 여성 운동을 하면서 이런 여자에게 '명예 남자'라는 별명이 있는 것을 알았다.

미국에서 대학원에 다니면서 "너는 여자이면서 여자들이 겪는 고통에 대해서는 그렇게도 무감각하니?"라는 모욕적인 말을 듣고 당시에 일기 시작한 페미니즘에 관심을 가지기 시작했다. 그리고 자연스럽게 페미니스트가 되어갔다. 나는 그 동안 웬지 모르게 나를 불편하게 했던 관습들, 예를 들어 아주 튼튼한 여자를 위해 비실비실해 보이는 남자가 뛰어가서 문을 열어 주는 '기사도'인지 '신사도'라고 하는 관습, 돈이 없어서 쩔쩔매면서 꼭 남자가 데이트 비용을 내야 하는 것 등이 당연히 불편하고 고쳐져야 하는 우스꽝스러운 짓임을 알게 되었다. 학문적 관심이 깊어짐에 따라 나는 여성들을 중심으로 본 역사를 쓴다면 매우 다른 역사가 쓰일 수밖에 없다는 것을 알게 되었다. 나는 여성학 공부를 통해서 인간 사회에 존재하는 억압에 대해 꽤 민감해졌고, 그러한 억압의 양상과 기재가 곧 연구의 주제가 되어야 한다고 생각했다. 나는 학위 논문의 주제를 성역할 분담과 그에 따른 권력 관계를 알아보는 것으로 정하고 현장을 제주도 잠수 사회로 잡았다.

여성의 경제적 자립은 여성의 사회 정치적 자립을 보장해 줄 것이라는 당시 미국 여성 운동계의 가설이 제주도에서는 어떻게 나타나고 있는지를 보려고 했던 것이다. 현지 마을에서 '서울 애기'로 불리운 나는 할머니들과 그곳 처녀들과 매우 깊이 사귀게 되었다. 그러나 '중앙'의 시선을 내면화시키고 있는 그곳의 엘리트들과는 늘 껄끄러운 관계에 있었다. 제주도에서 현장 조사를 하면서 만난 그곳 엘리트들에 대한 기억은 내가 엘리트들의 식민지성에 대한 성찰을 하게 된 주요 계기가 되었다.

나는 가끔 왜 페미니스트 인류학을 하느냐는 질문을 받곤 했는데, 엘리트이기 때문에 당연히 그런 주제를 잡아야 한다고 생각했었던 것 같다. 나처럼 여자로서 받는 고통을 면제당해 온 사람이 그런 문제를 연구해야 더 '객관적'으로 볼 수 있으리라는 생각을 했을 수도 있다. 제주도 현장 연구는 이런 선상에서 이루어졌고 나는 성역할과 그에 따른 기질의 차이와 권력 구조의 관련성을 밝히는 학위 논문을 쓴 후 한국으로 돌아왔다.

마침 서울에서는 여성학 강좌들이 막 개설되고 그 방면에 관한 연구가 시작되고 있었다. '성과 사회'라든가, '남녀 평등과 인간화'와 같은 강의를 맡게 되었고 나는 학생들을 '선동'하는 교수가 되었다. 학계에서도 여성 문제에 대한 인식이 높아지고 있었고 남성 학자들은 호기심에 차서 그것이 무엇인지 알고 싶어했다. 그리고 각기 자신이 가진 이론들을 피력하곤 했는데, 그 대부분은 "서양 여자에 비해 한국 여자는 너무 세다. 너무 센 것이 문제다. 월급 봉투째 갖다 주면 남자는 …… 그러니 여성 운동은 무슨 ……" 등의 이야기였다. 그렇다. 여권 신화, 그리고 여성의 비공식적 권력 행사, '머리'를 잘라 파는 선비의 아내와 복부인, 여권과 모권의 차이, 이런 것들이 한국 가부장제를 파악하는 주요한 주제가 될 것이다. 한국 여자들은 주변에 있는가? 오히려 남자들이 주변에 서성이고 있는 것이 아닌가? 보살펴 주기만을 바라는 남자들이 어떻게 중심이 될 수 있을까? 나는 이렇게 속으로 빈정거리면서, 또 한편 그들 언어로 그들을 설득하려고 애썼다.

전문직 여성의 사회 진출사에 대한 연구를 하면서 나는 소위 성공한 여성들이 얼마나 남자 중심으로 사고하는지를 알게 되었다. 많은 전문직 여성들은 남편이 자신의 사회 활동을 이해해 주는 것만으로도 고마워서 그 외의 모든 집안일을 도맡아 하고 있었다. 무서운 슈퍼 우먼들이었다. 그렇게 참고 견딜 수 있는 힘은 어디서 오는 것일까? 기존 질서가 바뀌면 오히려 행복해질 수도 있는 주변인인 그들이 오히려 그 질서가 흐트러지는 것에 대해 엄청난 공포를 갖고 있는 것은 왜일까? '질서'에 대한 집착, 혼란에 대한 공포가 그만큼 강하기 때문이 아닐까? 그 질서가 어딘가 불안하며, 자연스럽지 못한 것임을 감지하고 있기 때문에 더욱 그런 것이 아닐까? 나는 아주머니들이 길에서나 목욕탕에 가서 순한 아기를 보면 꼭 "여자 아기죠?"라고 묻는 것을 보는데, 이런 장면을 볼 때마다 그 아주머니는 분명 매우 고지식한, 그러면서 자신감 없는 사람일 것이라는 생각을 한다. 그는 우리가 믿도록 되어 있는 이론, 곧 "여자는 순하다"는 이론이 실은 진리가 아니라는 것을 감지했고, 그것이 못내 불안하여 수시로 그것을 확인하려는 것이다. 이데올로기를 아주 열렬하게 믿고 전파하려는 사람들 마음 속에는 실은 그것이 진리가 아닐지도 모른다는 불신이 숨어 있을 거라는 혐의를 나는 늘 갖고 있다. 맹신과 불신은 맞붙어 가는 것이 아닌가?

이런 연구에 몰두하는 동안 '여성 문제 전문가'가 되어가고 있었고, 그즈음 충고의 말을 들었다. 한번이 아니고 자주 듣게 되었는데, 그 말은 "똑똑한 사람인데, 왜 그런 '사소한' '주변적'인 연구를 하느냐?"는 내용이었다. 아, 나는 그 동안 '주변'에 있었구나. 그 때 나는 비로소 내가 주변에 있다는 것을 알았고, 심기가 불편해지기 시작했다. 학회에서 발표를 하면 누군가가 이런 식으로 논평을 했다. 여성학적 연구는 '이론적 무장'을 한 '주관적 연구'라는 것이다. 나는 학문적 개념으로 철저하게 무장을 한 논문을 쓰기 위해 많은 책을 뒤적였다. 그러나 아무리 열심히 학문적인 논문을 써도 정치적 입장이 다른 한 그것은 학문적인 작업으로 간주되지 않는다. '사소한' 문제를 '주관적'으로 연구하는 '주변적'인 작업일 뿐이다.

나는 점점 '남자'들만 모인 회의 장소에 가지 않게 되었다. 한번은 회의에 늦게 들어가게 되어서 하얀 와이셔츠에 넥타이를 맨 남자들이 여나믄 명 가지런히 앉아 있는 장면을 정면으로 보게 되었는데, 그 장면은 나를 숨막히게 했다. 그 동안에 내 눈이 많이 달라져 버린 것이다. 나는 똑같은 복장을 한 사람들이 모인 그런 모임이 불편해지기 시작했다. 홍일점으로 '끼워진' 존재라는 사실이 싫었다. "그러니까 더욱 여자가 그런 곳에 계속 가 있어야 돼. 여성의 권리를 찾으려면 자주 얼씬거려야 한다구. 그리고 중심에서 일어나고 있는 일을 알고 있어야 할 것 아냐?" 한편의 여자들은 이렇게 말했다. 하기야 그런 자리에 가면 주워듣는 것이 없는 것은 아니다. 어떤 때는 그들의 박식함에 놀란다. 한번은 감탄을 하면서 주눅이 들어 있었는데, 남편이 말했다. "기죽을 것 없어. 그것도 다 술좌석에서 들은 이야기일 텐데 ……" 남자들은 그들 나름의 세상이 있고

황지선,〈이젠 더 이상 아무것도 아니다〉, 1992

나는 점점 '남자'들만 모인 회의 장소에 가지 않게 되었다.
하얀 와이셔츠에 넥타이를 맨 남자들이 여나믄 명 가지런히 앉아 있는 장면은
나를 숨막히게 했다. 그 동안에 내 눈이 많이 달라져 버린 것이다.

정보 교류망이 있고, 게임의 규칙이 있다. 그 게임을 익힐 것인가,
말 것인가?

　참을성 없는 나는 포기하기로 했다. 그런 곳에 가서 단순한 호기
심으로 물어 대는 그들의 질문에 일일이 대답하는 것도 싫거니와,
그런 이야기가 어느새 농담이 되어버리는 것은 더욱 참기 어려운
일이다. 떠나야 할 것 같다. 다른 종류의 사람들과 어울려야 한다.
불편한 말을 더 이상 익힐 필요가 있을까? 나는 주위를 두리번거렸
고, 마침 주위에는 나처럼 친구를 찾는 이들이 있었다. 이래서 나는
일차적으로 '명예 남자'의 탈을 벗고, '여성과 동일시하는 여성'이
되는 첫 관문에 들어섰다.

　그 친구들과 나는 몇 가지 공통점이 있었는데, '명예 남자'로 대
학 시절을 보냈다는 것과 남성 중심적 지식인 세계에서 자신의 '주
변성'을 인지한 경험이 있으며, 이제는 '중심부'의 일에 별 관심을
두지 않기로 한 것이 그것이다. 서양 유학의 경험을 통해 '주변성'
에 대한 인식을 보다 심화할 기회를 가졌다는 점에서도 공통성을

황지선, 〈열린 빗장〉, 1992

"그러니까 더욱 여자가 그런 곳에 계속 가 있어야 돼. 여성의 권리를 찾으려면
자주 얼씬거려야 한다구. 그리고 중심에서 일어나는 일을 알고 있어야 할 것 아냐?"
한편의 여자들은 이렇게 말했다.

가지고 있었다. 거의가 상당히 자율적인, 아니면 적어도 매우 '반성
적인' 성향을 가지고 있다는 것과 우리 사회의 고질병인 '일등주의'
에서 벗어나 있다는 것도 알게 되었다.

우리는 변화를 만들어 가기 위한 비판 사회 과학을 해야 한다는
데 마음을 모았다. 중심에 들지 못할지도 모른다는 조바심을 버리
고, 우리끼리 '딴 살림'을 차리기로 한 것이다. 우리는 학생들, 그리
고 문인들과 함께 〈또 하나의 문화〉라는 이름의 모임을 만들었다.
'주변성'이 '창조의 지점'이 되는 그런 모임이 만들어진 것이다.
이 모임은 가부장제 사회를 변화시켜 여자도, 아이도, 그외 많은 소
외당한 이들도 인간으로 당당하게 자신의 삶을 살게 되는 세상을
만들려는 취지를 내걸었다. 동인들은 다양성이 존중되지 않는 경직
되고 획일주의적인 사회를 참아 내지 못하는 공통적 경향을 또한
가지고 있었다. 이런 사람들이 만든 모임인 만큼 각자가 자신이 가
장 절실하게 느끼는 문제를 중심으로 운동을 벌여 가는 것을 원칙
으로 삼았다. 가부장적 사회건 자본제적 사회건 숨죽여 살던 자신

을 살려 내는 것이 바로 기존 문화를 바꾸어 가는 과정이며, 각자가 열심히 자신의 삶을 일구어 가기 위한 운동을 벌이면 그것이 곧 새로운 대안 문화를 만들어 가는 길이라는 데 모두들 동의했다.

모두 자기 이야기들을 풀어 내면서 여러 가지 일들을 벌였다. 보다 민주적인 사회를 미리 경험해 보게 하는 뜻에서 어린이 캠프라든가 대학생 캠프를 열고, 시급한 주제라고 생각하는 문제가 생기면 수시로 '여성 해방 문학' '남성학' '정보화 사회'라든가 '통일된 땅에서 더불어 사는 연습' '21세기를 살아 가는 연습' 또는 '공동 육아'를 걱정하는 모임도 연다. 동인들의 성향과 삶의 장에 따라서 주부 공부방, 직장인, 연극, 무술, 글쓰기, 영상 토론, 교육 토론 소모임 등이 수시로 만들어지고, 열심히 하는 사람이 없으면 그 모임은 자연스럽게 없어진다.

점차 이 모임은 내게 삶을 실현하는 공간이면서, 우리 사회의 삶을 읽어 내는 가장 핵심적인 공간이 되어 갔다. 모임 활동을 통해 내가 모르고 있던 가부장적 억압의 또 다른 양상을 보게 되고, 내가 생각했던 이상으로 우리 사회가 획일주의적이고 토론이 없는 사회임도 알게 되었다. 특히 많은 사람들과 가깝게 부딪치면서 이 사회에 존재하는 많은 일상적 억압을 새삼스럽게 바라보게 되었다. 초반부에 우리는 독립적이고 능력 있는 '취업' 여성들을 만들어 내는 것에 집중해 왔는데, 나는 그런 여성들이 재빨리 중심부에 빠져 들어가서 자기 몸 하나 챙기기에 바빠지고 마는 것을 보고 실망했다. "자기 몸 하나 챙기는 것만도 장하다"고 말하는 이도 있지만, 모임에 참석하기는커녕 책도 제대로 사보지 못하는 그들을 보면서 생각을 바꾸어 가야 했다.

우리는 '가족'이라는 고리가 너무 강하여서 '자각'을 한 여성들도 결혼을 하면 그 속에 묻혀 버린다는 것을 알고 고심했다. '의식 전환'은 아주 미약한 효과를 낼 뿐이다. 그런 면에서 어줍잖은 여성 해방적 지식은 자기 분열만 가져온다. '주변성'을 보다 확실히 할 필요가 있다. 여성들 자신이 가진 '주변성'에 보다 확실하게 정체성을 실어야 한다. 이런 생각을 하면서 나는 우리 모임에 있는 남자들을 둘러본다. 이 모임에는 획일주의가 싫어 모인 남자와 여자들이 모여든다. 딱히 '주변성'에 대한 인식을 갖지 못한 경우에는 주변을 돌다가 사라진다. 나는 어느덧 '주변부'라는 단어를 자주 쓰게 되었다.

나는 여전히 중심부에 가까운 '명예 남자'의 자리, 그리고 여전히 많은 특혜를 누리는 내가 선 자리에서 멀어지려고 노력해 보았다. 그러는 가운데 걸레를 하얗게 빠는 재주를 가진 여자들을 보면 주눅이 들었다. 병구완을 잘하고 '뒤치다꺼리'를 잘하는 이들이 아름다워 보이기 시작했다. 아기의 걸음에 맞추어 천천히 걸을 줄 아는 사람이 훌륭해 보였다. 그렇다. '뒤치다꺼리'를 중시하는 사회를 만들어 가야 한다. 죽임의 문명을 바로잡는 '살림의 여성 운동'을 해야 한다. 우리는 '가정 주부'라는 단어 대신 '사회 주부'라는 단어를 소개하면서 여성 운동의 이념을 대폭 수정 / 확장하였다. 우리는 동인지 편집의 글을 통하여 주변부에 있는 이들에게 전혀 다른 장기판을 짜나가자고 말했다.[1] 편집의 의도는 대략 다음과 같은 것이었다.

여성 운동은 기존 사회를 그대로 두면서 그 속에서 '살아 남는 능력'을 기르는 운동이 아니라 '뒤치다꺼리'를 해온 주변부의 시각에서 그 뒤치다꺼리를 가치 있는 것으로 살려 가는 운동이어야 한다. 여성 운동은 단순히 지배 체제에 끼어들려는 운동이 아니다. 그것은 '죽임'의 원리, 도구적 합리성과 무력과, 모든 차이를 철저히 서열화하고 침묵게 하는 지배 원리에 반하여 '살림'의 원리를 살려 내려는 운동이어야 한다. 따라서 여성 운동은 타자를 강제로 복속시켜 온 군사주의와 식민주의와 제국주의에 도전하고, 물질적 축적을 위해서 인간을 도구화하는 자본주의적 지배에 도전한다. '살림'의 공동체를 붕괴시키는 중앙 집권적 국가주의에 도전하며, 인간을 부속품으로 만드는 과학 기술주의에 도전한다. 이런 비인간화의 역사는 한솥밥을 먹으면서 서로를 타자화하고 소유하려 해온 가부장적 지배과 직결되어 있다. 서서히 인간들이 문화적 자생력을 잃고 부유하게 되는 역사의 흐름을 거슬러 가는 것이 여성 운동이 해갈 일이다. 어디에서건 어떤 문제를

1) 또 하나의 문화 편, 1990, 《주부, 그 막힘과 트임》, 도서출판 또 하나의 문화.

또 하나의 문화는 내게 삶을 실현하는
공간이면서, 우리 사회의 삶을 읽어 내는
가장 핵심적인 공간이다.
편집 회의, 어린이 캠프, 가족법 개정을
위한 시위, 환경 문제를 다룬 연극을
공연하는 어린이들, 동인지 출판 기념회,
주부 공부방 사진

또 하나ㄱ

여 성 해

문화적 자생 능력을 기르기 위해
우리는 사회 운동에
참여하지 않을 수 없고
새로운 준거 집단을
만들어 가지 않을 수 없다.
식민지 주민들은 자기 성찰과
자기 사랑을 금지당한 사람들이다.
우리는 지금 바로
그 금기를 깨뜨려 가고 있다.
우리는 지금 우리 자신에게
거울을 들이대고
스스로를 비추어 본다.
외면하고 싶지만 들여다 본다.
그리고 서로에게 기대면서
새롭게 태어난다.
주변의 소리를 살려 내고,
전적으로 다르게 생각하는 법을 배운다.
배우는 방법을 새로 배운다.
타자화된 언어에 길들여진 사람이
자신의 타자화됨을 고발하고
극복해 가는 언어는 어떤 것일까?

통해서건 스스로 서는 삶이 어떤 것인지를 터득하게 되면 이들은 계속해서 다른 모순을 보게 될 것이고, 그것과 저항하게 될 것이다.

이런 책을 내는 과정을 통해 우리는 공식적 담론의 외곽에서 마음껏 토론을 하고 새로운 말을 만들어 내는 것을 주저하지 않게 되었다. 한 동인의 표현대로 "사소한 일에서 거대한 구조를 볼 수 있고, 자신 속에서 모든 여성을 느낄 수 있기 때문이다. 예전 같으면 꼭꼭 묻어 둘 '나의 이야기'를 소위 '공식적인 자리'에서 풀어 놓으면서도 '뻔뻔스런' 얼굴을 하게 된다."[2]

어쩌면 이 모임에서 활발하게 활동하는 동인들이 가진 공통점은 언어적 소외를 견디지 못하는 데 있는지도 모르겠다. 자신이 원하는 방향대로 삶을 살고자 노력하며, 그 삶을, 특히 모순된 경험들을 언어화해야만 살고 있다고 느끼는 그런 류의 사람들이라는 것이다. 적어도 이 모임에는 그런 욕망을 가진 사람들, 침묵을 강요당하는 것을 참지 못하는 사람들이 모여 있었고, 그렇지 않던 사람들도 모임에 참여하면서 그렇게 변한다. '상상력'과 '자율성' 그리고 '반성적인' 성향을 지닌 사람들이 이 모임에 끌리게 되는 것은 바로 말을 중시하는 이 모임의 성격과 관련이 될 것이다.

우리는 우리들이 만들고 있는 이야기가 지배 담론을 흉내내고 있는 것은 아닌지, 그곳에 흡수될 형태의 것은 아닌지 늘 점검한다. 우리가 해온 많은 이야기들이 책으로 나가면 소설이나 텔레비전 드라마의 소재가 되기도 하고 대사로 나오기도 하는데, 이것은 물론 대중 매체의 위력을 아는 우리가 의도했던 바이기도 하다. 그러나 그 말들은 대개가 다른 맥락에서 전혀 다른 뜻으로 사용되곤 했다. 말의 내용만이 아니라 말이 전해지는 그릇 역시 매우 중요하다는 사실을 알게 되면서 우리 안에서 심심잖게 텔레비전 제작에 개입해야 한다는 말이 나오고, 새로운 서사 양식을 개발해야 한다는 말이 나오기 시작했다.

우리의 운동이 일상의 장에서 일어나는 것인 만큼 또한 우리는

---

2) 박혜란, 1993, 《삶의 여성학》, 도서출판 또 하나의 문화, 249-250쪽.

좁은 우리만의 경험 속에 갇히지 않도록 유의해야 했다. 예를 들어 교육 운동을 하게 될 때, 우리는 입시 체제의 비인간성에 대해서만 주로 이야기하게 되는데, 이것은 입시 체제를 바꾸어도 여전히 방황할 많은 청소년들은 중산층인 우리의 시야 '밖'에 있기 때문인 것이다. 일상을 투쟁의 장으로 삼으면서 기존 체제에 매몰되지 않기란 쉽지 않다. 그러나 우리는 '끼어들기'를 하려는 것이 아니며 그러므로 끊임없이 전체 장기판을 바꾸어 가는 '급진적'인 시각을 유지하기 위한 방법들을 생각해 내야 했다.

어렵게나마 목소리를 내게 된 우리와 같은 '주변인'이 아닌, 더욱 주변적인 사람들이 입을 열기 위해서 어떤 전략을 쓸 것인가? 자신의 '현실'을 빼앗긴 사람들이 '현실'을 되찾아 가는 단계는 어떤 것일까? 주변에 있는 이들의 입을 막아온 언설의 틀을 바꾸면서 '보편적 자아'에 매달리지 않는 '자아'를 중심으로 새로운 역사를 써가는 것, 우리는 이런 것에 대해 좀더 알아 가야 한다는 데 동의했다.

좀더 구체적으로 말하면 그 동안 우리는 '여성 해방'을 위해 '여성 언어'를 만들어 가야 한다고 주장해 왔는데, 그때 그 주장을 담은 글은 매우 논리적이고, 단선적이며, 권위적인 것이었다. 우리 중에 몇몇 사람은 실은 다른 누구보다 논리적인 글을 잘 쓸 수 있다. 그러나 우리는 우리가 쓰고 있는 언어가 실제 상황의 복잡성을 단순화해 버리는 강한 목소리임을 알아차리기 시작했으므로 문체를 바꾸기로 하였다. 더 이상 소수의 남여성 지식인들에게나 읽힐 글은 쓰지 말도록 하자. 정작 억압에 '찌든' 이들은 읽어 내지 못하는 형식의 글은 쓰지 말자고들 이야기했다.

우리는 이 주제를 다룬 책을 낼 작업에 들어갔다. 《여자로 말하기, 몸으로 글쓰기》[3]라는 제목으로 나간 그 책의 편집 의도는 다음과 같은 것이었다.

---

3) 또 하나의 문화, 1993, 《여자로 말하기, 몸으로 글쓰기》, 도서출판 또 하나의 문화.

지난 호까지 우리는 여성이 침묵을 강요당해 온 집단이었음을 강조해 왔다. 그러나 사실상 여성들은 공인된 언설에서는 배제되어 왔으나 완전 침묵하지는 않았으며, 여러 영역에서 다양한 형태로 끊임없이 꿈틀거려 왔다. 이번 호에서는 이러한 여성들의 살아 남기 위한 꿈틀거림, 그 생존 전략과 소극적, 적극적 저항들에 초점을 맞추어 보려고 한다. 특히 여성들의 자기 진술이 다양한 생활의 장에서 어떤 양식들로 나타나고 있는지를 알아내고 그들의 생존 전략과 해방을 동시에 담은 진술 양식의 특징을 살펴볼 것이다. 여기서 우리가 알고 있는 지배적 언술의 양식이 아닌 체험을 풀어 내는 다양한 방식 — 대화체나 일상성을 드러내는 일기체, 구술체 등 — 들을 찾아내고 여성 자신들이 자기 체험을 돌아보고 그것에 대해 쓰는 것의 중요성을 알아채는 것이 중요해진다. 이러한 작업을 통해 우리는 그 동안 글쓰기가 왜 그렇게 억압적으로 느껴졌는지, 또 어떠한 글쓰기가 해방적일 수 있을지에 대해서도 이야기할 수 있게 될 것이다. 답답한 마음을 달래 주고, 굳어진 '혀'를 풀어 주는 말, 죽어진 기를 살려 내는 말에 대해 '말'하기 위해 우리는 자신들의 '혀'를 풀어 가는 일부터 시작해 보자.

이런 취지로 우리는 여성들이 살아 남기 위해 해온 '말' 같지 않은 '말'을 찾아 나섰다. 공인된 언술 행위의 범위에서는 제외된, 침묵이라든가 '아픔으로 말하기'라든가 '수다'라든가 하는 것들, 남편이 출근하고 나서 아이들과 시달리면서도 전화에 매달려 한 시간씩 떠들어야 하는 젊은 아내들의 말하기. 그것은 대부분이 생존을 위한 전략에서 나온 '소극적 저항'의 몸짓에 지나지 않을지 모르지만, 역시 상호 의사 소통을 하기 위한 '말'이다. 억압의 상태에서 벗어나려면 해방의 언어만 배우면 된다고 간단하게 생각한 적이 있었다. 그러나 실제로 지배 언어의 눌림 속에 만들어진 그 '말 같지 않은 말'을 알아들을 수 없는 사람이 '해방의 언어'를 만들어갈 수 있다고 생각하는 것은 얼마나 큰 착각인가? 그런 착각은 '해방의 언어'를 외부에서 끌어 오는 '식민지 엘리트'들이나 할 일이다. 이제는 오히려 지배 담론에서 비껴나 있는 그 '횡설 수설'하는 말을 바탕으로 새 말을 만들어 가야 한다. 억압 상황에서 '말 같지 않게'

사용되어 온 '말'을 살려 내지 않고서, '억압'을 줄여 가고 없애 갈 것을 기대하는 것은 너무 무지한 일이라는 것을 우리는 확인했다. 우리는 잃었던 '말'을 찾고 말을 만들어 가야 하는 것이다. 혼자서 그 동안 '말이 아니라고 생각해 온 말'의 형태로 자신이 해왔던 말을, 또는 생각을, 주변성을 공유한 사람들과 함께 나누어 가기 시작해야 하는 것이다.

이런 거창한 꿈을 가지고 책을 기획하였지만 우리는 우리가 의도했던 큰 성과를 거두지는 못했다. 취지는 충분히 알릴 수 있었지만, 우리가 기대한 좋은 필자를 만나지도 못했고, '발굴'해 내지도 못했다. 우리는 이 책을 편집하는 과정에서 이 땅의 여자들은 너무나 억압되어 있다는 것을 다시 한번 절감해야 했다. 공지영의 《무소의 뿔처럼 혼자서 가라》에 나오는 주인공들처럼 아직 말을 할 엄두도 내지 못한 채 폭력 속에 시달리면서 이중 삼중의 억압 속에서 그저 신음 소리만 내고 있었다. 그 책을 편집하는 과정에서 실은 나는 많이 실망했고 기운이 빠졌다. 그러면서 좀더 근본적인 차원을 건드려야 한다는 것을 알게 되었다. '탈식민지 시대'에 대한 논의를 본격적으로 하게 된 것은 이런 과정을 통해서이다.

내가 그 '신음 소리를 내는 여성들'과 계속 함께 있지 않고, '예비 지식인'에게로 시선을 옮긴 것에 대해서 여성 운동을 여전히 열심히 하는 친구들은 섭섭하게 생각한다. 그러나 내가 '식민지적 지식인' 문제로 관심을 돌린 것은 여성 문제를 좀더 근본적인 차원에서 풀고 싶었기 때문이지 그 문제에서 떠나고 있는 것은 결코 아니다. 여성 운동을 하면서 보게 된 '식민지성'은 여성 문제에만 국한된 것이 아니었다. 나는 '침묵을 강요당하는 상태'에서 벗어나고자 발버둥치는 많은 남녀 학생들을 만나고 있었고, 그 수는 최근에 더욱 늘어나고 있다. 여성 해방을 지향하는 여성이나 식민지적 상황에서 벗어나려는 식민지 주민이나 그 상황에서 벗어나기 위한 해결책은 근본적으로 같은 것 아닌가? 잃어버린 일상으로 돌아가서 새로운 자기 진술의 양식을 만들어 가야 하는 것이다. 나는 그 동안 내 정체성을 여학생들과의 관계 속에서 찾으려고 노력하였고, 그래서 남학생들의 불평대로 그들을 '편애'해 왔지만, 여전히 그들과의 관계가 어렵게 느껴질 때가 많았다. 수동적이거나 너무 복잡한 심리를 가진 사람과는 잘 어울리지 못하기 때문일 것인데, 여학생들은 실은 매우 복잡한 상황에 있기 때문에 대부분이 그런 일면을 가지고 있다.

1988년에 《한국의 여성과 남성》이라는 책을 마무리지으면서 나는 가부장제 사회에서 '여성'이라는 주변적 위치가 갖는 변혁 잠재성을 강조한 적이 있다.[4] 구체적으로 그 잠재성을 세 가지 차원으로 나누어서 말하였는데, 첫째는 기존의 중심적 체제를 비판적이고 총체적으로 볼 수 있는 '거리' 상의 이점을 들었고, 두번째는 '중심'에 들기 위해서 어쩔 수 없이 갖게 되는 '공공의 악덕'에 '덜 오염될 가능성'에 관해 이야기했다. 세번째는 억압당한 체험을 바탕으로 다른 종류의 억압에도 민감하게 반응할 가능성을 들었다. 어느 차원에서든 억압을 당한 경험이 있는 사람은 다른 상황에서도 그러한 억압을 잘 읽어 낼 능력을 가지게 된다는 것이다.

십년 전 '여성 해방'에 대한 강의를 처음 할 때 수강생은 대부분 여학생들이었다. 여학생들은 매우 진지했고, '봉건적인' 남학생들이 강의를 따라오지 못해 헛소리를 할 때 모르면 가만 있으라고 야단을 치기도 했다. 십년이 지난 지금 남학생들이 더 '여성학' 강의를 많이 들으며, 교실에서 더 많은 질문을 하고, 실제로 강의 내용을 더 많이 흡수해 가는 느낌이다. 자신이 피해자라는 인식을 하게 되면 사람들은 자신의 손상된 이미지를 벗고 보다 적극적으로 삶을 대하게 되는 것 아닌가? 그렇다면 남학생들보다는 여학생들이 더욱 적극적이 되어야 하는 것이 당연한 일일 텐데 왜 이런 현상이 일어나는가? 내 강의 내용과 방식에 문제가 있는 것인가? 무엇이 문제인가?

자신이 그 동안 주춤거리면서 살 수밖에 없었던 이유를 알게 되면서 해방감을 느끼고, 동시에 자신이 '주변부'에 속해 있다는 것에 자부심을 느끼면서, 한껏 기를 펴나가리라는 나의 예상과는 달리 여전히 주춤거리는 여학생들을 보면서 가슴이 답답해지기 시작

---

4) 조혜정, 1988, 《한국의 여성과 남성》, 문학과 지성사.

했다. '깨달음'이 새로운 관점으로 이어지지도, 새로운 '주체'를 만드는 것으로 연결되지도 못하고 있는 것이다. 여학생들은 자신들의 '주변화'됨을 인정하지 않으려 하거나, 인정하게 된 경우 계속 '피해자'로서의 자기 규정성에서 벗어나지 못하고 있었다. '피해자'로서의 정체성을 '미화'시키기에 바빴지 그러한 피해 상황을 벗어나기 위한 방법을 찾아내는 것 같지 않다. '주변인' 상태에 너무나 적응이 되어버린 것인가? 자신의 '주변성'을 변혁의 잠재성으로 돌려가기 위해서 그러면 어떤 과정이 더 필요한 것인가?

여기서 '중심'과 '주변', 그리고 '중심에 들고자 하는 집착'을 구분해서 생각해 볼 필요가 있겠다. 실제로 중심부의 한가운데 있는 이들은 오히려 자신의 삶을 불안감 없이 있는 그대로 볼 수 있다. 나는 동족 마을 연구를 하면서 양반 가문으로 이름 나 있는 문중의 시제를 관찰할 기회를 가진 적이 있는데, 그때 한 문중원이 종손에게 이렇게 말했다. "요즘 상것들은 자기 애를 안고 이쁘다고 뺨을 부비고 입을 맞추고 하는데 정말 보기 흉하더라"고 말했다. 그러자 그 종손이 웃으며, "나는 상것인 모양일세. 손주만 보면 이뻐서 뺨을 부비고 입을 맞추는데 ……" '자신이 있는 중심'일 때는 현실을 변화시킬 수 있다. 그러나 '자신이 없는 중심'일 때는 모방만 하게 되고 체제 유지적이고자 한다. 그렇다면 '적절하게 힘이 있는' 주변인이 되는 것이 관건이 아닌가? 내가 이 책의 독자로 상정한 대상은 그래서 '적절하게 주변적인' 남자와 여자들이다. 나는 지금 여성으로서의 주변성보다 식민지 지식인으로서의 주변성에서 더욱 전략적인 가능성을 보고 있는지도 모른다.

다시 나의 실험 현장인 〈또 하나의 문화〉로 돌아와 매듭을 지어보자. 외부에서는 이 모임에 대해 모든 것을 다 가진 '혜택 받은 사람'들만 모여 있다고 말하기도 한다. 동인 중에는 어느 누구보다 '혜택을 받지 못하고 산' 사람들도 있다. 그러나 이런 것은 실은 중요한 것이 아니다. 중요한 것은 혜택을 받고 안 받고가 아닐 것이다. 각자 자신이 선 자리에서 삶의 실험을 하면서 충실하게 말을 만들어 가고 있는지, 그럼으로써 새로운 정치적 공간을 만들어 가고 있는지의 문제일 것이다.

이 모임에는 다양한 인생관과 배경을 가진 사람들이 모인 만큼 갈등도 적지 않다. '다름'을 죽이지 않기로 한 만큼 '다름'을 어떻게 소화해 낼 것인가로 계속 고민을 해왔다. 우리는 애초부터 '따로 또 같이'의 원리로 일을 해오고 있지만 획일주의 문화에 길들여진 우리는 종종 마냥 엉긴다. 취지에 동의하여 만난 우리들이지만 남자와 여자 사이, 경제적으로 여유가 있는 사람과 없는 사람 사이, 결혼 제도에 들어간 사람과 그렇지 않은 사람 사이, 봉건적 감성을 가진 사람과 근대적 감성을 가진 사람 사이, 성욕이 강한 사람과 그렇지 않은 사람 사이, 이성을 매우 좋아하는 사람과 동성을 더 좋아하는 사람 사이, 창작하는 이들과 비평가 기질의 사람들 사이, 만딸과 둘째딸 사이의 거리는 여전히 멀다.

한 예를 들어 보자. 자유 분방한 편인 나는 우리 모임이 '모범생 콤플렉스'에서 벗어나지 못하고 있다는 생각을 하고 답답해 할 때가 많다. 좀더 과감하게 주위의 시선을 무시하고 '못된 짓'을 벌여야 할 때도, 온순한 만딸의 선을 넘지 못하고 만다. 그럴 때면 나는 편지를 쓰기도 한다.

맏딸로 태어난 그대들에게

불행한 시대에
맏딸로 태어나
집안의 기둥으로 살았던 그대
근엄한 꼬마 엄마, 정숙한 자매여
그대의 엄함과 숙함에
축복 있으라.

그러나
모범생 그대는
자동 반사 인형처럼
질서를 잡아야 하는 인간
휴강 못하는 충실함에
그릇 채우기에 바쁜 그대 뒤를

가부장의 미소가 따라다닌다.

'질서'에 틈새를 낼
기발한 전략은
정적 속에, 공상 속에서 나온다.
빈 곳에서 온다.
하릴없이 떠다니는 방랑길에서
게릴라 전략이,
시가,
아 많은 것들은 빈둥거리는 사이에 온다.

우리 시대의 음모는
우리를 바쁘게 하는 것
의무감에 시달리는 그대여
우리로 하여금 놀게 하라
그대
'큰자아'이기를
'큰타자'이기를
이제 그만 포기하라. (1991년 4월)

나는 이런 식의 쪽지를 써서라도 내 마음을 전한다. 사실 나는
착실한 맏딸을 매우 사랑한다. 그리고 그 착실함 때문에 일이 잘되
어 간다는 것도 알고 있다. 내가 겁없이 일을 벌이는 것도 그들이
받쳐줄 것이라는 믿음이 있기 때문이다. 그러나 나는 모임이 좀 처
지는 기분이 들면 그들을 탓한다. 식민지적 상황에서는 '중심'에서
멀어질수록 자기 분열의 정도가 덜할 수 있다는 것을 알아 주었으
면 한다면서 그들을 나무라는 것이다. 나는 그들이 좀더 적극적으
로 할 말을 하였으면 한다.

사실 이 모임을 통해 우리가 실험해 온 것은 어떤 내용이 아니라
방식일지 모른다. 우리는 '획일적 통제'와 '권위주의' 없이 일을
해내고자 한다. 우리 주변에 가득한 '형식적 민주주의'와 집단주의
는 너무나 지겹다. 자율성 없이 남에게 복종하는 것과, 자율성을 부

르짖으며 폐쇄적 회로에 빠져 있는 것과, 자율성을 토대로 다양성을 포용하는 것, 이 세 가지는 분명 다르다. 많은 이들에게 아직도 '자율'은 외국에서 들어온 단어에 불과하다.

80년대에는 이 모임 외에도 많은 여성 운동을 하는 모임들이 만들어졌었다. '기층 여성'을 위한 운동이 많았으며 "계급 모순과 성 모순 중 어느 것이 더 기본 모순인가?"라는 질문을 놓고 논쟁을 벌이는 일도 많았다. 나는 '자신이 선 자리'에 대한 충분한 성찰을 하지 않는 운동가들을 신뢰하지 않는다. 특히 자신의 정체성을 자신의 일상과 동떨어진 '외부'에서 찾으려는 운동가나 운동 이론가들을 좋아하지 않는다. 80년대에는 모든 여성 단체들이 모여 회합을 가지곤 했는데, 그런 모임에 갔다오면 나는 무척 침울해지곤 했다. 그때 쓴 시가 있다.

> 앞으로 아이들이 살아갈 세상의 험악함에
> 소스라쳐 놀라 깨어난 아침
> 아이들이 살아갈 밝은 날을
> 준비하자고 여자들이 모였다.
> 지식인이라는 여자들은
> 다 모여들었다.
>
> 이 험악한 사태의 주범은
> 자본주의입니다.
> 아닙니다.
> 분단에서 오는 민족 모순입니다.
> 아닙니다.
> 남녀 유별 / 남존 여비 이데올로기입니다.
> 중구 난방 떠들다가
> 혼란스러우니 의견을 통일합시다.
> 기본 모순을 정합시다.
>
> '헤게모니' 운운하고
> 헤어진 날 밤이면

이름모를 병으로 죽어간 여자들이 보였다.
제 명대로 살지 못한 아이들도 보였다.
울부짖는 바람 되어 떠다니고 있었다.
떼를 지어 몰려오고 있었다. (1991년 7월)

사회 운동이란 역사성을 되찾는 작업이며, 일상성 속에서 개인을 역사와 연결시켜 내는 것이다. 목소리를 통일하기보다 우선 목소리를 살려내야 한다. 그런 면에서 '다름'을 성급하게 없애는 것은 가장 위험한 일이다. 다중적 모순을 다루는 사회 운동이란 그 여러 모순을 다 짜맞추어 넣은 훌륭한 이론을 가져야 가능한 운동이 아니다. 실은 그런 이론이란 있을 수 없다. 다양한 삶의 자리에서 각자가 자신에게 가장 절실한 문제를 풀어 가는 식의 사회 운동을 통해서만이 다중적 모순이 풀리게 된다. 다양성이 존중되지 않는 인간적 사회란 것이 있을 수 있을까? 각자가 가진 자질과 정서와 의사 소통 방식의 특성을 살려 내면서 협력해 가는 것, 정말 안될까? 우리는 남북한 통일을 바라보면서 역시 걱정을 한다. 상대방의 '다름'을 포용해 내기를 이렇게도 싫어하는 지금과 같은 상황에서 통일이 되었다고 할 때 또 얼마나 끔찍한 상황이 벌어질까? 〈또 하나의 문화〉에서는 그런 상황이 올 것이 염려스러워서 올해 '통일된 땅에서 더불어 사는 연습' 모임이 뜬다.

이 모임이 시작된 지 벌써 10년이 되었다. 아직도 주변에는 〈또 하나의 문화〉도 좋지만 더욱 힘들게 살아가는 '대중'을 위한 처방을 내리는 것이 더 시급하다는 말을 하는 이들이 많다. 그럴 때면 나는 대답한다. 그런 대중을 파악해 내고 처방을 내릴 수 있는 사람은 그래야 할 것이라고. 그러나 나는 '보이지 않는' 대중을 위한 처방을 내릴 재주는 없는 사람이라고 ……. 그 '대중'이라는 것이 정말 그렇게 생각처럼 획일적인 집단일 것 같으냐고. 우리들이 가지고 있는 문제를 제대로 풀어 가려면 우리 자신들이 '거대한 덩어리'로 살아 가고 있다는 전제를 깨야 되는 것 아니냐고. 〈또 하나의 문화〉는 이런 전제를 가진 숨막히는 사회에 숨통을 트려고 하는 모임이지 어떻게 사는 것이 우리 모두에게 이상적이고 바람직한 방법인지를 가르치려는 모임은 아니다. 우리는 그래서 전국 조직을 하는 등의 일을 상상해 본 적이 없다. 오히려 그것이 가진 제국주의적 위험성을 경계한다.

이 모임은 애초부터 '국지전'을 하기로 한 모임이었으며, 그런 면에서 식민지 지식인들의 특성인 성급함으로 힘을 뺄 위험은 없었다. 또 우리가 택한 '자리', 곧 '주변'과 '중심'의 변경을 넘나들며 '주변성'을 전략적 지점으로 갖게 된 때문에 생각보다 많은 일을 해나갈 수 있었던 것 같다. 이 모임은, 스스로 즐겁게 살아가는 마당을 가진다는 것이 개인에게, 그리고 사회에 얼마나 중요한지를 보여주는 대안적 문화 운동의 한 모델이 될 수 있을 것이다. 내가 이 괴물 도시 서울에 살면서 지치지 않고 나름대로 기쁨을 느끼고 지내는 것은 바로 이 주변성을 창조의 지점으로 삼고 있는 모임 덕분이고, 실은 이것이 가장 중요한 것 아닌가?

지금까지 나는 여성들이 지닌 주변성에 대해서만 언급을 하였지만, 이제는 '주변적'이었던 남성은 물론 가장 '중심부'에 있다고 여겨 온 남성들도 자신들의 삶을 둘러보면 그러한 지점을 쉽게 발견해 낼 수 있을 것이다. 이 글을 읽으면서 그런 박탈감을 약간이나마 느꼈다면, 그것은 적어도 내가 지배 담론을 넘어서서 그것에 틈새를 내는 데 성공을 했다는 것을 의미할 것인데, 이렇게 '중심'과 '주변'의 자리는 생각보다 쉽게 바뀔 수 있다. 최근 한 프랑스 소설가는 서양에 사는 남성들이 주변부로서 배회하는 모습을 잘 드러내 주고 있다. 그 글을 읽어 보자.[5]

"나는 오랫동안 여성이란 존재는 절대적인 미스테리라고 생각해 왔다. 지금은 …… 남자로서의 내가 그렇다. 나는 여성이 어디에 소용이 되는지 알 것 같다. 하지만 남성은 정확히 어디에 소용이 된단 말인

5) 엘리자베트 바댕테, 1993, 《XY: 남성의 본질에 대하여》, 최석 옮김, 민맥, 25쪽에서 바댕테는 페미니즘이 "조화로운 남녀를 대립시키고 안정된 지표를 흔들었다"는 비난을 받아 왔지만 실은 '벌거숭이 임금님'을 보여주었기에 충격적이었다고 말한다. 남성도 이제 스스로 노력하여 창조의 지점을 발견해 가지 않으면 안되게 되었다. 새롭게 기억을 더듬지 않으면 안되게 되었다.

가? '나는 남자다'라는 것이 도대체 무슨 의미가 있단 말인가?"

얼마 전까지만 해도 여성은 '검은 대륙'이었고 아무도 남성에 관해서는 의문을 제기하지 않았다. 부계 사회가 출현한 이후 남성은 언제나 스스로를 특권을 누려 마땅한 인간으로 정의해 왔다. '남성성'은 너무나 자명한 것으로, 남성은 여성과 대비하여 늘 존귀하고 자연스러운 존재였던 것이다. 그러나 여성들이 하루가 다르게 변화하고 있는 지금, 비추어볼 거울을 잃은 남성들은 검은 대륙처럼 느끼기 시작했다. "남성의 방황은, 백인 문명의 방황과 함께 시작되고 있는 것이다"는 표현이 실감난다.[6]

혁신성의 바탕이 될 기억을 찾아서

그는 다른 사람들이 벽이나 산과 마주치는 곳에서 하나의 길을 본다 …… 어디에서나 길을 보기 때문에 그는 언제나 교차로에 서 있다. 다음 순간이 무엇을 가져다 줄지에 대해 알지 못한다. 현존하는 것을 파편으로 만드는데, 그것은 파편 그 자체를 위해서가 아니라, 그 파편을 통해 이어지는 길을 위해서다.[7]

지식은 경험을 통해 만들어지는 것이다. 이론이라는 것도 자신의 경험을 성찰하는 과정에서 만들어지는 것이다. 물론 여기서 나는 본질주의적 경험주의자로서의 입장을 말하고 있지 않다. 즉흥적인 경험에서는 아무것도 나오지 않는다. 누군가가 임신과 출산의 고통스런 경험은 여자를 성숙시킨다고 말한 적이 있다. 그 말에도 일리는 있다. 그러나 실제로 똑같은 출산의 고통을 겪더라도 원초적인 비명을 지르다가 까무라칠 즈음에 아기를 낳은 사람이 있는가 하면, 산고 속에서 삶의 근원과 만나고 태어날 아기를 위해 한층 성숙

---

6) 앞의 책, 18-25쪽.
7) 발터 벤야민의 '자전적 프로필' 중에서. 1983, 《발터 벤야민의 문예 이론》, 반성완 편역, 민음사.

나의 정서는 많은 부분 두 할머니로부터 이어져 오고 있으며
보수적이 되지 않기 위해서 나는 그들의 혁신성을
더욱 잘 기억해 두려고 한다.

해지는 사람도 있다. 이런 차이는 바로 경험 주체자의 관점과 기억의 차이에서 오는 것이다.[8]

여기서 경험이란 경험 주체자가 가진 시선과 상호 작용하는 가운데 만들어진 성찰적 경험을 뜻한다. 역사란 그러한 자기 성찰적 경험을 쓰는 일이다. 경험 주체자의 적극적 기억 행위, 또는 서사 행위에 의해 새롭게 해석되고 또 경험되는 글쓰기 과정이 곧 역사 쓰기인 것이다. 역사는 곧 기억이며, 그 기억은 주체자에 의해 선택된다. 우리 머리 속에는 항상 어떤 과거의 기억이 잠재되어 있고, 그것은 결정적인 계기를 통해 분출되어 나오면서 우리의 미래를 결정하고, 또 역사를 만들어 간다.

나는 내가 왈가닥인 외할머니를 닮았다고 생각해 왔다. 그런데 자라서 그 할머니를 닮았다고 주장하는 여자들이 우리 집안에 꽤 있다는 것을 알게 되었다. 우리는 서로 다르지만, 자신이 선택한 기억을 이용하여 스스로에게 자유로운 삶의 공간을 마련해 주고 있었다는 점에서 닮아 있었다. 적극적으로 기억하기, 이것은 타자화된 자신을 새롭게 만드는 과정에서 하는 행위이다.

여성 운동을 하면서 나는 나의 '다름'에 대해서 많이 생각을 하게 되었는데, 특히 나의 '거침 없음'이 좀더 많은 사람들과 함께 공감대를 이루어 가는 데 방해가 되고 있다는 사실을 알게 되었다. 나는 이 '여성적'이지 못한, '거침 없는 양성성'이 어디서 오는지 생각해 보았고 그러던 중에 우리 집안에 있었던 두 여자의 '반역적 행위'를 발견하게 되었다. 그리고 우리 집안에서 '변종'들이 많이 나온 것은 바로 그들의 '반역적 행위'와 관계가 깊다는 것도 알게 되었다.

---

8) 이 문제와 관련하여 최근에 나온 좋은 논문으로 Joan W. Scott, 1992, "Experience," *Feminists Theorize The Political* ed. by J. Butler & J.W.Scott, New York: Routledge, pp.22-40; K. McClure, 1992, "The Issue of Foundations: Scientized Politics, Politicized Science, and Feminist Critical Practice," 앞의 책, pp.341-368; Sandra Harding, 1993, "Reinventing Ourselves as Other: More New Agents of History and Knowledge," in *American Feminist Thought at Century's End: A Reader*, ed. by L.S. Kauffman, Oxford: Blackwell, pp.140-164를 볼 것.

아버지쪽 할머니는 엄한 유교 가문 가난한 종손집의 종녀로 자라나 시집을 갔는데, 아이 넷을 낳고 서른이 되기 전에 과부가 되었다. 힘들게 9일장을 치르어 내고 '서방 잡아먹었다'는 시집 눈총을 받으면서 3년상을 차린 후에 기독교로 개종해 버린 분이다. 영리한 할머니는 유교 사회에서 과부로 사는 삶이 어떤지 잘 알고 있었기에 '야수교' 사회로 자리를 옮겨 버린 것이다. 선비 집안에서 태어나 친정 가까이 살면서 기독교를 믿기로 한 것은 당시로 보아 엄청난 반역적 행위임에 틀림이 없다. 하여간 개종한 후 할머니는 혼자 몸으로 재산을 관리하고 읍내에 마음대로 전도도 다니면서 삶의 에너지를 되찾게 되었을 것이다. 할머니는 보수적 친척들이 와서 "이 집은 딸들의 기를 너무 살려 두어서 안되겠다"는 말을 해도 그 편을 들지 않았는데, 아마도 자신이 한 '반역'을 기억하고 있었기 때문이었으리라.

어머니쪽 할머니는 곡물상으로 부호가 된 집에서 태어났는데 딸만 둘 있는 집안의 맏딸이었다. 워낙 성격이 괄괄하고 영리한 분으로 신학문, 구학문 두루 배웠고, 만사에 거침이 없는 여장부 스타일이었다고 한다. 하고 싶은 일이면 마음대로 하던 이 할머니는 결혼하여 계속 아들 셋을 잃었는데, 딸만 있는 집에다가 아들이 자꾸 죽어 간다는 그 사실 자체로 상당한 스트레스를 받았을 것이다. 의협심과 정의감이 대단한 신여성으로 불경과 성경을 '비교 연구'해서 읽고는 당신 성격에 기독교가 맞다면서 기독교로 개종하였다고 한다.(실은 친구의 부탁으로 벽안의 미인인 처녀 선교사를 대접하다가 호기심 많은 할머니가 말려들었다 한다.) 개화한 할머니는 나라가 시급한 상황에 무슨 내외 따위를 하느냐며 전통적인 남녀 내외 규칙을 지키지 않고 강연을 하러 다녔고, 여동생을 의사가 되라고 동경에 유학을 보냈으며, 딸에게는 한 남자를 섬기기보다 나라를 섬기는 것이 낫다면서 독신 의사가 되라고 하였다고 한다. 선교사에게도 "너희들이 이 땅에 와 잘난 척하고 사람들을 사랑하지 않으려면 당장 너희 나라로 가라"고 호통을 칠 정도로 눈치를 보지 않고 사신 분이다.

내가 가진 여자에 대한 이미지는 이 두 할머니로부터 나온 것이

다. 내 기억에는 활달하고 주체적인 여성상은 있어도 손상된 자의
식을 가진 여성의 모습은 별로 없다. 아마도 '선천적으로' 지워버
렸을 것이다. 나의 정서는 많은 부분 이 두 할머니로부터 이어져 오
고 있으며, 보수적이 되지 않기 위해서 나는 그들의 혁신성을 더욱
잘 기억해 두려고 한다.

　내가 이 두 할머니 이야기를 통해 하고자 하는 것은 그들의 '선
각자적 잘남'이 아니라 자신의 '주변적 위치'를 바꾸어 간 결단의
면에서이다. 사회적으로 무시당하는 '과부'라는 범주에 드는 경험
속에서, 또 아들을 낳지 못했다는 조건 속에서 그들은 무언가 '부당
하다'고 느꼈을 것이고, 그들은 그냥 그 자리에 머물면서 박탈감을
계속 느끼기보다는 자신의 그 자리를 새롭게 규정함으로 바꾸어 갈
시도를 했다는 것이다. 그들은 주어진 상황에 그대로 적응하지 않
았으며, '주변의 위치'에서 자신의 삶을 새롭게 만들어 나가고자
했다. 근대사에는 그들과 같은 결단을 한 이들이 많았을 것이고, 바
로 그런 사람들의 결단에 의해 우리 사회는 그 나름대로 근대성을
담아 내게 되었을 것이다.

　나는 내 어머니와 할머니들의 삶을 통해서 자신이 선 자리에서
지혜 / 지식을 만들어 가는 삶을 알아 왔다. 그들의 힘은 그들이
'중심'이어야 한다는 생각을 버린 데서부터 나온다. 나라가 주권을
잃은 상태에서 기독교로 개종한 이들은 기성 체제에 편입되는 것을
의도적으로 거부했고, 기성 문화와 거리를 둠으로써 그것이 행사하
는 보이지 않는 권위를 거부할 수 있었다. 자신의 '주변성'을 피해
의식이나 열등 의식으로 여기지 않았으므로 일제 치하에서도, 당당
할 수 있었고, 남의 모습을 보면서 상대적 박탈감을 느끼거나 선망
과 질투로 괴로와하는 일이 없었다. 그래서 그들은 식민지 시대에
도 식민지성에 물들지 않고 자신의 삶의 주인이 될 수 있었다.

　'주변성'에 대한 자의식은 여러 차원에서부터 시작될 수 있다.
나의 할머니처럼 과부가 되었다거나, 아들을 못 낳는다는 점에서
주변화되었음을 느낄 수 있고, 전통적인 신분제 사회에서는 '상놈'
이라든가, 서자의 자손이라든가, '바닷가 마을'에 살았다는 이유만
으로, 현대 사회에서는 경제적으로 빈곤하다는 이유만으로 수시로

주변화된 존재임을 느끼게 된다. 그런 공식적 범주화가 아니더라도 나는 내 '섬세하고 고지식한' 할아버지가 자신의 그러한 성격 때문에 자신이 '주변적'인 사람이라는 것을 일찍부터 알았을 것이라는 생각을 한다. 어떤 명백한 박탈적 조건이 있어야 주변성에 대한 인식을 갖게 되는 것은 아니라는 것이다. 아주 소수의 '무딘' 사람을 제외하고는 거의 모든 사람들은 삶을 살아가는 도중에 자신이 주변화되었다는 느낌을 가져본 적이 있을 것이다. 중요한 것은 관점 내지 시각이며, 그들이 선택한 준거 집단일 것이다.

나는 어머니로부터 "배운다는 것은 실천을 해야 하는 짐"이라고 배웠지만 그의 삶을 통해 그것이 꼭 짐만이 아니고 기쁨이며 자유로움이라는 것도 알게 되었다. 그에 비해서 '너무나 많이 배운' 아버지는 중심을 포기하지 못했기 때문에 늘 힘들게 삶의 무게를 지고 있다. 아버지는 자신이 가진 중심성을 중시했다. 외아들로서, 남자로서, '양반'으로서, 고향 마을의 유일한 일본 유학생으로서, 또 그 이후의 여러 가지 '화려한' 유학 생활과 경력을 가진 사람으로서, 항상 '중심' 가까이에서 살아온 자신의 모습을 기억하고 싶어 한다. 아버지는 내게 아주 자랑스러운 존재였다. 지금도 나는 곧잘 아버지를 거울 삼아 나를 비춰 보곤 하는데, 나는 요즘 부쩍 그를 통해 '중심'의 시선에 집착하는 것의 문제점을 본다. 그는 자신이 가진 것에 만족해 하지 않는다. 나는 그것이 당신의 완벽주의적 성격과도 관계된다는 것을 알고 있지만 또한 자신이 '중심'이 되어야 한다는 강박 관념에서 오는 것임을 안다. 그는 식민지적 지식인이 보이는 지식과 삶이 따로 노는 전형적인 모습을 내게 종종 보여준다. 서양의 철학자와 사학자와 신학자들의 이론을 섭렵한 아버지이지만 그는 나이 들면서 그 동안 우리들이 나누어온 관계와 경험들을 간단히 무시하며, 우리가 기독교로 개종하여 유교적 가풍을 익히지 못했음을 아쉬워한다. 아버지는 가풍이란 늘 새롭게 만들어지는 것이고, 내게는 아버지 당신이 청년기에 보여준 꿈과 이상이, 그리고 할머니들의 용감한 '행동'이 아주 훌륭한 가풍으로 이어져 오고 있다는 사실을 알아차리지 못한다. 그래서 자녀들인 우리가 실은 당신의 '이상'에 충실하고 있다는 사실도, 내가 이런 글을 쓰게 된 배경에 당신이 크게 긍정적으로 자리하고 있다는 사실도 알려고 하지 않는다.

다시 기억으로 돌아와 보자. 기억이 물론 가족에만 한정되어 있지는 않을 것이다. 책을 많이 읽는 나는 비명 횡사한 여성 지식인들을 다시 기억해 낸다. 나혜석과 전혜린, 그런 여성들 말이다.

고등학교 때 나는 전혜린의 《그리고 아무 말도 하지 않았다》라는 책을 책가방 속에 넣고 다녔다. 우리 소녀들은 모두 그의 '순수'를 향한 열망을 사랑했다. 밥을 먹지 않고 살고 싶어했고, 그가 말하는 '인식' 속에서만 사는 삶을 꿈꾸었다. 그러한 꿈을 꼭 실현하리라 믿었던 나는 대학에 가면서 그를 잊었다. 그 꿈을 실현해 내지 못한 그의 나약함과 타협을 비웃으면서 …….

한참 후 세월이 흘렀고, 전혜린이 다시 찾아왔다. 나는 그가 서른을 갓 넘은 나이에 죽을 수밖에 없었던 것이 단순히 애를 낳고 남자의 뒷바라지를 해야 했던 여자로서의 조건 때문만은 아니라는 것을 알았다. 그가 죽은 것은 그가 감히 식민지 주민이면서, 삶을 이야기하는 '언어'를 가질 꿈을 버리지 않았기 때문이었다. 그는 이렇게 묻고 있었다. "통일 있는 내용을 생활 속에 담고 싶고 그 내용으로 내 전 영혼이 뒤흔들리는 그런 방식 속에 살고 싶다면 과대망상적일까?"[9]

여자지만, 식민지 주민이지만, 감히 언어를 갖고자 했던 전혜린을 여성의 언어에 대해 고민하던 나는 다시 기억해 내기로 했다.

나는 페미니스트가 된 이후, 우리 사회 전반에 걸쳐 일고 있는 중심에 들고자 하는 집착이 가져오는 불행과 악순환을 보게 되었다. 그리고 개인적으로 여자로 태어난 것을 다행스럽게 생각하게 되었다. 억압당하는 여자로서의 자의식은 여성만이 아닌 다른 많은 주변화된 집단을 바라보는 시선에도 변화를 가져온다. 그들이 받는 억압에 대해 민감해지며, 동시에 나 자신이 보수적이 될 가능성이 높은 혜택 받은 계층에 속함으로써 범하게 될 횡포에 대해서도 감시하게 된다.

---

9) 이덕희, 1982, 《그대 이름은 전혜린》, 홍익사, 72쪽.

자기가 자기를 보기 어렵듯이 '중심'에서는 '중심'을 보기 힘들다. 더구나 자신이 가진 '중심'에 매달려서 그것을 놓치지 않으려고 하는 시선에는 새로운 것이 들어올 수 없다. '주변인'으로서의 정체성을 인정하지 않으려 할 때는 자신이 가지고 있지 않는 것만 보인다. 그러나 일단 그 자리를 인정하면 '있는 것'이 보이기 시작한다. 자신의 '가난한' 자리가 시선의 변화에 따라 매우 풍성한 자리가 될 수 있다는 것을 알지 않고는 실은 근본적인 변화를 이루어 낼 수 없다.

자신의 '자리'를 전체 속에서 확인하고 그 자리를 더 이상 '주변'으로만 규정하지 않기로 한 주변인들은 자신의 경험과 시각을 아주 새롭게 재구성하는 일에 단호하게 착수할 수 있게 된다. 그러한 변신은 아래와 같은 상황을 통해 그려볼 수 있다. 항상 '중심부'인 남편이 자신의 생일을 기억해 주는지 잊어버렸는지에 따라 자신의 존재 가치를 가늠하던 여성이 어느날 갑자기 자신의 생일상을 차리게 된다. 이 행위는 자신이 이제 더 이상 남편의 사랑과 관심의 정도에 따라 움직이지 않을 것이며, 바로 자신으로부터 삶을 시작하겠다는 단호한 선언이다.

나는 이 문제를 생각할 때마다 지방에 있는 친구 교수가 한 말을 떠올린다. 지방 대학에 있는 많은 교수들이 언젠가 '서울'로 갈 수 있는 날이 올지도 모른다는 희망 속에서 지낸다고 그는 말했다. 객관적으로 자신이 실력이 있고, 열심히 연구하려는 '야심 있는' 학자일수록 그런 경향이 높다는 것이다. 그러나 시간이 흐르고 자신이 '중심부'로 갈 희망이 없다고 느끼게 되는 날이 오는데, 이때 비로소 그의 눈에 지방에 있는 것들이 — 아마도 학생과 캠퍼스와 지역 정치의 장과 일상적 만남들이 — 보이기 시작한다고 했다. 그 동안 그는 자신이 사는 곳을 보지 않고 살았던 것이며, 그의 시선은 온통 중앙에 가 있었던 것이다. 그는 혹시 중앙에서 일어나고 있는 흥미로운 사건에서 배제되지나 않을까 하는 조바심으로 시간을 허비하기도 하고, 학문적 토론을 할 만한 대상이 없다는 것을 비관하면서 술을 마실지도 모른다. 실제로 지방과 '중앙'의 차이가 그만큼 현격했으며, 이런 중앙 중심주의는 분명히 역사적 산물이라는 점을 인정하지 않으려는 것은 아니다. 그런데 보기에 따라 그 '중심부'에 든다는 것이 실은 그가 생각한 만큼 대단한 것이 아닐 수도 있다. 중심부와 주변부의 관계는 실질적 결핍의 문제이기보다 이미지의 확대 재생산 차원에서 더 심각한 의미를 갖는다. 그가 자신의 주변성을 인정하게 될 때 비로소 자신을 보게 되고 전체를 볼 수 있게 된다.

학문에 관해서는 더욱 그러하다. '주변인'이 되지 않고 어떻게 좋은 연구를 할 수 있단 말인가? 제대로 학문을 하려면 '중심'에서 끊임없이 이탈을 시도해야만 한다. 그래야 세상에 쓸모가 있는 지식을 만들어낼 수 있게 된다.

사회 변동 과정에서 '주변성'이 갖는 의미에 관한 논의는 비단 오늘의 역사에서만이 아니라 모든 변혁의 역사 속에서 강조되어온 부분이다. 시대적 전환기에 들어서면 '주변부'는 항시 문화 창조를 위한 새로운 '거점'으로 떠오르며, 이 사실은 역사를 읽어 본 사람이면 누구나 알고 있는 상식에 속한다. 봉건 사회를 무너뜨린 힘은 상인 계층이라는 '주변부'에서 나왔고, 서구 근대 지성사에서 유태인 지식인이 차지하는 비중은 그들이 자기 사회에서 차지해온 '주변적' 위치와 깊은 관련이 있다. 또한 그람시가 이탈리아의 주변 지역인 사디니언 섬지방 출신으로 일찍부터 '주변성'에 대한 체험이 없었더라면,[10] 푸코가 동성애적 성향을 가진 데서 비롯되는 주변인적 시선이 없었더라면, 자기 사회를 그렇게 통찰력 있게 분석해 낼 수 있었을까? 싸르트르와 데리다와 씩수가 모두 알제리에서 태어났거나 자랐다는 사실이 의미하는 것은 또 무엇인가?[11]

'주변부'를 죽이기보다 살려 두어서 '다양성'을 포용해 나가는 사회가 적응력 있는 사회이다. 하나의 가치 지향과 생활 스타일을 고집하는 집단만을 허용하는 사회는 새로운 상태로 이행해 가는

---

10) Teresa de Lauretis, 1988, "Displacing Hegemonic Discourse: Reflections on Feminist Theory in the 1980's," *Inscription 3/4: Feminism and the Critique of Colonial Discourse*, U.C. Santa Cruz, p.128.

11) Robert Young, 1990, *White Mythology: Writing History and the West*, London: Roultledge, p.1.

'거리'를 그만큼 적게 가지고 있는 셈이며, 따라서 그런 획일적인 사회는 적응력이 큰 사회일 수가 없는 것이다. '다양성을 포용하는' 사회가 '획일성을 복제해 내는' 사회보다 적응력이 있다는 것이며, 이 원리는 장기적 안정을 기대하기 어려운 시대에는 더욱 타당한 원리이다.

지금까지 우리 사회는 사람들로 하여금 자신의 '주변성'을 새로움을 만들어 가는 '거점'으로 삼아 가는 것을 극도로 힘들게 해왔다. 자신의 삶에 존재하는 모순을 외면하고 자신이 가진 미약한 '중심성'에 매달리는 방향으로 사람들을 몰아 왔다. 그래서 '주변화'된다는 것에 대해 자동 반사적으로 거부 반응을 가진 사람들을 길러 내었다. '급진성'을 싹이 채 트기 전에 죽여 버렸다. 탈식민화를 해내려고 하는 마당에서 이제 우리는 '급진성'을 배태해 낼 '주변성'에 대한 새로운 인식을 다져 가야 한다.

이제 각자가 기억하기, 자신의 역사성을 되찾아 보는 일이 남았다. 변혁을 지향하는 역사학에서 '구술사 방법론'에 깊은 관심을 기울여 온 것은 바로 '민중'들의 삶으로 이루어진 역사는 기억 속에서나 살아 있기 때문이다. 나탄 워첼 Nathan Wachtel은 구술사에 대해 다음과 같이 말한다. "그것은 '평범한 사람들' 곧 피지배자들의 세계를 구두 증언을 통해 망각으로부터 구해 내는 작업이다. 불평등은 죽음 후에도 기억 속에 남아 있다. 구술사의 목적 중에 하나는 '아래로부터'의 대항 역사를 쓰는 것이며, 소수 민족, 여자, 노동자들인 '피정복자들'이 기억하고 해석해 온 역사를 재구성하는 것이다."[12]

보편적이고 거대한 '법칙'과 거대 담론에서 벗어나면 우리는 일상성을 보게 되고, 주체적으로 기억을 하게 된다. 《글 읽기와 삶 읽기》 첫번째 책에 그 실험이 담겨 있는 〈문화 이론〉 수업을 끝내면

---

12) 구술사에 관해서는 윤택림, 1993, 〈기억에서 역사로: 구술사의 이론적, 방법론적 쟁점들에 대한 고찰〉, 《한국 문화 인류학》 25집을 참고할 것. 이 인용구는 이 논문에서 재수록한 것임. Nathan, Wachtel, 1990, "Introduction," M. Bourguet, L. Valensi, and N. Wachtel. eds., *Between Memory and History*, New York: Harwood Academic Publishers, pp.1-2.

서 우리는 가족사를 썼다. 그 글 속에는 많은 기억의 파편들이 건져져 있었다. 삶의 지혜를 동시대인과 나누어 가지지도 못하고 세대로 이어 가지도 못할 때 우리는 역사를 잃은 사람들이 되고 만다. 자신의 일상적 체험에서 의미를 만들어 내는 것, 그리고 그 체험을 세대로 이어 가는 것이 얼마나 중요한지를 생각하면서 친구들의 기억 속으로 들어가 보자.

물론 상투적인 글들이 많았다. 우선 조상에 대한 이야기가 많았는데, 그것은 우리가 그 동안 학습받아 온 가족 개념이 가문 중심으로 이루어져 왔기 때문일 것이다. '누구 누구의 몇 대손'으로 서두를 꺼낸 후 네 명의 조부모 역사를 다 이야기하다 보니까 무수한 인물들이 다 등장하고 있었다. 지주와 소작농, 착실한 자작 농민이었던 할아버지 이야기, 장돌뱅이 할아버지에 대한 이야기, 여순 사건에 연루되어 집안이 파탄나 버렸다는 이야기, 자손이 끊길 처지가 되자 절에서 끌어내려져 '씨받이'가 될 수밖에 없었던 할아버지 이야기, 그리고 아들이 귀한 집안에 드디어 나타난 손자에게 '여장부 모녀'의 관심이 퍼부어지는 것을 못참아 하는 손녀의 기억들이 들어 있었다. 흥미로운 것은 '조상'을 생각하는 이들의 글은 대개가 이미 그 조상들로부터 벗어나 있는 점이다. 물려줄 농장이 있다는 한 학생을 제외하고는 가문에 대한 생각들은 이들에겐 이미 별 의미가 없다. 그냥 숙제로 내는 이야깃거리일 뿐이다. 나는 좀더 '살아 있는 기억'을 원했다.

나는 해방 직후 월남한 피난민 가족이 가진 정서를 끌어낸 학생의 글을 읽었다. 그는 아버지가 피난민으로서 겪은 체험을 함께 느끼고 있었고, 그것을 문학적 정서로 표현해 보려 노력하고 있었다. 우리는 가끔 아버지와 어머니의 푸념을 듣는다. 그러나 푸념을 기억하고 싶어하는 이들은 드물다. 다행인지 불행인지 그러한 푸념이 기억 속에 각인된 사람들은 '문학적'인 사람이 된다. 소설가 오정희, 김원일, 임철우, 심상대 등의 작품에서 우리는 그런 기억들을 읽어 내게 되는 것이다.

'기억하고 싶어하지 않은' 이들의 글도 적지 않았다. 세대간에 경험이 얽힌 경우 자기 이야기를 "하고 싶어하면서 하고 싶어하지 않으며," 세대간의 경험이 끊어지는 근대성 가족으로 오면 이어질 이야기가 없어진다. 몇 편을 읽어 보자.

1) 아직도 나는 가족사를 객관적으로 쓸 수 없을 것 같다는 생각이 든다. 현재 나의 생활이 악화되면서 집은 부담으로만 다가오고 있다. 나를 얽어 매는 것으로부터 탈출하고픈 생각이 간절하다. 가족에 대해 전혀 무지 상태였다가 관심을 가지게 된 것은 대학교 3학년 올라오면서 군대를 가기 위한 서류를 준비하면서였다 …… 우리집은 농사를 때려치고 올라온 이농민이다. 양친 두 분이 서울 와서 남기신 건 이제 중산층으로 도약할 자녀 세 명과 집 한 채이다 …… (사회학과 3)

2) 자기의 탄생 과정이나 한 집안의 내력, 나아가 나라의 역사는 각 주체가 어느 정도 안정되어 외부에 그 모습을 자랑스럽게 밝히고 싶을 때 쓰게 된다. 이런 면에서 나는 자랑할 것이 거의 없다. 사실 그 자체에 충실하며 기억을 떠올리려 해도 이제까지 자라오면서 의식적으로 잊으려고 했으며, 조부 시대의 이야기는 일부러 들으려고 하지 않았다.

3) 국민학교 시절, 새학년이 시작되면 어떤 이유에선지 가족에 대해 알아보는 시간을 갖게 된다. 우선 눈을 감고 교사가 "텔레비전 있는 집?" "세탁기 있는 집?" 하면 조용히 손을 든다. 마지막 질문이 부모의 생존과 형제에 관한 것이다. 이런 가족에 대한 조사가 있은 날이면 으레 주요 화제가 집안 이야기로 맞춰진다. 형제가 다섯이라는 것과 부모의 연령이 많다는 특이함에 친구들의 주목을 받음에도 불구하고, 나는 아기자기하고 재미있게 들어줄 만한 이야기를 알지 못했다 …… 가족 드라마, 부부를 중심으로 진행되는 풋풋한 사랑 이야기를 담은 외화, 지울 수 없는 혈육의 정, 전부는 아니지만 대학에 들어와 나름대로 의식적으로 깨뜨리고자 한 신화이다 …… 가장이 정신적 부문에 기둥이 되어주지 못하고 자식이 부모를 동정하여 '노인네'라고 부르는 가족, 이 속에서도 앞뒤를 잘 엮으면 기막힌 홈 드라마의 소재가 나올 수 있으리라 …… 가장 중요하게 가족으로부터 느끼는 것은 억압의 모습이다. 별다른 요구를 하지 않음에도 불구하고 우리나라 대

부분의 가정에 통용되는 암묵적 강요. 대충 졸업하고 보다 좋은 직장에 참한 색시 찾아 잘살아라. 이러한 암묵적 강요 기재의 역할에 익숙지 못한 사람이 새식구들이다. "도련님, 우리집 국가 공무원이 둘이예요. 처신 잘하세요." ― 큰 형수의 전화. "데모 해도 몸조심하세요, 그것도 잘하면 나중에 정치가 된다면서요, 하긴 도련님은 똑똑하니까 ……" ― 작은 형수. 차라리 쉬운 문제다. 상대가 먼저 대응해 오면 곧바로 치고 들어갈 수 있기에. 그러나 기존의 가족은 아무 말이 없다.

나 역시 대학교 때 가족에 대해 그리 많은 사실을 알지 못했을지 모른다. 그 나이에 가족에 대해 많은 것을 아는 것이 이상한 일일 수도 있다. 그러나 의식적으로 기억하고 싶어하지 않는 기재는 왜 작용하는가? 식민지적 근대화 과정에서 고향을 떠난 이농 세대의 부모들은 억척 같은 생존력으로 '중심'에 들 가능성이 있는 자식들에게 매달려 왔다. 그들에게 '기억' 따위를 할 여유는 없었을 것이다. 그것을 일찍이 땅에 파묻어 버릴수록 급변하는 세태에 적응하기가 쉬웠을지 모른다. 이농 다음 세대는 전문 자격증과 때를 놓치지 않고 하는 승진, 그리고 50평짜리 아파트를 마련하기 위해, '중산층'에 소속되기 위해 열심히 뛰었다. 물론 그들은 부모들에게 삶이 어떤 것이었냐고 물은 적이 없다.

이런 상황에서 자신의 존재의 깊이를 느끼게 하고 그래서 자신의 삶을 소중하게 다루어야 한다는 것을 알게 하는, 그런 기억들은 끊기고 '중심'에 들고자 하는 벌거벗은 욕심만이 잡초처럼 왕성한 번식력으로 우리 삶을 지배해 왔다. 아직도 우리는 자식 교육에 열을 올리는 여성들에게서 그 '욕심의 얼굴'을 그대로 읽어 낼 수 있다. 대학교에만 가면 다 '중심'에 들 수 있다. 이전의 모든 것을 잊어버리고 중심에 편입해 들어가자. 그러나 다행히 나는 학생들의 글 속에서 혁신성을 이루어 낼 근거를 또한 읽어 낸다.

4) 70년대 우리 부모님이 동생은 업고 나와 형의 손을 잡고 서울로 올라오신 것이 본격적인 가족사가 될 것이다. 그때를 회상하시며 어머니는 "산동네 계단을 오르던 것이 왜 그리 힘들던지" 하면서 말끝을 흐리신다. 우리 가족의 서울 생활은 자신의 미래에 사활을 건 고난

의 우리나라 현대사와 같다. 정치적인 변동에도 삶의 희망을 저버리지 않고 참아 내는 삶이었다. 나의 '민중'이란 단어에 대한 애정은 이러한 나의 어릴 적 기억에 있다. 억압받은 민중들의 삶의 흔적과 새 시대에 대한 그들의 외침을 찾고자 하여 근대 초기 민중 개벽 사상에 대해 알고자 한다. 언제부터인가 동학 혁명이 일어났던 장소와 시간이 고향의 추억처럼 느껴진다. 이것은 역사의, 생명의 근원을 찾고자 하는 나의 갈망이라 하겠다. (심리학과 4)

5) 누나는 체력장 시험이 있는 전날 밤 자신의 체육복 앞뒤에다가 번호를 열심히 바느질했다. 형이 대학 2학년에 올라가는 어려운 때여서 고등학교에 진학하지 못할 것을 알면서. 그리고는 그 다음날 학교에 다녀와서는 한참을 엎드려 울었다. 그렇게 3학년을 마치고 누나는 집에 들어오지 않았고, 누나가 돌아온 것은 6개월이 지난 후였다 …… 내 동생은 거의 나 때문에 대학엘 진학하지 못했다. 그래서 항상 미안하고 그 녀석과 이야기할 때면 울음이 먼저 나온다 …… 나는 여자 아이들 편이 되는 일이 많았다. 나는 삶에 절망하고 아픈 기억들로 인해 삶을 바라보는 시각의 경직성을 어느 정도 경계할 수 있게 된 것도 같다. 나는 이것을 '이 세상의 누이들에게로' 나아가는 방법이라 생각한다.

6) 대학에 들어와 처음 접하고 또 가장 생소했던 용어가 '민중'이라는 것이었다. 그것이 구체적으로 어떤 계급을 지칭하는지 논란이 많지만 아무튼 내게는 그저 추상적 개념으로 헐벗고 착취당하는 사회 경제적 소외 계층을 뜻하는 것, 그 이상도 그 이하도 아니었다. 해서 나름대로 사회의 구조적 모순, 역사적으로 반동적인 행태들에 대한 저항의 한 인자로서 스스로를 규정했고, 그 자기 규정의 기저에는 적어도 나는 민중을 '위한' ― 곧, 나는 민중과는 종류가 다른 존재라는 ― 희생적인 양심의 한 표상으로 스스로의 위상을 설정했었다. 그러나 차츰 시간의 흐름에 따라 일상 속에 한꺼풀 덮씌워진 내 부모네의 개인사, 그리고 그로부터 뿌리 지워진 우리 형제들의 근원을 알게 되면서 나는 그 '민중' 이상도 이하도 아닌, 바로 이 땅의 역사 속에서 그 파란 곡절을 하나도 빠짐없이 겪어 내야 했던 부모네들로부터 생겨난 범상한 씨알이라는 것을 알게 되었다.

7) 우선 우리 식구는 내가 국민학교 5학년이 될 때까지 외가에서 살았다. 그래선지 나는 '가족'이라고 하면 친가보다는 외가 쪽을 떠올린다. 그러니 이제부터 내가 할머니, 할아버지라 쓰면, 외할머니, 외할아버지를 가리키는 것임을 기억해 주기 바란다. 할머니께서는 아들을 셋이나 낳으셨지만 다 일찍 잃으시고 나의 어머니를 20세에 낳으셨다. 그 후로 아들 하나, 그리고 딸 둘을 낳았다. 어머니는 어렵게 사는 부모의 모습을 보면서 자라서 그런지 공부를 열심히 했고 전교 일등을 놓쳐 본 일이 없었다고 한다. 중학교도 전국의 수재들이 모이는 학교에 입학을 했다. 여고 3학년이 되자 할아버지께서는 계집애가 고등학교까지 나왔으면 족하다고 하고, 할머니께서는 공부를 잘하니 무슨 짓을 해서라도 대학은 보내야 한다고 싸웠다. 할아버지의 반대에도 불구하고 어머니는 할머니의 적극적인 후원으로 대학에 진학할 수 있었다. 이즈음 하나뿐인 아들이 장염으로 죽고 이때부터 어머니는 대학까지 다닌 큰딸로서 기대를 받게 된다. 어머니는 아들 노릇까지 할 남편을 원했기에 27세가 되어서 가족이 별로 없는 사람과 결혼을 한다. 어머니는 약국을 하시고 아버지는 중동에 가서 재산을 늘리며 지금까지 왔다. 내가 우리 가족사에서 주목하는 것은 외삼촌의 죽음을 계기로 두 모녀가 가져야 했던 '한'이다. 어머니는 스스로 아들 역할을 하려 했고 결혼에서도 그 역할을 대신할 사람을 찾으려 했다. 그러나 친할아버지의 존재로 인해, 그리고 우리 문화의 특성 때문에, 아니면 정을 줄줄 모르고 자란 아버지의 무뚝뚝함 때문이었는지, 어머니의 바람은 좌절되었고 아직도 충분히 효도를 못했다고 생각하신다. 어머니 역시 딸을 셋을 낳고 드디어 아들을 낳게 되었는데, 나는 어려서부터 우리집이 별것도 아닌 쬐그만 녀석을 위주로 돌아간다고 느꼈다. 어머니는 "딸들은 소용없다. 아들이 최고다"는 자조적인 말씀을 자주 하셨다. 그런 말은 어릴 때부터 나에게 위기 의식과 가부장적 권위에 대한 반항 의식으로 자리잡았다. 유치하게도 이런 반항은 어머니가 안 계실 때 남동생에게 설거지를 시킨다거나 밥을 안 차려 주는 식으로 표현되곤 했다. 하지만 대학에 들어오면서 나는 할머니와 어머니의 삶의 무게를 느끼게 되었다. 그리고 어머니를 이해할 수 있게 되었다. 하지만 그 이해가 어머니의 생각을 내 것으로 받아들인다는 말은 아니다. 왜곡된 역사의 의미를 알기 때문이다. 알기에, 나는 어머니의 한을 물려받지 않을 것이다. 이제 나는 어머니 앞에 좀더 대담해

진다. 어머니 앞에서 남동생에게 소리친다. "오늘 저녁 설거지는 네 차례야!" 이것이 나의 역사를, 딸의 새로운 역사는 여는 첫번째 외침 이다.

우리 교실에는 이러한 근대사의 빈곤과 급격한 도시화와 봉건 적 가부장제에 대한 기억을 통해 자신의 '민중성'을 찾아내는 학생 들만 있는 것은 아니었다. 자기 통제가 강한 근대적 가부장 아래서 자라는 새로운 유형의 억압을 기억해 내는 학생들도 없지 않았다. 대개가 2대째 도시에 살아온 전문직 종사자의 자녀들이다. 이들은 봉건적이고 욕심 많은 이농 일세대 조부모와, 그들에 의해 휘둘려 서 '출세한' 도시적 부모 밑에서, 바로 그들이 열심히 일해서 마련 한 50평짜리 아파트에서 안락하게 자라고 있는 '자본주의'의 아이 들이다. 그들에게 조부모의 이야기는 실은 별 의미가 없다. 그들은 경험의 가치가 이미 타락할 대로 타락한 본격적인 자본주의 사회에 살고 있기 때문이다. 게다가 이들은 언제든지 혼자 숨어들 공간들 을 가지고 있다. 독백을 들어 보자.

8) 나 스스로 여러 종류의 책을 읽고 나만의 의식 세계에 탐닉해 있 었다. 독서를 통해 나만의 세계는 어느 정도 틀이 잡혀 있었으며, 나 는 거기서 머무르기를 좋아했다. 나는 친구들과 그다지 깊은 관계를 갖지 못하였다. 때때로 내 의식 속에만 가지고 있던 생각들을 이야기 하려 하는 순간, 나 스스로 그러한 행위가 내 의식 세계의 순수함을 말살시키는 듯이 느껴져 거부하곤 했다. 이때부터 내겐 결벽증의 싹 이 트고 있었다.

나는 이 글에서 헤세의 독백을 듣는다. 이들은 아직 수적으로는 그리 많지 않으나 급격하게 형성되고 있는 고독한 '신세대'들이며, 곧 '분위기 있는' 신세대의 하나의 전형으로 자리잡아 갈 것이다. 이들은 사람들과 어울려 다니는 것보다 홀로 있기를 즐기며, 기성 세대를 위해 행동이나 웃음을 꾸미고 싶어하지 않는다. 오래된 내 밀한 친구를 가지며, 조그만 억압도 예민하게 감지한다. 이런 학생 은 내 수업 방식에 대해서도 고문당하는 느낌을 가진다. "내가 수업이 진행되는 동안 느낀 것은 선생님께서 수업을 진행하시는 방식이나 내용이 매우 개방적이고 진보적이며 자유로운 것임에도 불구하고, 그 이면에 은폐된 권력을 가지고 있다는 느낌이었다. 그것은 드러내 놓고, 자신의 생각을 강요하는 다른 선생님들보다도 훨씬 더 무서운 역량을 가지고 있는 것이라고 생각되었고, 그래서 수업 중반부터는 굉장한 저항감이 들었다."

나는 이런 학생에게서 카프카의 《성》에 나오는 K를, 영화 〈버디〉에 나오는 새가 되고 싶어하는 주인공을 본다. 그는 빈곤이나 봉건적 억압을 직접 경험하지 않았지만, '부담'으로 다가오는 '과거'라든가 '조직'에서 오는 억압을 느끼고 있다. 대중 매체 속에 살아온 그는 일하는 권리만이 아니라 욕망까지도 관리하려는 거대한 사회의 압력을 머리로가 아니고 몸으로 느끼고 있다. 그런 느낌 속에서 자구책으로 찾아낸 것이 자기만이라도 안전하게 쉴 수 있는 '밀실'이다. 이들은 공동체, 또는 개인들이 만나서 만들어 내는 '간주관성'의 세계를 더 이상 신뢰하지 않는다. 그들은 주관주의에 빠져들고 있다. 자기 혼자만의 '밀실'에서 자기가 만들어 낸 기억을 쓰다듬으며 컴퓨터를 두드리며, 외톨이로, 파편으로 지내는 것에 급속하게 익숙해져 가고 있다.

다행히 그는 '억압적인' 근대적 가부장, 강인하고 이성적이며 냉정한, '전문인으로 성공한' 아버지와 그런 남편을 만나 자기 성격을 다 죽이고 사는 어머니의 '눌림'을 읽어 내는 예민함을 가지고 있다. 나는 그의 이런 관찰에서 애써 의미를 붙여 본다. 그가 쓴 글을 잠시 보자.

"엄마를 비롯한 이모 세 분은 모두 성격이 자유 분방하고 괄괄하시다. 특히 둘째 이모와 셋째 이모는 남편마저 조용한 사람을 만나 그 성격이 더욱 그리된 듯하다. 그러나 첫째 이모와 막내인 엄마의 경우, 남편을 너무나 억압적인 사람을 만나서 그 성격이 다 죽은 듯하다 …… 아빠는 완벽주의자이고 지나칠 만큼 행동과 생활에 빈틈이 없다. 아빠는 엄마의 자유 분방함을 좋아하지 않아서 3년을 노력한 끝에 원하시는 대로 엄마를 '길들였다'고 말하신다 …… 엄마는 아빠의 그러한 성격에 눌려, 매우 '순종적인' 아내가 되었다고 한다. 그런 순종에서 야기되는 불만이나 고통은 엄마에게 있어 하느님이라는 존재와 교회 봉사로 해결되었다."

'엄마의 문제'는 해결이 되었을까? 이 글을 보면서 '엄마의 문제'를 단순히 성격이 다른 부부의 적응 문제라고 이해하고 싶어하는 이들이 있을 것이다. 그런 차원의 문제이기도 하다. 그러나 여기에는 여자가 갖는 경제적 종속의 문제와 다른 가부장적 조건이 작용하고 있다. 나는 이 글을 쓴, 주관주의적인 성향으로 흐르고 있는 학생이 이제 자신의 어머니가 체험해 온 '눌림'에 대한 성찰을 본격적으로 하기 시작했으면 한다. 어머니의 숨죽임을 읽어 내는 경험을 새로운 시선을 갖게 되는 계기로 삼았으면 한다는 것이다. 새로운 시선을 가지게 될 때 그는 자신을 밀실로 몰아넣는, 거대하고 다차원적인 억압 체제를 보기 시작하고, 자신이 선 자리에서 '주변성'을 읽어 내면서 전체 역사를 새로 보게 될 것이다. 이 말은 그에게 또 다른 고문으로 다가가겠지만, '간주관성'에 대한 신뢰를 포기하지 않은 나는 이 말을 해야겠다. 자신의 소외감, 그리고 자신이 목격한 '주변인이 당하는 억압'에 대한 기억을 배반하지 않는 것이 바로 탈식민화를 해가는 길이며 우리를 찾는 방법이라고 말하고 싶다. 자신으로 인해 슬픔을 가져야 했던 사람이 있었음을 잊지 않는 이들에게 우리는 기대를 건다. 자신의 경험을 배반하지 않은 그들 / 우리로부터 '앎'은 시작된다.

거울 속에서 자신의 타자화된 모습을 찾아낸 이들은
이제 '기억'을 해내려 한다.

소외된 노동을 하는 자로서,
어머니의 소외를 바라보고 자란 아들로서,
섬세한 감성을 가진 남자로서,
사회가 인정하려 들지 않는 천재성과 감수성을 지닌 이로서,
외모와 어울리지 않는 성격을 가진 사람으로서,
소외된 지역의 주민으로서,

대학을 다니지 못한 사람으로서,
오랜 시간 강사 생활을 견뎌온 예비 교수들로서,
자기 표현을 억압당하고 있는 젊은이로서,
두어 개의 언어를 사용하도록 강요당해온,
그러나 어느 하나 완벽하게 구사하지 못하는 식민지 지식인으로서,
그 외 다른 많은 이유로
"내가 누구인가?" 하는 질문을
언뜻언뜻 묻지 않을 수 없는 사람으로서,
기억을 더듬어 '주변인'으로서의 경험을 찾아낸다.
그래서 추상적으로가 아니라 구체적으로
'주변인으로서의 시선'으로 사회를 보는 훈련을 해간다.
'부정을 통한 정체성'이 아니라
'긍정을 통한 정체성'을 통해
삶을 만들어 간다. ■

6장 문화적 자생력 기르기

― 글쓰기에 대하여

"무엇을 썼는가?" 하는 질문 못지 않게 중요한 것은
"누가 썼는가?" 하는 질문이다.
"누가 썼는가?" 하는 질문 못지 않게 중요한 것은
"누가 듣는가?" 하는 질문이다.*

* 이 말은 스피박의 글에서 따온 것이다.
스피박이 쓴 원문은 다음과 같다.
For me, the question 'Who should speak?' is less crucial than
'who will listen?'. 'I will speak for myself as a third
world person' is an important position for political
mobilization today. But the real demand is that,
when I speak from that position,
I should be listened to seriously.
Spivak, 1990, *The Post Colonial Critic*,
ed. by S. Harasyn, New York: Routledge, pp.59 -60.

긴 여름 방학이 끝나 가는 어느 날, 캠퍼스를 들어서고 있었다. 도서관 앞에 전에 없던 웬 하얀 물체가 눈에 들어왔다. 그것은 매우 거대한 것이었고, 주위 풍경과 전혀 조화를 이루지 않고 있었다. 그것이 한 손가락을 치켜든 손이라는 것을 알게 된 순간, 어떤 영상이 내 머리 속을 스쳐 지나갔고, 나는 내심 놀라왔다. "아니, 학생들이 어느새 이렇게 급회전을 하였나? 이렇게 급진적인 방식으로 발언을 하게 되었다니!" 내심 긴장하면서 가까이 가보니 치켜든 손가락이 셋째 손가락이 아니고 둘째 손가락이었다. 그리고 그 조각 밑에는 '조국은 하나!'라는 말이 써 있었다.

주변 환경과 상당한 부조화를 이루며 "엿 먹으라!"고 말하고 있는 물체라고 생각한 내 자신의 '착각'에 조소를 금치 못하면서, 학생들은 대체 그것을 어떻게 보았을지가 궁금해졌다. 나는 만나는 학생들에게 우리 앞에 우뚝 마주 서 있는, 그 새 '물체'에 대한 의견을 물어 보았는데, 대다수는 그것에 별로 주의를 기울이지 않고 있었다. "아니, 이럴 수가! 그러한 부조화를 곁에 두고도 아무런 생각도 않고 지낸단 말인가?" 결국 나는 이 주제를 수업 시간에 끌어내어 토론을 했다. 그래서 수업 첫시간에 그 조각물에 대한 이야기를 들었다.

나는 학생들을 통해 이 조각은 (1993년) 8월 중에 연세대 교정에서 있었던, 통일을 향한 범민족 대회 행사 과정에서 민중 미술 연합에 소속된 미대 학생들에 의해 만들어진 것이며, 걸개 그림만 그리다가 이런 조각을 세운 것은 나름대로 참신한 시도라는 말을 전해 들었다. 정문 앞 바닥 그림도 그때 그려졌다고 한다. 학교 측은 범민족 대회 행사를 인정하려 하지 않았지만 그들을 저지할 힘도 없

었으므로 행사는 예정대로 치르어졌고, 그 행사의 상징물이 지금 그냥 그대로 남아 있다는 것이다. 손가락을 그리게 된 것은, 조소과에 입학하면 손가락을 본뜨는 연습을 많이 하기 때문에 공동 작업하기에 쉬운 그것을 하게 된 것 같다는 조소과 학생의 말도 그런 조각을 하게 된 것을 이해하는 데 도움이 된다.

조각을 본 반응은 다양했지만 대체로 세 가지로 나누어졌다. 첫번째 범주로 별 반응이 없는, 무관심한 학생들이 있었고 두번째는 학생회 활동에 무조건적 동의 또는 동정을 보내는 학생들이 있었다. 세번째는 그 조각에 대해서 상당한 거부감을 가진 학생들이었다.

우선 거대한 조각이 자신들의 일상적 공간, 공공적 공간을 가로막고 있어도 무심히 지나가는 '무신경한' 학생들을 생각해 보자. 그들은 각기 다른 이유에서일지 모르지만 한마디로 주변 일에 관심이 없었다. 그들은 직접적으로 자기에게 피해를 주지 않으니 신경쓸 일이 아니라고 했는데, 이것은 많은 이들이 대학 공간을 자신의 공간으로 인지하고 있지 않거나 시각적인 것이 '폭력'이 될 수 있다는 생각을, 또는 느낌을 가지고 있지 않다는 사실을 시사한다. 어떤 면에서는 감수성이 없어져 버렸다고도 할 수 있을 것인데, 치열한 입시 전쟁을 치르었건, 혹독한 학생 운동을 체험하였건, 절망적인 연애를 하였건, 앞으로 올 치열한 취업 생존 경쟁을 대비하고 있건 간에, 이들은 공통적으로 주변을 느낄 여유가 없는 것이다. 그래서 '직접적'으로 피해를 주지 않는 한 신경을 끄고 살기로 한 모양이다.

두번째로 학생회가 하는 일이면 무조건 동정적이 되는 이들의 말

을 들어보자. 이들은 "학생 운동이 여론에서 너무나 밀리고 있던 차에 그런 거대한 조각을 보니 기분이 좋아졌다"든가 "교내에서 기념 촬영을 할 만한 곳은 그곳밖에 없다는 생각을 했다." "조국은 하나! 라는 메시지를 주는 그 조각을 보면서 무신경한 사람은 도대체 어떻게 된 사람들인가? 학생회는 아주 선명하게 우리가 잊어서는 안되는 점을 그 조각을 통해 말해 주고 있다"고 말했다. 이들은 이 조각이 거대하고 위압적인 것에 힘을 얻는 듯했다. 또한 범민족 대회 중에 도서관 앞에서 작업을 하던 모습을 지켜본 학생들은 이 조각을 긍정적으로 평가하는 경우가 많았다. "나는 몹시 게으른데 여럿이 모여 열심히 일하는 모습이 좋아 보이더라" "무엇을 만드는가 궁금했는데, 저런 거대한 모습을 보니 재미있었다"는 반응도 있었다. 하여간 열기가 있다는 것은 여전히 희망적이다.

세번째 부류의 학생들은 이들과는 좀 다른 감성으로 조각을 대하고 있었다. "황당하다" "섬뜩하다" "식상하다" "위압적이고 무섭다고 생각했다. 밤에 보면 되게 무섭겠다고 생각했다" "어울리지 않는다"는 인상적 표현이 있었고, 내가 생각했던 것처럼, 손가락이 세번째 손가락이거나, 아니면 차라리 엄지 손가락을 세우는 것이 어울렸을 것이라고 말하는 학생도 있었다. 조각에 대한 구체적 감상에 있어서는 예술적 형상화에 대한 말이 많이 나왔다.

"예술로 말하고자 했을 때는 좀더 구상을 하고 표현해 냈어야 한다고 생각한다. 손가락 하나를 치켜세우고 '조국은 하나!'라고 한 것은 아무리 생각해도 너무 단순한 형상화이다. 통일을 오히려 회화한 것처럼 느껴졌다."

"오히려 제목을 그렇게 정면으로 붙이지 않았으면 학생들이 무엇일까 궁금해 하고 그러다 보면 '통일' 이야기도 자연스럽게 나왔을 텐데, 저렇게 규정해 버리니까 역효과만 난다."

"스티로폴이 부피는 크면서 공허한 것처럼, 속이 비어 보이고 안타까운 느낌이었다. 내실보다 껍데기에 치중하는 모습을 보는 것 같다. 차라리 이것이 교문 앞에 있거나 신촌 거리 어디에 놓였더라면 이렇게 거부감을 일으키지는 않았을 텐데, 교내 중앙에 세워져 있으니까 식상하고 거부감이 난다. 자리를 옮겨 놓았으면 좋겠다."

"나는 그 허옇고 거대한 손을 보고 그냥 지나쳤다. 왜 그랬을까? 그 손은, 또 손보다 더 크게 느껴지는 손가락은 내게 무언가 느끼기를 강요하고 있었다. '조국은 하나'라는 글자가 없었더라면, 혹시 '생각'을 해봤을지도 모른다. 그 글자만 봐도 긴장감이 느껴지고, 내 입을 통해 '조국'이니 '국가'니 '민족'이니 하는 단어들이 가끔 나올 때 스스로에게 '위선자'라고 외친다. 가끔은 '조국'에 대해 진지하게 고민해 본 적이 없었던 것에 대해 죄책감을 느낀다. 그러나 느껴지지 않는 것을 억지로 느낀다는 것만큼 어리석은 일도 없다는 생각이다."

이 학생들의 의견은 학생회 활동과 자연스럽게 연결되고 있었다. "학생 운동이 권위적이고 방법론에서 큰 문제가 있다. 그러나 여론에서 너무 밀리기 때문에 동정심이 간다. 안타깝다." "학생 회비로 큰 돈을 들여 저런 것을 세우면서 학우들과 의논도 없이 만든 것이 마음에 안든다." "또 하나의 쓰레기를 만들었구나 생각했다. 학교 당국이나 학생회나 기념비 만드는 것이나 좋아하고 한심하다." "나는 그것을 보면서 내년 총학생회장 선거에는 기호 3번이 되어야 한다는 생각을 했다. 그 세번째 정당은 학생 조합을 만들겠다는 공약을 들고 나오는 '지친 자들의 정당'일 거라는 생각을 해본다"는 식의 반응들이 이어졌다.

많은 학생들이 이렇게 다양한 느낌과 생각을 가지고 있었다. 그런데 이들은 말을 꺼내 놓을 자리를 만들기 전까지는 왜 그렇게 침묵을 지키고 있는 걸까? 학생들의 이야기는 자연스럽게 무관심을 조장하는 사회에 관한 이야기로 나아가고 있었다. 자신이 가진 '무관심,' '무심함,' '무심함,' '귀찮다는 느낌,' '무기력증'에 대한 이야기가 이어졌다. 무한한 참을성, 관대함인지 이해심인지 모를 그 무엇이 우리들을 침묵하게 해온 것이다.

예술적 상징물은 대중을 압도하기 위해서가 아니라 무엇인가를 말하기 위해서 있다. 우리의 일상적 공간에 불쑥 찾아든 물체에 대해서 왜 느끼고 생각하고 또 토론하지 않는가? 특히 그것이 침입자로서 자신들의 감수성을 거슬렀다면 더욱 토론을 해야 하지 않는가? 왜 미적 감각의 손상에 대해서는 억울해 하지 않는가? 왜 자신의 느낌을 대자보에, 《연세 춘추》에 쓰지 않는가? 일상적 사소함 속에 있는 억압이 사실은 얼마나 더 억압적인 것인지를 왜 모르는가? 어쩌면 우리가 앞으로 싸워야 할 대상은 바로 그러한 자신 속의 무관심, 그리고 그러한 '무관심을 조장하는 것들'이 아닐까? 왜 우리는 자기 표현과 토론에 그리도 인색한가?

이 작은 사건을 통해 내가 이야기하고 싶은 것은 그 동안 우리가 등한시 해온 '발언'과 '토론 공동체'에 대한 것이다. 자기를 표현하기, 말하기, 그리고 글쓰기에 대한 것이다. 나는 앞에서 식민지적 상황에 길들여진 사람은 곧 말을 빼앗긴 사람이라고 말했다. 그런 타자화된 사람들은 대화의 중요성을 알지 못한다. 자신의 구체적 경험 속에 역사가 묻어 있고, 역사를 새롭게 구성해 갈 가능성이 있다는 것을 오래 전에 잊어버렸기 때문이다.

일상적으로 느끼는 억압에 대해 이야기할 때 우리는 "그런 사소한 걸 가지고 뭘 그래?" "그까짓 것 가지고 뭘 유난을 떠니?"라는 말을 종종 듣는다. 그런 상대방의 반응에 움칫 놀라며 당장 항의의 목소리를 낮추곤 한다. 바로 이 부분이 중요한 부분이다. 앞에서 말한 조각의 경우에서와 같이 그 작은 구체적 조형물 속에는 추상적인 것이 들어 있고, 집단적인 것이, 역사성이, 사회성이 다 들어 있다. 우리가 그것을 바라보기만 한다면! 그러나 "그냥 행사중에 세운 상징물일 뿐이야"라는 간단한 한마디로 우리는 입을 틀어막아 왔다. 간단하게 입을 틀어막는 그 힘은 어디서 오는가?

우리는 '다수결'로 결정을 내리는 것을 매우 좋아한다. 그리고 그것을 민주주의라 생각해 왔다. 그러나 그것은 실은 민주주의가 아니고 민주주의의 포기에서 오는 것이다. 그것은 자체 내에서 합의를 이루어낼 수 있다는 가능성을 미리 포기했기 때문에 성급하게 치르어 내는, 공동체의 부재에서 비롯하는 행동이며 관습이다. 다수결의 법칙은 실은 공동체를 만들어 갈 사고력, 대화의 근거를 마모시키는 악순환의 고리였다. 민주주의란 충분한 의사 소통을 기초로 한다. 토론은 결론을 내기 위한 것이기 이전에 서로의 상황을 이해하고 말을 만들어 가기 위한 것이다. 토론이 억제된 사회에는 두 종류의 소리가 있을 뿐이다. 외부에서 온 권위적 목소리와 '웅성거림'이 그것이다.

외부에서 온 권위적 이론에 기대는 엘리트들에 대한 이야기는 이미 충분히 하였다. 그 소리는 직접적으로 권력과 관련되어 있으며, 따라서 이들의 소리에는 '체험'과 '대화'가 들어갈 여백이 남아 있지 않다. 독점적 위치를 유지하는 데 여백은 항상 위험함으로 ……. 또 다른 한편에는 '민중'들의 소리가 있다. 그것은 자신의 억압을 말로 만들어 가지 못하는 웅성거림, 잠음의 상태로 있다. 부흥회에 가면 들을 수 있는 '통성 기도'와 같은 소리. 그것은 묻어 둔 한을 푸는 소리라는 면에서 의미 있는 소리일 수는 있으나, 서로의 소리 속에 소리를 묻어 버림으로 생산적인 언어로 가기에는 아직 한참 부족하다. 자신들의 체험을 이론화해 내지 못하는 식민지적 사회는 '무기력한 대화주의'라는 말을 낳고, 인간의 '주체성'과 언어의 중요성을 평가 절하한다. '경험'과 '대화'와 '상징'과 '토론'과 '축제'가 사라진 사회. 식민지적 상황에서 우리는 자신의 경험에서 오는 지식보다는 권력을 가져다 주는 남들이 만들어 낸 '큰 이야기'를 택했고, '통성 기도'를 택했다. 이제 그것의 병폐를 보면서 우리는 토론을 위한 자기 쓰기를 시작한다.

자기를 쓰기

자신을 스스럼없이 드러낼 수 있는 능력은 이 시대의 힘이다. 얼마 전에 대학원생이 쓴 신세대에 관한 글을 읽다가 나는 새로운 시

대가 열린다는 생각을 보다 확고하게 하게 되었다. 그 글을 함께 읽어 본다.[1]

오지랖 넓지 못한 내가, 그에 한술 더 떠 숫기라곤 지지리도 없는 내가 누구를 만나 묻고 떠드는 일에 질색을 하는 건 절대 이상한 일이 못된다. 그래서 나는 리포터와 문화 인류학자와 선동가가 제일 부럽고 무섭고 끔찍하다. 나는 그런 치들을 보면 먼저 그들의 출신과 가계에 의심을 품는다. 내 상상의 탐침 끝에서 이 사교적인 인물들은 선생의 아들이거나 목사의 딸로 부호화되어 있다. 내게 있어 이는 억측이 아니라 거의 절대적 확신이다. 가족이라는 이름의 전제(專制), 패대기질과 발길질, 욕설과 비굴이 뒤엉켜 있던 그 흉흉하고 애틋하던 가족사. 그 속에서 순간의 평화가 얼마나 극적인지 아지 못할 저 화창한 얼굴과 거침없는 목소리. 그래 이건 지독한 콤플렉스다. 그래서 나는 아직도 대충 구석에 찌그러져서 표독하게 남들을 관찰하고, 유치하게 독백을 늘어놓는다. 나는 노린다. 나는 저치들이 부끄러워할 그 실마리를 찾아, 내 실타래를 넌지시 굴린다. 자, 어느 가닥이라도 줄 하나 잡아 보렴. 내가 네게 근사한 죄의식을 선물하지.

그러나 성장 후, 내 맘 속에 끊임없이 껄떡대던 이 지저분한 콤플렉스는 이제 아주 싱겁게 사라져 버렸다. 내 주변에 있는 자들은 모두 거침없고 당당하며 '할말을 한다.' 고개를 외로 꼬고 한발한발 그 삶 속으로 잠입하던, 신중하고 조바심쳐지던 내 은밀한 신경전은 말 한 방에 박살난다. 나는 그이들에게 '깐죽'대는 인간이다. 맙소사, 내 피스빌리티가 이렇게 무참해진다. 이제 나는 누구를 만나면 더듬는다. 이미 미래에서 현재로 도래했거나, 내 세계의 '와꾸', 그 분할선 밖에 있는 이들이 나는 불가해 하다. 나는 무지무지 에고가 세다. 그래서 항상 내 의식을 빛내는 무한 촉광의 빛 속에서 나는 항시 나를 계몽한다. 네 삶을 네가 주재할지니. 하지만 이건 처세가 아니라 생존이었다. 그런데 이제 나는 살기가 어렵다.

나는 이런 느낌의 궤도 속에서 신세대 혹은 신세대라는 기호와 첫

---

1) 서동진, 1994, 〈마약 신세대로 이룩하려는 어느 은둔자의 수기〉, 《신세대: 혼돈과 질서》, 현실 문화 연구, 34쪽.

대면을 했다.

'문학 소년'의 훈련기를 거친 이 '고독한' 친구의 글에서 우리는 지나온 시대와 앞으로 올 시대를 동시에 본다. 어쩌면 우리는 이제 '박탈'의 시대를 마감하고 있는지도 모르겠다. 그는 '고독했으므로' 글을 쓸 수 있었지만, 이제 '만나기 위해' 글을 써야 할 것이다. '튀면' 안되니까 숨어서 글을 썼지만 모두가 '튀고 싶어하는' 지금은 상황이 다르다. '밀실'에 들어앉아 비극적이고 자학적인 감수성으로 글을 쓰던 시대도, 확고 부동한 주체로서 구호를 외치던 시대도, 이심 전심으로 글을 읽던 시대도 이제는 지나가고 있다. 삶의 현장은 이미 다양해져서 각자 삶의 기본 전제까지를 드러내 놓고 이야기해도 서로를 알아 가기 힘들어졌다. '할말을 다하지' 않으면 살기 어려운 복합 사회에 들어선 것이다. 자기 분열을 극복해 가기 위한 자기 진술을 이제는 본격적으로 해가야 할 것 같다.

그런데 '나'를 쓴다는 것은 쉽지 않다. 앞장에서 말했듯이 '나'라는 것이 어떤 '본래적' 모습을 갖고 있다는 전제를 가지면 '나'를 쓰기가 힘들어진다. '나'라는 것이 도달해야 할 목표가 있거나 반드시 '구색'을 갖추어야 한다거나, 남보다 뛰어나야 한다고 생각할 때도 자기 진술을 하기는 어렵다. 그것에 도달하기 전에는 '나'라는 것이 아직 형성되지 않았거나 말할 자격이 없는 것이라는 식의 생각을 갖게 되기 때문이다.

나는 앞에서 이와 다른 자기 진술을 소개했다. 극히 개인적인 것이라고 생각하고 묻어 둔 것을 풀어 내어 공적인 토론의 장으로 끌어냄으로 살아 있는 역사를 써갈 수 있어야 한다고 했다. 우리가 자신을 찾아 가는 작업으로서의 글쓰기를 하고자 한다면 '자아'란 이미 형성된 것이 아니라 형성되고 있는 어떤 것임을 알아야 하고, 특히 자신의 주변성에서부터 새로운 정치적 공간을 만들어 갈 수 있는 발언을 해야 한다고 했다. 그리고 그것을 위해 다양한 현실 속에서 다양한 사람들을 만나고 자신 속에 잠재해 있는 다양성과 만나야 한다고 했다.

이때 서구의 고대사에서 현대사에 이르기까지 꿰뚫어 나타나고 있는 강하고 논리적이며 초월적인 '주체' 내지 '역사'의 이미지를 그대로 두고 그러한 글을 쓰려고 한다면 우리는 실패할 수밖에 없을 것이다. 특히 우리는 상당히 긴 시간 동안 남의 언어로 남의 이야기만 해왔기 때문에 우리 이야기를 하는 법을 모른다. 그래서 우리 이야기는 그만큼 보잘것없는 꼴을 지니고 있을 것이다. 단편적이고 횡설 수설하는 헛소리처럼 들릴 수 있을 것이다. 그러나 '새로움을 심는 세대'는 그 보잘것없는 우리 이야기의 터에 씨를 심어 가야 하지 않을까? 헛구역질이 아닌 입덧의 언어를!

일상적 상호 작용 속에서 자기의 욕망과 느낌에 대해 이야기하는 것이 쓰잘데없는 것이 아님을 알게 되는 것, 자기에게 맞는 진술의 방식을 찾아내는 것, 그래서 많은 사람들이 자신 속에 있는 역사성을 감지하게 되는 것, 나는 이것이 바로 탈식민화의 과정이라고 말해 왔다. 조그만 말 한마디, 친구를 가지려는 노력이 모두 역사적 과정이며 우리를 만들어 가는 과정이다. 역사란 많은 사람들의 다양한 경험의 복합체이며, 더 정확하게 말하면 그 체험들에 대한 짙고 옅은 기억들로 이루어져 있다. '인간 관계가 피상적'이라든가 '문화가 상투적'이라든가 '역사가 단절되었다'는 말은 곧 그 기억들에 문제가 생긴 것을 의미한다. 그 기억들이 끊기거나 엉겨 버릴 때, 우리의 삶도 엉겨 버리고 삶의 지혜를 놓치고 만다. 역사는 우리의 기억을 조작하고 왜곡하는 어떤 힘에 대한 기록이면서 동시에 우리 자신들이 적극적으로 무엇인가를 선택적으로 기억하고 '왜곡'하는 과정이기도 하다. 문제의 핵심은 직접적 권력을 가지지 않은 다수인 우리가 역사를 적극적으로 만들기 위해, 자신의 기억을 역사로 엮어 내는 데 있다.

이제는 자기 자신이 느끼는 '사소한' 것을 미처 '조리'가 서지 않더라도 말하는 것이 중요하다는 것을 알아갈 때다. 지금은 무슨 내용의 말을 얼마나 체계적으로 하는 것보다 그 동안 눌러 둔 말이 튀어오르게 하는 것이 중요하다. 자기 표현을 '말대꾸'라면서 '호통'을 치던 봉건적 문화라든가, 자신의 개성을 끊임없이 '결핍'으로 인식하게 해온 서열화된 획일주의 문화는 겁많고 상실감에 시달리는 무기력한 사람들을 낳았다. 다양성을 인정하는 데 인색한 분위기를 만들었다. 이제 자주권을 찾고자 한다면, 과거의 상실을 애도하거나 한탄하는 의식을 멈추고 '파편화된 주체가 현존하는 삶의 현장'을 읽어 내기 시작해야 할 것이다. 개인의 크고 작은 체험과 기억이 담긴 이야기를 통해 집단적인 삶을 다시 써가는 것, 자신을 치장해 온 허황된 의식들을 알아내고, 자신 속에서 나오는 일상을 보지 않으려는 권력 의지를 따라가 보는 것이 중요하다는 것이다. 지금 이 사회에서 일상성과 비일상성, 상식적 지식과 제도적 지식, 사적 영역과 공적 영역에서의 균열과 괴리 속에서 자아 분열을 경험해 보지 않은 이가 얼마나 있을까? 그 균열과 괴리를 조리 있게 말해낼 이가 몇이나 있을까? 이야기는 이 균열과 괴리의 체험에서 풀어진다.

우리가 쓰는 글은 각자가 가졌던 소외의 경험, 추방당한 느낌, 왠지 모를 불편함에서 시작한다. 그 지점에서 '중심'이 무엇인지를 묻고, 또 주변을 바라볼 거점을 마련한다. 자신이 선 자리가 어떤 경계선, 또는 변경인지, 자신의 삶 속에서 긴장을 일으키는 부분이 어디서 오는지를 성찰해 내면서, 역사 속의 자신과 만난다. 자기 땅의 이방인으로서, 일상 문화에 적응하지 못하는 주변인으로서 자신이 선 자리를 주목하고 바꾸어 간다. 이때의 글쓰기는 삶을 읽어 가는 과정에서 이루어지는 연속적인 작업 중 하나이다. 그것은 자기의 정체성에 대한 새로운 질문을 던지는 행위이며, 미래를 만들어 가기 위한 기억하기의 행위이다. 또한 그것은 익숙해진 억압을 낯설게 느끼는 동시에 새로운 '멍청함'에 맞서 깨어 있기 위한 전략이다.

그 동안 가져온 문화적 전제를 최소화하고 현장을 들여다본다. 자신의 일상을 뒤집어 보고 낯설게 하면서, 또 낯을 익혀 간다. 바로 그 과정에서 '말'이 생겨난다. 자신 속에 있는 이성과 감성과 의지를 동원하여 새로운 말을 만들어 낸다. 감성을 희생하고 훌륭하게 살아 남을 지성이 과연 얼마나 될까? 나는 종종 우리 사회에 학자가 적은 것은 젊었을 때 감성을 죽인 때문이라는 생각을 한다. 주변의 소리를 살려 내는 것, 전적으로 다르게 보는 법, 자신을 느끼기 시작하는 것이 새로운 글쓰기를 하는 이들이 해내야 할 어려운 부분이다.

　훌륭한 저자는 그 자신이 뛰어나서 되는 것이 아니라 **수많은 시인**, 소설가, 사회 이론 지망생들이 만들어 낸다. 각처에서 자기의 삶을 이론화해 내고 표현하면서 건강하게 자신의 터를 일구는 많은 사람들의 목소리가 실은 위대한 시인을, 소설가를, 사회 이론가를 낳는다는 말이다. 자기를 알아 가는 글쓰기에서 텍스트의 생산자와 소비자는 따로 있지 않다. 저자가 주체가 되고 독자들은 '바가지를 긁는 마누라' 같은 주변적 위치에서 저자에게 '혐의'를 부여하고 불만을 터뜨리거나, 전면 거부할 여지만 주어진 일방 통행의 상황과는 매우 다른 상황에서 새로운 글쓰기가 이루어진다. 독자는 저자에게 '완벽한 텍스트'를 요구하지 않으며 스스로 저자와 만나는 지점을 능동적으로 만들어 간다. 그는 매끄러운 논리와 통합된 자아관이 지배하는 담론에 틈새를 내고, 그 틈새로 '자기' 이야기를 들이민다. '대화'가 시작되는 것이다.

　이때 우리에게 문체를 새롭게 개발해 내는 일이 중요해진다. 우리 사회의 엘리트들은 상당히 긴 시간 동안 '글투'의 말을 좋아해 왔다. 이제 탈식민화를 지향하면서 우리는 어느 때보다 '말투'의 글을 되찾아야 할 필요성을 느낀다. 강한 주장의 '말하기'보다 서로의 모습을 드러내는 '보여주기' 방식의 글쓰기가 어느 때보다 효과적인 글쓰기 방법이 아닐까? 강하고 직선적인 논리에서 벗어나서 부드러운 곡선을 그려 낼 수 있어야 하고, 같은 곳에 도달하기 위해서 하나의 길이 아니라 많은 길이 열려 있음을 보여줄 수 있어야 한다.

　이제 예술적 표현과 글쓰기 기법을 혁명적으로 '해방'시키는 일이 남아 있다. '언어'의 중요성을 알되, 기존의 문체에 얽매이지 않는 것, 실험적 글쓰기를 할 필요가 있겠다는 것이다. 아방가르드적이건, 포스트 모던적이건, 불교적 생략법이건, 지금은 실험적 글쓰기 작업이 곳곳에서 이루어져야 할 때이다. 관습적인 언어로 표현할 수 없을 때는 서사 형식의 혁신과 눌러 둔 감수성으로 새로운 의사 소통의 길을 찾아 나서야 한다.

　이때 저자는 "무엇을, 어떤 권위적 저자의 글에 이어서 글을 쓸 것인가?"가 아니라 "무엇이 아직 말해지지 않고 있는가?"에 대해 쓰게 된다. 이 일을 하기 위해서는 무엇보다 지지 집단이 필요하다. 서로 말을 주고받으며 '소서사'를 만들어 가는 언어 공동체가 필요하다는 것이다. 그런 중간적 공동체가 없이 사적 자아를 노출하는 것은 무모한 짓이다. 사소하다고 치부되어 온 이야기들이 중요한 이야기임을 알게 되고, 그러한 이야기를 쓰는 것이 신이 나고 의미 있게 되는 것은 그 새로운 '우리'가 생겼을 때 가능하다.

근대의 모든 지식인들은 세계 어디에서건 데카르트와 칸트와 쇼펜하우어를 읽어야만 했던 때가 있었다. 그 책이 지배하던 시대는 명실공히 소수의 천재들의 독점 무대였다. 그러나 라디오가 나오면서 대중들도 '유식'해지기 시작했고, 텔레비전이 등장하면서 본격적인 대중 사회가 출현한다. 이제 수백 개의 채널을 가진 위성 방송 전파가 지구촌을 누비고, 유선 방송국까지 합치면 그야말로 정보의 홍수 속에 너나없이 빠져 버리고 말 시대가 올 것이다. 대면적 의사소통이 다시 중요하게 대두되는 것은 탈식민화를 위해서만이 아니라 포스트 모던적인 징후를 드러내는 이러한 시대적 맥락과도 관련을 가진다. 다행히 그런 거대한 위력을 가진 통신 기술은 시간과 공간을 초월한 대화적 의사 소통을 가능하게 하기도 한다. 이 시대의 글쓰기는 시대가 그런 만큼 더욱 대면적 관계에서 멀리 떨어지지 않은 대화적인 것이어야 한다. 경험을 나누는 이야기여야 한다. 이 때의 이야기는 가슴을 차갑게 놓아 둔 채 읽는 글이 아니다. 삶에 대한 감을 잡아 가는 이야기이며, 일상적 용어가 살려지는 글이며, 혼자만 떠드는 것이 아니라 함께 느껴 가면서 삶을 만들어 가는 이야기이다. 그것은 요약하기가 힘들다. 살아 있는 글이기 때문이다.

인문 사회 과학에서 독창성이란 어떤 새로운 객관적인 사실을 알아내는 데서 오는 것이 아니다. 그것은 어떤 이가 자신의 삶 속에서 절실하게 꺼낸 이야기가 듣는 이들의 삶 속에서 공명을 일으키는 데서 오는 것이다. 그것은 그 개인의 이야기를 의미 있는 이야기로 받아들이는 공동체가 있기에 가능하다. 서로에게 깊은 관심을 가졌기에 가능하다는 것이다. 일상의 혁명이란 사람들이 관심을 나누고 생각을 모아 언어화하는 작업이다. 결과와 권력에 집착하지 않고 삶 속에서 즐거움과 의미를 찾은 일이다. 일상에서 벌이는 영구적 문화 혁명이란 바로 그런 것이다.

자기만의 방, 조건을 마련하기

처음에 나는 이 마지막 장에서 데리다의 글쓰기에 대한 논의나 탈식민 담론에서의 글쓰기 전략에 대해 좀더 자세히 논의할 생각이었다. 그런데 이 작업을 하면서 나는 또 한번 고개를 저었다. 이게 아니야. 이것은 실크 블라우스야.

나는 유학중에 한국인 유학생과 결혼한 한 미국 여자와 가깝게 지냈는데, 그가 한국의 시집에 다녀오더니 — 70년대 초반이었다 — 이렇게 말했다. "나는 이제 한국 여자들이 왜 사치하는지를 알았어." 항상 소박한 차림인 그는 가난한 집안에 사는 자기 시누이들이 번쩍번쩍한 보석과 보드라운 실크 스카프와 실크 블라우스를 끔찍이 좋아하는 것이 이상해서 유심히 관찰을 했다고 한다. 그래서 그가 알아 낸 사실은 아무리 노력하고 저축을 해도 자신이 원하는 것 — 예를 들어 집과 같은 것 — 을 얻을 희망이 없을 때, 사람은 비단옷이라도 마련하고, 사치한 느낌을 받으며 위안을 삼는다는 사실이었다. 데리다의 책은 우리가 원하는 것을 주고 있는가? 아니면 우리가 괴로울 때 꺼내 보는 숨겨 둔 보석이나 실크 블라우스일까?

나는 데리다 대신 가부장적 사회에서 여자가 글을 쓰기 위해서는 무엇보다 자기만의 방과 최소한의 생계비 마련이 가장 중요하다는 버지니아 울프의 말로 결론을 짓기로 했다. 글을 쓸 수 있는 경제적, 정신적 조건에 대해서 말이다.

1920년대 영국에서 '여성과 소설'이라는 주제로 여대생들 앞에서 강연을 해달라는 부탁을 받은 버지니아 울프는 강연 첫머리에 다음과 같이 말한다.[2]

---

2) 버지니아 울프, 1990, 《자기만의 방》, 이미애 옮김, 예문출판사, 8-9쪽.

'여성과 소설'에 대해 이야기하라는 요청을 받았을 때 나는 강둑에 앉아 그 단어들이 무엇을 의미하는지 생각하기 시작했습니다 …… 내가 기껏 도달한 곳은 별로 중요해 보이지 않는 한 가지 사실, 곧 여성이 소설을 쓰기 위해서는 '돈'과 '자기만의 방'이 있어야 한다는 것이었습니다. 앞으로 아시게 되겠지만 이러한 견해로는 여성의 진정한 본성이라든가, 소설의 진정한 성격에 대한 많은 문제를 해결하지 못한 채 남겨둘 수밖에 없습니다. 나는 이 '여성과 소설'이란 주제에 대한 결론을 내릴 의무를 회피했고 따라서 이 주제는 해답이 없는 채로 남아 있는 셈입니다.

그러나 어느 정도라도 이를 보상하기 위해 내가 어떻게 방과 돈에 대해 그러한 견해를 가지게 되었는지 최선을 다해 보여드리겠습니다. 나는 이런 생각을 갖게 된 사고의 궤적을 여러분 앞에 가능한 한 충실하고 자유롭게 개진할 것입니다. 돈과 방에 관한 나의 이 진술 이면에 숨어 있는 편견이나 생각이 여러분 앞에 드러나게 되면 여러분은 그 가운데 어떤 것은 여성이라는 주제와, 또 어떤 것은 소설이라는 주제와 맞닿아 있다는 것을 알게 될 것입니다.

근대적 단일 주체, '남성적 초자아'가 군림하는 사회에서 여자로 글을 쓴다는 것은 그러한 식민 종주국의 초자아가 군림하는 사회에서 식민지 지식인이 글을 쓰는 것과 다르지 않다.[3] 중심에 휘둘리지 않고, 자기가 선 자리에서 자기를 쓰기 위해서 여자 / 식민지 지식인은 '강인한 정신력'만 가지면 되는 것이 아니라, 그런 글을 쓰기 위한 최소한의 조건을 마련하는 지혜를 가져야 한다.

흥미롭게도 1992년 문단을 떠들썩하게 했던 세 소설, 하일지의 《경마장 가는 길》, 이인화의 《내가 누구인지 말할 수 있는 자는 누구인가》와 박일문의 《살아 남은 자의 슬픔》을 읽으면서 나는 이 문

---

3) 울프를 다시 읽는 글로, 한정아, 1992, 〈버지니아 울프의 '자기만의 방'〉, 《여자로 말하기, 몸으로 글쓰기》, 도서출판 또 하나의 문화, 334-352쪽을 읽어 볼 것. 또한 같은 책에 실린 조혜정 · 김미숙 · 최현희, 〈지식인 여성들의 글쓰기〉, 139-171쪽; 박일형, 〈함께 읽고 새로 써본 씩쑤의 '메두사의 웃음'〉, 353-365쪽도 참고할 것.

제로 고민하는 지식인들을 보았다.[4] 이 세 권의 책은 모두 '지식인이고자 하는' 소설가를 주인공으로 하고 있다. 이 소설들은 셋 다 1990년대 초반에 출간되어 많이 읽히고 또 상도 받았다. 이 책들이 표절 시비와 '재현 위기', 또는 '본격적 포스트 모더니즘 문학의 대두' 등의 단어로 문단을 한바탕 떠들썩하게 하였던 것을, 책과 가까이 하는 독자들은 다 기억하고 있을 것이다. 나는 지금 이 세 편의 소설을 현재 지식인의 모습을 생생하게 전해 주는 자료로 읽어 보려고 한다. 그것도 문인 지망생들에게 필요한 최소한의 조건, 곧 '자기만의 방'과 수입원을 확보하는 방식에 초점을 맞추어서 살펴보고자 한다.

하일지의 《경마장 가는 길》에는 '색다른' 식민지 지식인이 등장한다. 이 소설은 일반적으로 우리가 읽어온 전형적인 지식인 소설, 곧 시대를 앞서가는 지식인이 자신의 진보적 사고와 그를 뒤따르지 못하는 사회 속에서 갈등하는, 또는 자신의 소시민적 '실천력 없음'을 고민하는 이야기와는 거리가 멀다. 이 소설을 '지식인 소설'이라고 부른다면 그것은 남녀 주인공 모두가 대학을 나오고 유학까지 갔다온 식자들이며, "너의 이러한 태도의 이데올로기는 뭐니?"와 같은 문장이라든가 서구의 유명한 철학자나 문학가들의 이름이 일상적 대화 속에 자연스럽게 들먹여진다는 점, 그리고 이들이 교수 자리를 구하러 다니면서 대학이라는 곳의 '비리'에 대해 간혹 언급하고 있다는 정도의 이유에서일 것이다. 작가가 후기에서 말하듯이 주인공은 "우리들보다 더 나을 것도 없고 더 못할 것도 없는, 우리 자신일 수 있는 그런 존재"로 그려져 있으며 그런 면에서 지식인이 별것이 아니라는 '사실'을 잘 드러낸 소설이라고 할 수 있다. 프랑스 유학을 가서 박사 학위를 딴, 지식인이라는 '탈'을 쓴 '보통 사람의 모습'을 작가는 공적 담론의 장으로 끌어내어 자세하게 묘사해 주고 있는 셈인데, 유학 가서 학위를 따온, 이른바 배운 사람에

---

4) 하일지, 1990, 《경마장 가는 길》, 민음사; 이인화, 1992, 《내가 누구인지 말할 수 있는 자는 누구인가》, 세계사; 박일문, 1992, 《살아 남은 자의 슬픔》, 민음사.

게 부여되는 사회적 명분을 감안한다면 이 두 프랑스 유학생들의 '실상'은 충격적이다. 작가가 의도했건 안했건 지식인의 실상을 노출한 바로 그 부분에서 이 소설은 아주 중요한 사회적 기능을 하고 있다. 소설 내용은 이러하다.

주인공 R은 어렵게 대학에서 문학을 전공하고 또 어렵게 프랑스 유학을 가서 박사 학위를 해왔지만 그런 '훌륭한 모습'으로 금의환향한 그를 고국은 반겨 주지 않는다. 이 소설은 R이 김포 공항에 도착한 날부터 고국 땅에서 시달리는 처음 사개월 반 동안의 기록이다. 주로 자신이 프랑스에 있을 때 동거한 여자와의 재회, 자신의 가족과 그 여자 가족과의 관계, 그리고 '실력 있는' 학자를 알아주지 않는 대학 풍토를 중심으로 이야기들이 풀어지고 있다. 그는 가정적으로나, 애정 관계에서나, 직장 면에서 무엇 하나 제대로 되는 것이 없는 상황에서 이렇게 중얼거리곤 한다. "그럼 왜 나는 내 고국에 돌아와 프랑스에서와는 달리 이렇듯 이상한 삶을 계속해야만 하는 걸까?"[5] 그는 자신을 알아주지 않는, 잘나지도 않은 조국이 못내 원망스럽다.

R에게 고국은 자신의 진가를 알아주지 못하는 '야만'의 땅이고, 반면 그의 배움의 고향인 프랑스는 '정신적 자유'가 보장된 '시간과 문학과 그리고 마음의 평화를' 되찾을 수 있는 곳이다.[6] 그는 그곳에서 누구 못지 않게 잘해 냈고 또 계속 '괄목할 만한 일을 해내게 될' 사람이었는데, 이 땅은 계속 그의 기를 죽이기만 한다. 이 유학생 문학도에게 프랑스는 '해방의 공간'이며 인간다운 삶을 생각하게 하는 준거틀이지만, 고국은 '억압의 공간'일 뿐이다. 고국땅에서 의지할 만한 사람이라고는 가난한 피붙이 가족과 프랑스에서 동거한 J라는 여자밖에 없는데, 가장 기대를 걸었던 그 여자가 고국에 돌아와서는 딴마음을 품고 말아 그의 혼란과 괴로움은 절정에 달한다.

R은 박사가 되어 고국에 돌아오기 전부터 자기의 지적 활동을

---

5) 앞의 책, 431쪽.
6) 앞의 책, 432쪽.

보장할 방법에 대해 궁리를 해왔다. 글을 쓰는 사람에게 필요한 최소한의 조건, 곧 자기만의 방과 일정한 수입을 갖기 위해서 세워 둔 계획이 있다. 그는 일단 자신의 지적 활동을 이해해 주지 못하고 — 단적으로 책상과 서재의 중요성을 모른다는 면에서 — 게다가 재력도 없는 '전근대적'인 아내와는 이혼할 생각을 한다. 아내와 이혼을 하고 '현대적 여성'인 J의 박사 논문을 대신 써주어 대학 교수로 취직을 시켜서 결혼해 사는 것이 그의 계획이었다. 그렇게 되면 그에게는 최소한의 글을 쓰기 위한 조건이 마련이 되는 것이다. 더욱이 J는 도시 중산층 출신으로 가족의 재정적 지원도 기대해 볼 수 있는 경우이다. 그런데 이러한 그의 구상은 J가 생각보다 쉽게 '교수 자리'를 얻어 내지 못했고 아내가 생각보다 완강하게 이혼을 반대하기 때문에 산산조각이 난다. 온갖 마음 고생과 경제적 쪼들림을 겪은 후에 그는 다시 프랑스로 돌아갈 수밖에 없다는 판단을 한다. 프랑스로 돌아가는 비용을 마련하기 위해 R는 J에게 피해 보상과 논문 써준 값을 요구하고, 그것이 여의치 않게 되자 자신들의 이야기를 소설로 써서 그 돈을 마련한다. 고국 땅에는 다행히 절이라는 공간이 있어서 그는 소설을 '절'에 가서 써올 수 있었고 그래서 경제력도, 자존심도 조금은 회복할 수 있게 된다.

이것이 이 땅의 한 엘리트가 '자기만의 방'을 확보하려고 애쓰는 과정을 그린 소설의 줄거리이다. 앞에서 이야기했지만 일단 이런 주제가 공적인 영역에서 이야기되기 시작한 것은 반가운 일이다. 그 동안 글을 쓰기 위한 기본적인 조건이 마련되지 않은 상황에서 많은 지식인 / 엘리트 지망생들은 실크 스카프나 매만지며 살 수밖에 없거나, 포기할 수밖에 없었던 상황을 이 소설은 잘 그려내 주고 있다. 자신의 삶의 조건과 자신이 지향하는 정신적 / 문학적 세계와의 엄청난 괴리, 이 소설은 이 문제를 정면으로 보여주고 있다.

다른 두 소설은 점차 나아지고 있는 상황적 조건을 보여주고 있다. 이인화의 《내가 누구인지 말할 수 있는 자는 누구인가》의 주인공은 작가 지망생이다. 하일지 소설의 주인공과는 달리 이 책의 주인공의 아버지는 대학 교수이고, 어머니가 일찍 돌아가시고 없다. 주인공은 의대에 입학을 하였지만 글을 쓰고 싶은 욕망에서 그 길을 포기하고 빈곤을 택한다. 그는 집을 나와 독립을 하고 작가가 되기 위해 상대적으로 '가난'해지기로 결심함으로써 글을 쓰기에 필요한 '자기만의 방'을 갖게 된다. 그런 면에서 이 소설은 우리 사회도 가난하게 되는 것을 두려워하지 않는다면 ─ 물론 아버지라는 최후의 보루가 있어서 그는 가난을 '택할 수' 있었을지도 모른다 ─ 그렇게 어렵지 않게, '자기만의 방'을 가질 수 있다는 것을 보여주고 있다. 변화된 사회적 조건을 단적으로 보여주고 있는 것이다.

《살아 남은 자의 슬픔》의 주인공은 '자기만의 방'의 문제를 가장 환상적으로 해결한 경우인데, 이것은 역설적으로 이 문제가 여전히 지식인 지망생들에게 얼마나 절실한 문제인지를 보여준다고 할 수 있다. 이 소설에 나오는 '나'는, 글을 쓰고 싶어하다가 쓰지 못하고 자살해 버린 어머니가 때마침 물려준 유산으로 글쓰기를 시작할 수 있게 된다. 참으로 의미 심장한 설정이 아닌가? '비틀즈'를 좋아하던 어머니 ─ 여기서 어머니는 '비틀즈'를 이해하는 '근대적' 여성이어서 작가의 감수성에 치명타를 주지 않을 수 있었던 사람이라는 암시를 주고 있다 ─ 가 주인공이 대학생이 된 후에 아파트와 저금 통장을 남기고 사라져 줌으로 주인공은 자유로운 작가의 생활을 보장받게 된다. 아마도 이것은 이 땅의 가난한 작가 지망생들이 꿈꾸어 온 이상적인 상태일 것이다.

여성 해방주의자로서 나는 이 소설들에 대해 못마땅하게 생각하는 부분이 없지 않다. 하일지의 소설에서나 박일문의 소설 모두에서 여자는 남자를 위한 '밥'으로 간주되는 무의식의 작용을 본다. 아직도 우리 남자들은 ─ 나는 왜 여기서 '우리'라는 단어를 썼을까? ─ 작가가 되기 위해 엄마를 돌아가시게 하거나, 여자를 ─ 아내건 애인이건 여동생이건 간에 ─ '등쳐 먹는' 식의 방법을 써야 하는가? 이상의 〈날개〉에 나오는 주인공처럼 아내에게 기생하지 않고도 글을 쓸 '자기만의 방'을 마련하기는 여전히 어려운 것일까? 내가 이 세 소설을 통해 이야기하려고 한 것은 지적 활동을 하려는 사람이 확보해야 할 최소한의 조건에 대한 것이었으며, 그 동안 이 최소한의 조건을 구비하기가 쉽지 않았다는 사실이다. 사회 경제적인 여건이 좀 나아지면서 '자기만의 방'이 확보될 가능성이 높아지는 것 같은데도 여전히 상황은 크게 나아지는 것 같지 않다. 무엇이 가로막고 있는가?

많은 사람들은 내 글을 읽으면서 내가 드러내는 강한 유심론적 경향에 불편함을 느낀다고 한다. 그러나 나는 단순히 의식만 바꾸라고 말한 적이 없다. 나는 실은 자신의 삶의 조건을 바꾸어 가는 것에 대해 계속 이야기해 왔다. 그런데 그때의 조건은 자본주의라는 거대한 조건이 아니다. 자신의 **힘**으로, 자신이 **함께하는** 준거 집단의 도움으로 바꿀 수 있는 많은 작은 조건들이다. 나는 우리가 그런 조건을 바꿀 수 있을 만큼씩만 의식을 바꾸어 주기를 바랄 뿐이다. 글을 쓰기 위해서는, 언어를 만들어 가는 작업에 참여하기 위해서는 조건을 통제할 필요가 있다. '자기만의 방'을 제대로 확보해 내는 일이 무엇보다도 중요하다는 것이다. 자신의 삶의 조건을 만들어 가는 것, 글을 쓰려는 이들은 무엇보다 이 문제를 심각하게 생각해야 한다. 그것은 경제적 자립에서부터 학문적 동료 관계를 가꾸어 가는 것에 이르기까지 어려운 '자기 관리'의 훈련을 포함한다.

경제적 자립, 이것은 여전히 말처럼 쉽지 않다. 시간 강사들의 상황을 보면 우리가 여전히 지적인 활동을 할 터전을 거의 마련하고 있지 못한 '가난한' 사회임을 절감하게 된다. 대학 시간 강사는 전문 지식인이 될 훈련을 막 끝낸 경우들로서 가장 왕성하게 자신의 전문성을 발휘하고 연마시켜 가고 싶어하는 젊은 인력이다. 그런데 학문적 수행을 가장 열성적으로 해나갈 이들은 전임 교수가 되기 전까지는 몹시 불안하고 가난한 삶을 살게 되어 있다. 다음 학기가 시작될 한두 달 전에나 자신이 도대체 강의를 맡게 되는지 아닌지를 알게 되며, 그런 불안보다 더 심각한 문제는 생계 유지가 어려운 임금을 받으며 살고 있다는 점이다. 대학에서는 유능한 시간 강사를 유치하겠다는 의지가 없으며, 학생들 역시 수준 높은 강의를 듣겠다는 의지가 없기에, 이러한 부조리는 국민 일인당 소득이 백 불이 안되던 때나 만 불을 넘나보는 지금이나 변함이 없다.

나는 글을 쓰고 싶어하는 후배들에게 한두 과목만 가르치고 글을 쓰라고 말한다. 그런데 문제는 아무리 생활 수준을 낮추고, 남들 다

하는 '구색 갖추기'를 마다하고, 부모의 막강한 압력을 거스르며 혼자 가난하게 살면서 글쓰기를 하려고 해도 시간 강사의 임금으로는 절대 빈곤을 면하기 어렵다는 데 있다. 지금 한창 '삶'을 읽어가고 '말'을 왕성하게 만들어 갈 시기에 있는 30대 인력들의 에너지는 이런 식으로 소진해 가고 있다. 이런 분위기에서는 마흔 살이 되면 자리를 잡든 안 잡든 모두가 지쳐 버리고 말 것이다. 그리고 그들을 보면서 후배들은 지레 지쳐 버리고 말 것이다.

경제적 문제는 어떤 식으로든 해결을 했다 치자. 그러면 나름대로 지적 활동을 잘할 수 있는가? 내 경험을 이야기하면, 지금 시대에 글을 쓰기 위해서 확보해야 할 가장 힘든 조건이 바로 '자기 시간'을 갖는 일이다. 분주하지 않기가 '하늘의 별 따기'처럼 어렵다. 나는 분주하지 않기 위해서 연구비 신청을 삼가하고 전화를 잘 받지 않으며, 장례식 외의 관혼 상제에 가지 않고, 설날이 되어도 스승에게 세배를 드리러 가지 않는다. 화장을 하지 않으며, 신촌 밖에서 이루어지는 집회에는 거의 참가하지 않는다. 모두를 끊임없이 바쁘게 함으로 정신없이 살게 하는 '식민지적 문화'에 '감염'되지 않기 위해 '피나는 노력(!)'을 하는 셈인데, 그런 것 때문에 나는 '냉정하고' '비인간적'인 인간으로 낙인이 찍혀 있다. 그래도 나는 '한국적 정서'라는 압력에 쉽게 굴하지 않을 것이며 내게 해마다 세배를 오고 연하장을 보내는 제자보다 10년에 한번이라도 아주 좋은 책을 써서 보내줄 제자를 기다릴 것이다.

자기 관리에 있어서 중요한 것은 자기가 원하는 일이 무엇인지 알고, 그것을 할 수 있는 조건을 마련하는 것이다. 여기서는 일상적인 삶을 어떻게 꾸려갈 것인지의 문제가 남는다. 특히 결혼 문제가 그러하다. 여자건 남자건 모두에게 지금과 같은 형태의 가족은 글을 쓰고자 하는 이들에게 이상적인 지지 집단이 될 수 없다. 가정은 자신이 만들어 가는 집단이다. 결혼은 자기가 결정하는 것이며, 결정적으로 자기 관리를 하기 위해서 하는 것이다. 이제는 어떤 생활 공동체, 또는 어떤 지지 집단을 만들어 갈 것인지에 대해 좀더 심각하게 생각해야 하지 않을까?

삶의 정서는 글에 나타나기 마련이며, 개인적으로 비관적이고 냉소적인 삶을 살면 비관적인 미래를 말하게 될 가능성이 높다. 우리 주변에 근원주의적 논의들이 지나치게 많이 생산되는 것은 실은 그 필자들이 일상적으로 갖고 있는 개인적 불안감이 상승 작용을 하고 있기 때문일 것이다. 개인적 삶을 관리하지 못함으로 생기는 삶의 '짜증'을 독자에게 지우는 일은 부당하다. 그래서 글쓰는 이는 자신의 삶이 즐거울 수 있도록 최선의 노력을 한다. 즐거운 기분으로, 따뜻하게 글을 쓰기 위해서 삶의 조건을 만들어 가려고 노력해야 한다.

지식인은 시대의 언어를 알고 있으며, 자신의 좁은 삶의 반경을 넘어서서 자신의 삶 속에서 남의 삶까지도 읽어낼 수 있는 사람이다. 그렇다고 그가 이타적이라는 말은 아니다. 그는 다른 사람들과 마찬가지로 이기적이지만 그 이기성은 즉흥적 계산에서 나오는 것이 아니라, 보다 많은 사회 구성원들이 행복하여야만 자신도 행복할 수 있다는 '장기적 전망'에서 계산된 이기성이다. 그는 자신이 믿는 진리에 따라서 언제나 권력과 맞설 / 상식을 거슬러 갈 준비가 되어 있다. 지식인은 공동체에 대한 애정을 가진 시선을 바탕으로 자신의 생각과 실천을 통합시켜 가는 삶의 스타일을 실현해 간다. 따라서 지식인은 그 업적이나 직업으로 구별될 성질이 아니라 그 자신의 일상적 삶을 통해서 구별된다.

소비 사회에서 급격히 자신을 잃어 가는 세태를 보면서 르페브르는 "일상이 작품이 되게 하라!"고 말한 적이 있다. 그는 이어서 "작품이란 더 이상 예술의 물체를 가리키는 것이 아니라 자신을 알고, 자신을 이해하고, 자기 자신의 조건들을 재생산하고 그 조건들(육체, 욕망, 시간, 공간)을 소유하고 스스로의 작품이 되는 그러한 행위를 지칭한다"[7]고 말하고 있다. 글을 쓰기를 원한다면 일상이 작품이 되게 할 수 있어야 하고, 그것을 해내기 위해 '자주 관리'가 필수적임을 기억하자.

나는 장기적으로 이기적인 사람, 자기 분열이 덜한 사람들과 살

---

7) 앙리 르페브르, 1990,《현대 세계의 일상성》, 박정자 옮김, 세계일보사, 274쪽.

고 싶다. 배타적인 집단으로서의 가족 개념을 가지고 있으며, 그런 혈연 가족의 이익을 절대적으로 우선시하면서 '변혁적 역사'를 이야기하는 자기 분열, '봉건적 감성'을 그대로 지닌 채 '근대적 공공성'을 선전하는 자기 성찰의 결핍을 더 이상 보고 싶지 않다. 스스로의 뒤치다꺼리를 못하는 '귀남이' 남편을 만났기 때문에 좋은 글을 쓸 시간을 내지 못한다는 여자 후배들의 자기 변명을 더 이상 듣고 싶지 않다. 지금 우리에게 필요한 것은 대단한 발명가나 혁명가가 아니다. 인류 보편의 문제를 해결해 낼 이론가도 아니다. 제대로 이기적이고 자기 관리 능력을 가진 생활인들이다.

이 책에서 나는 우리 사회가 그 동안 문화적으로 얼마나 가난했는지, 그래서 글쓰기가 얼마나 어려웠는지를 다루었다. 이제 우리는 많은 부분 그 해결을 미루고 있는 우리 자신에게 눈을 돌린다. 지식과 가까이 있는 사람으로서의 의무를 무겁게 져야 할 것 같다. 글을 쓰고자 하는 사람은 좀더 치열하게 '전문적'이어야 할 것 같고, 각자가 선 자리에서 자신의 삶과 좀더 가깝게 마주 서서 다른 사람들과 만나 가야 할 것 같다. 좋은 글을 쓰기 위해 혼자 있는 시간을 벌어야 하고 '자신을 쓰는' 문제와 씨름해야 한다.

이러한 글쓰기는 인문 사회 과학도들만이 하는 행위가 아니다. 나는 사실 '글쓰기'에 대해 말하면서 신촌 주민 회관을 멋있게 지어 낼 건축가 학생을 상상하기도 하고, 캠퍼스 안 화학 실험물의 폐기 상황에 대한 보고서를 쓰는 화학과 학생을 떠올리기도 하고, 비디오 가게를 하는 것 자체로 '글을 쓰는' 졸업생을 그려 보기도 했다. 우리는 어느 곳에서건, 어떤 식으로건 자기를 표현하며 산다. '타자화된 상태'에서 벗어나는 것, 자신 내부의 잠재력을 살려 내는 것, 자신의 일상성을 회복하는 것, 이런 것이 어떻게 인문 사회 과학도들에게만 한정된 의무일까?

글쓰기를, 대화를 시작하는 당신을 보고 싶다. 피해 의식과 상대적 박탈감에서 벗어난 당신, 자신이 '시작'이라는 것을 알아차린 당신과 만나 기쁘다. 그대가 선 자리, 역사성과 당파성으로 선명한 색깔을 지닌 바로 그곳에서 우리, 시작한다. ■

〈서편제〉의 문화사적 의미

탈식민화의 가능성을 읽어냄

■ 오랜만에 '배신감'을 느끼지 않은 국산 영화를 본
반가움에 글을 쓰고 싶어졌다. 뭔가 석연치 않은 부분도 있고,
또 이 영화를 둘러싸고 흥미로운 논의들이 많이 일고 있어서,
우리 문화의 단면을 확인하고 살피는 계기로 삼으리라 생각했다.
의문 나는 문제에 대해서는 늘 그러하듯이 먼저 교실에서 학생들과,
밖에서는 〈또 하나의 문화〉 글쓰기 모임 친구들과 토론을 하였고,
마침 임권택 감독과 인류학을 전공한 김홍준 조감독이
김찬호 강사가 주관하는 〈문화 인류학 개론〉 시간에 초대되어 온 것을 계기로
속이야기를 들을 수 있었다. 신문 스크랩도 하고 주위에서 나오는
이야기들을 들어 두었다가 여름 방학 때 설악산에 가서
놀면서 써둔 것이었는데 새로운 기획을 하고 싶어하는 문예지에서
원고를 내달라고 해서 다듬은 것이다.
영화인들에게 할 불평이 많지만 참았다. 지금은 불평을 할 때가
아니라는 생각이 들어서 ……. 지금 누가 누구에게 불평을
할 자격이 있는가? 이 책을 마무리지을 즈음에 쓴 글이라
결론이 탈식민 문제로 아주 기울어져 버렸다.
■ 여성을 단군 신화에 나오는 '웅녀'의 상태로 묶어 두려는
논의를 보면서 — 실제 영화도 그렇게 읽힐 소지가 충분히 있다.

― 성(gender)문제도 함께 다루려 했지만 다음으로 미룬다.
웅녀와 춘향과 심청의 이미지는 이 땅의 여성을 인고의 여신으로
승화시킴으로 남성 중심적 체제의 부속물로 남겨 두는 데
한몫을 톡톡히 해왔다. 민족주의 담론이
성 담론을 묶어 버리고 있는 전형적 텍스트인
것이다. 여기서 한 '주체' ― 식민지 사회의 지배층 남성
― 을 해방시키는 담론이 반드시 그 외의 '주체들'을
해방시키는 것은 아니며, 그들을 더욱 억압하는 담론일 수도
있음을 상기할 필요가 있다. 중국판 〈서편제〉라 할 수 있는
첸 카이거 감독의 〈패왕별희〉 ― 이 영화는 영화제에서
대상을 탔다 ― 의 여주인공은 얼마나 능동적이고 당당한가?
거기에 비하면 송화는 빛깔과 언어를 잃은 인간이다. 송화를 그려 낸 방식에
분개한 이들이 적지 않다. 그런 이미지에 여성을 묶어 두려는 이들은 누구인가?
　　■ 민족주의 담론이 진보적이건 보수적이건 상관없이
여성을 '한의 화신' 또는 '전통의 화신'으로 고착화시키는
주제에 대해서 앞으로 많은 논의가 이루어져야 할 것이다.
이 글은 계간지 《상상》 1993년 겨울호 (도서출판 살림)에 실린
글을 수정 보완한 것이다.

머리글

오늘 아침 10월 29일자 신문에 서편제 관객이 드디어 100만을 넘었다고
한다. 내가 이 글에서 하려는 작업은 이렇게 인기를 끌고 있는 국산 영화
〈서편제〉를 화두로 삼아 우리 사회의 '탈식민화' 문제, 다른 단어로 표현하
면 우리 문화의 자생력에 대해 생각해 보는 것이다. 우리가 정녕 식민지성
또는 문화적 사대주의를 벗어나고자 하는지, 그리고 그런 것이 어떻게 가능
할지를 생각해 보려는 것이다. 여기서 참고한 자료들은 〈서편제〉를 둘러싸
고 대학 세미나실 주변에서 있었던 대화나 토론, 그리고 외부에서 일어난
여러 가지 언설들이다. 마침 그 논의를 정리한 책인 《서편제 영화 이야기》
가 출간되어서 자료 찾는 시간을 절약할 수 있었다.[1]

〈서편제〉라는 국산 영화가, 그것도 흥행이 아닌 작품성 위주로 만들어진
영화가, 관객 동원에 전례 없는 성공을 이루어 낸 현상을 두고 말들이 많았
다. 대부분의 글이 이 영화의 '승리'는 곧 우리 민족 문화의 부흥을 알리는
승리의 나팔인 것처럼 말하고 있으나, 다른 한편에서는 사양길에 들어선 한
국 영화 산업에 대해 그릇된 환상을 심어 주었고, 그런 면에서 〈서편제가
한국 영화를 망친다〉는 글이 나오기도 했다.[2] 사실상 근대사를 통한 '문화
적 제국주의화' 과정에서 우리 영화계는 지금 마지막 숨결을 고르고 있는
터이고, 그런 시점에서 〈서편제〉가 불러일으킨 선풍은 의미 심장한 문화사
적 사건이 아닐 수 없다. 열악한 자본과 문화적 자생력이 가사 상태에 달한
이 땅에서 그나마 그런 영화가 나왔다는 것은 무엇을 뜻하는가? 우리는 그
것에서 어떤 의미를 끌어내고 싶어하는가? 문화 식민지성을 탈피할 가능성
을 엿볼 수 있는가?

잠시 우리 영화계에 대해 생각해 보자. 나는 유학 시절에 구로자와 아끼
라의 영화들 ─ 〈라쇼문〉, 〈이끼루〉, 〈칠인의 사무라이〉, 〈도데스까텐〉 등
─ 을 보면서 우리나라에서는 왜 그와 같은 영화 감독이 나오지 못하는지를
생각해 보았었다. 그리고 그런 감독이 나올 때 우리는 비로소 '근대'에 들

---

1) 임권택 엮음, 1993, 《서편제 영화 이야기》, 하늘 출판사. 앞으로 '같은 책'이라
   고 하면 이 책을 지칭한다.
2) 강준만, 1993, 〈서편제가 한국 영화를 망친다〉, 《말》, 10월호, 226쪽.

어섰다고 말할 수 있을 것이라고 생각했다. 지금껏 나는 동양에서 그에 버금 가는 영화 감독을 만나지 못했다. 특히 소설에서는 그런 수준에 버금 가는 작품이 있는데 왜 영화에서는 그런 작품을 만들어 내지 못하는지 생각해 보면, 우리의 '영상 언어'의 수준이 매우 낮다는 것을 인정하지 않을 수 없다는 생각을 늘 해왔다.

요즘 영화 산업이 사양길에 접어들었다는 말들이 많다. 우리 영화 산업은 언제부터 이렇게 지지 부진한 상태에 있었는가? 내가 알기로는, 신상옥 감독 등이 활동하던 60년대까지 우리 영화 산업은 그 나름대로 많은 관객을 즐겁게 해주었던, 장사가 되는 산업이었다. 별다른 유흥 공간이 없던 70년대 전후까지 우리 영화계는 나름대로 급격한 사회 변동 과정에서 사회 구성원들이 겪는 애환을 풀어내 주는 이야기 마당의 역할을 충실히 하였고, 그래서 돈벌이도 하였던 것이다. 그즈음 텔레비전이 안방으로 들어가면서 영화 산업이 사양길에 들어선 것은 우리가 다 아는 사실이다. 안방에 새로 들여 온 '요술 상자'가 막강한 놀이 공간으로 자리를 잡으면서 사람들은 더이상 영화관에 가지 않게 되었고, 서서히 영화인들은 실직을 하거나 텔레비전이나 비디오 쪽으로 전향을 해야 했을 것이다. 추측컨대 당시의 열악한 상황에서도 영화계를 떠나지 않고 남아 있던 사람들은 영화에 대한 남다른 애정을 가졌거나, 딱히 갈 곳이 없는 사람들이었을 것이다. 이 말은 소수의 예외적인 경우를 빼면, 70년대 당시 농촌에 가면 농촌 주민들의 입에서 들을 수 있는 자조적 표현대로, '굵은 돌'이 다 빠져 나가고 남은 '잔 돌'들이 어쩔 수 없이 남아서 영화계를 지켜 왔다는 말이 될 텐데, 이런 정황을 고려한다면 그나마 끊임없이 영화를 만들어 온 것만으로도 기특하다는 말을 해야 할지도 모르겠다. 하여간 급격한 경제 성장을 하는 와중에서도 국내 영화 산업은 계속 내리막길이어서, 이들에게 제대로 된 영화를 만들어 낼 자금을 마련해 내면서 동시에 급격한 변동의 문화적 문법을 따라잡는 영화를 만들어 내라는 요구를 하기는 무리였을 것이다. 모처럼 국산 영화를 보러 갔다가 영락없이 실망하고 돌아오게 되는 것도 이런 맥락에서 보면 별로 놀랄 일도 아니다. 그 실망의 기분을 잘 드러낸 글을 읽어 보자.

영화 평론가들은 한국 영화를 볼 때 한쪽 눈을 감고 보는 것이 보통이다. 두 눈을 다 뜨고 보면 만나기 거북한 '적'들이 너무 많이 생기기 때문이다. 그래서 한국 영화에 대한 평론들은 대개 특별 가산점이 추가된 것이다. 그러나 임권택 감독의 연출 30주년 기념작인 〈서편제〉는 두 눈을 부릅뜨고 보아도, 게다가 작심

을 하고 몇 번을 다시 보아도 새로운 의미를 찾을 수 있는 빼어난 작품이다.³⁾

한국 영화 안 본 지가 20년도 더 되는 것 같다. 보고 나면 으레 뒷맛이 찜찜하
여 담을 쌓다시피한 것이다. 조잡한 줄거리, 느슨한 화면 처리, '이래도 안 울래
…' 하고 눈물을 짜내는 연기 등이 우선 지겨웠다. 그 '알량한' 영화를 보겠다고
줄을 서서 표 사고, 끼워 팔기식의 대한 뉴스까지 억지로 감상(?)한 생각을 하면
지금도 심사가 뒤틀린다.⁴⁾

지식인들이 하는 이런 말을 들으면 어쩌면 내 마음을 그렇게 잘 표현해
주었나 싶으면서 기분이 언짢아진다. 식민지적 풍토에 사는 '고급' 관객들
이 하는 너무나 전형적인 '투정'이 연상되기 때문이다. 식민지 지식인들은
'문화적 감상 능력'이 많을수록 우리 것에 인색하다. 남의 것이지만 좋은
것을 너무 보아 버려서 우리 것을 참아 내지 못하는 것이다. 어쨌든지 〈서
편제〉가 문화사적 의미를 지니는 것은 바로 그 영화가 걸작품이어서가 아
니라 실망을 시키지 않았다는 데 있다. 우리 영화계는 계속 우리 관객을 실
망시켜 왔으며, 사실상 이것은 영화계에만 국한된 것은 아니다. 연극을 보
러 가든가 음악회나 무용 공연장에 갔다오면서 우롱당한 느낌을 가지지 않
을 때가 드물었으니까 ……. 우리는 너무나 오랫동안 좋은 우리 예술 작품
을 보는 것에 굶주려 왔으며 이제는 거의 포기 상태에 와 있다.

그 동안 국가의 문화 정책과 파행적인 자본주의가 이런 결과를 초래했다
는 것을 모르는 바 아니다. 불행했던 근대사, 특히 자아 표현을 금기시해 온
유교적 권위주의와 외세 자본에 의존한 파행적인 자본주의화로 인해 우리
의 문화적 토양은 매우 척박해져 왔다. 창작인들이 갖추어야 할 가장 중요
한 바탕인 자유로운 사유 능력은 획일적 사고를 강요하는 입시 위주의 교육
과 가족 집단주의에 의해 어릴 때부터 아예 거세당한 상태에 있다는 것을
우리가 모르는 바 아니다. 이런 구조적 과정을 탓할 수 있다. 그러나 좋은
작품을 만들어 가려고 하는 의지가 있다면 그런 탓만을 해서는 안된다.

그때 직접적으로 그 비난을 받아야 하는 사람들은 어쨌건 작품을 만들어
낸 제작자들일 것이다. 나는 우리 예술계를 망치는 사람들은 바로 자신의
작품이 이제 연습에 들어가야 하는 단계에 있는 줄도 모르고 무대에 올리는

3) 강한섭, 《주간조선》 1993년 4월, 같은 책, 167쪽에서 재인용.
4) 김진규, 《국민일보》, 1993년 8월 24일, 같은 책, 159쪽에서 재인용.

사람들이라는 생각을 종종 한다. 그들은 왜 자신의 능력도 모르면서 창작을 하겠다고 그 장에 뛰어들었는가? 주제 파악을 제대로 하지 못하고 있는 그들이 관객을 밀어내는 직접적 장본인은 아닌가? 상황의 열악함이 그들의 무능을 덮어 줄 면죄부가 될 수는 없다.

〈서편제〉는 바로 이런 와중에서 나왔기에 의미가 크다. 〈서편제〉는 지금까지 나온 한국 영화처럼 그렇게 수공업적인 것이 아니며, 객기에만 충천하여 만든 작품도 아니고 '학예회'적이지도 않다. 그것은 드물게 전문성을 획득한 작품이며, 우선은 보기에 '괴롭지' 않으므로 관객에게 다가선다. 영화계가 그 동안 가져온 관객과의 거리를 이 영화는 그 집요한 장인 정신과 그 동안 축적해 온 기량을 바탕으로 — 자본도 그런 능력을 가진 사람에게만 다가간다 — 단번에 줄여 놓은 것이다. 텔레비전에 진력이 나기 시작한 사람들이 생기기 시작하였고, 위성 방송과 유선 방송망이 합세하여 본격적인 영상 시대를 열어 가는 지금 이 영화는 영화라는 장르가 다시 부활할 수 있는 가능성을 우리에게 보여주고 있는 것이다. 그것이 30년간 집요하게 영화에 매달려 온 감독만이 해낼 수 있는, 드문 사건이라 할지라도 그것이 가지는 역사적 의미는 크다. 그리고 그 역사적 의미는 완성된 것이 아니고, 이제 막 만들어지고 있다. "막 만들어지고 있다"는 표현을 쓴 것은 〈서편제〉가 그 동안의 경제 성장을 바탕으로 하여 다시 우리 영화계를 되살리는 시작이 될 수도 있고, '감상적 민족주의'를 부추기면서 식민지적 근대화를 완성시켜 가는 단순한 시대의 반영물로 남을 수도 있다는 의미에서이다. 그리고 그 향방은 〈서편제〉 제작자들이 결정하는 것이 아니라 역사적 진행 방향에 관심이 있는 사회 구성원들, 관객과 영화 평론가와 문화 평론가들이 함께 정해 가는 것이다.

이런 맥락에서 〈서편제〉를 '관객 중심 관점'에서, 그리고 '탈식민주의'의 관점에서 읽어내 보자.

우리 것 찾기

〈서편제〉가 '우리 것 찾기'를 주제로 삼았기 때문에 히트를 했다는 점은 기정 사실화된 것이다. 본격적인 산업화가 진행되고 경제가 어느 수준에 달하면 사람들은 그 동안 잃고 살았던 '자기'에 대해 생각해 보게 되는데, 이 영화는 바로 그런 시점에 적절하게 나온 것이라는 것이다. "아, 역시 우리 것은 좋은 것이여" 하는 느낌에서,[5] "점진적으로 팽배해 오기 시작한 자문화 지향적 의식의 기틀이 〈서편제〉를 직조해 냈다"는 전통 지향적 시대 조류론에 이르기까지[6] "된장 냄새에 황토색이 깃든 영상으로 우리네 정한을 씻어 주는" '민족 영화' 한 편을 얻어낸 것에 대한 감격들이 절절하게 표현되고 있다.

이러한 언설을 통해 우리는 '우리 것 찾기'가 하나의 거대한 '국민적 정서'를 이루고 있음을 읽게 된다. 영화 속에 나오는 "이제부터는 네 속에 응어리진 한에 파묻히지 말고 그 한을 넘어서는 소리를 하라"는 대사는 많은 사람들의 가슴을 울린 대목인데, 바로 이 대목에서 전통을 찾으면서, 그것을 변화된 상황에서 새롭게 만들어 가고자 하는 욕망을 읽을 수 있다. 실제로 전통이란 과거에 대한 이미지가 현재적 상황에서 재형성되는 과정이며, 그래서 전통은 그냥 우리 곁에 있는 것이 아니라 특정한 역사적 맥락에서 선택되는 것이다. 전통을 재창출해 내고자 하는 분위기가 잘 나타나 있는 학생들의 글을 먼저 읽어 보자.

1) 우선 〈서편제〉는 우리 것이었지만은 낯설고 멀게만 느껴지는 판소리를 새롭게 인식하게 해준 영화이다. 판소리가 이렇게 감동적인 요소를 가지고 있었는지 미처 몰랐다. 서구 문화의 일방적인 수입과 유행 속에서 우리의 모습을 재정립하고자 할 때 필요한 것이 전통을 기반으로 한 새로운 문화 만들기라면 이 영화는 우리가 찾아야 할 전통의 모습을 보여주고 있는 것이다.

또 하나 중요한 의미는 이 영화는 세대를 초월해서 모두가 공감할 수 있었다는 점이다. 평일 오후에 영화관에 갔을 때 40대・50대 중년의 어른들이 줄을 서 있는 모습을 보면서 좋은 영화는 젊은 세대의 전유물이 아니라는 점을 알 수 있었다. 세대를 초월해서 모두 공감할 수 있다는 것은 판소리야말로 우리의 일상 속에서 면면이 이어 내려온 뿌리라는 것이다. 이 사실을 이 영화를 통해서 비로소 깨달았고 이제는 좀더 많은 부분에서 우리의 뿌리를 찾아내고 드러내는 작업이 시작되어야 하겠다.(88학번 건식)

2) 참으로 오래간만에 본 한국 영화였고, 참으로 오래간만에 느껴 보는 감흥이었다. 이 영화의 '소리' 장면에서 나는 갑자기 어깨가 들썩들썩하는 것을 느낄

5) 김유진, 《동대신문》, 1993년 5월 5일, 같은 책, 224쪽에서 재인용.
6) 한명희, 《한국일보》, 1993년 7월 25일, "달도 차면 기울고 기울다가는 다시 찬다," 같은 책, 161쪽에서 재인용.

수 있었다. '소리'의 가락에 내 몸이 실려 떠다니는 것처럼 느껴졌다.

지극히 단순한 줄거리, 굴곡이 없는 평이한 내용의 연속, 유명세가 없는 신인들의 덜 숙달된 연기, 이럼에도 불구하고 이 영화가 내게 그토록 큰 감흥을 줄 수 있었던 것은 무엇 때문이었을까?

첫째, 무엇보다도 '소리'이다. '소리'는 단순한 한국의 전통 음악이 아니다. 분명 거기에는 음악 이상의 것이 들어 있었다. 우리네의 정서, 우리의 가슴을 떠나지 않는 공감된 감정의 흐름이 담겨 있었다. 단순히 신이 났기 때문에 어깨춤이 절로 춰진 것이 아니다. 영상 속의 주인공의 마음이 나와 같다고 느껴졌기 때문에, 그 가락이 곧 내 마음의 흐름이었기에 가능했던 것이다. 물론 유봉(김명곤 분)의 대사를 통해 "우리 것은 다 아름다운 것이여!" 하는 식의 이데올로기를 강요하는 측면도 있지만 ……. 중요한 것은 소리 속에 담긴 정서가 충분히 관중들에게 전달되고 잃어버린 나의 모습을 돌아보게 한다는 사실이다.

둘째, 배경 화면이 또 하나의 매력이다. 이 영화 속의 화면은 지극히 한국적이다. 소박하고 고즈넉하며 부드러운 선이 드러나는 형세를 담고 있다. 소리꾼 가족들이 이동하면서 거치는 정겨운 시골의 모습은 잃어버린 우리네 삶의 터전을 조명하고 그 환경 속에 지녔던 유순한 감정을 드러낸다. 그 장면들을 볼 때마다 지극히 평온하고 안락함을 느낄 수 있었다. 힘겹게 걸음마를 하다가 침구에 눕게 되는 아기와 같은 편안함을 느낄 수 있었다.

결국 이 영화의 감흥은 한국적이란 것에서 온다. 복잡한 사회 생활과 무미 건조한 대중 문화, 그리고 국적 없는 문화의 흔적이 자욱한 현대 사회에서 느껴보지 못한 '내 것'에 대한 향수를 불러일으켰다는 것이 이 작품의 최대의 매력인 것이다. 이 작품의 반향으로 전통 문화에 대한 재인식과 계승 발전이 일어난다면 더없이 다행스러운 일이지만, 더욱 중요한 것은 내가 서 있는 이곳에서, 나 자신의 역사적 자취를 찾을 수 있다는 자신감을 가질 수 있었다는 점이다. 서편제는 분명 한국적인 것이 얼마나 큰 감흥을 내게 줄 수 있는지를 절실히 느끼게 했고, 그러기에 나는 '한국인'일 수밖에 없고 앞으로 우리가 가꿔 나갈 문화는 결코 전통적인 것과 단절될 수 없다는 사실을 깊이 인식시켜 주었다.(90학번 일권)

이 두 글에는 "우리 것을 찾는다"는 것의 의미가 잘 풀려 있다. 그것은 한마디로 안도감과 같은 것인데, 먼저 외국 문화의 침투 속에서도 자기 것이 이어져 오고 있었다는 사실을 확인한 안도함이며, 또 하나는 세대, 계층 등에 따른 극심한 분열 상황에서도 모두를 통합시킬 수 있는 무엇(한국적인 것)이 있다는 안도감이며, 이것은 "우리라는 것이 여전히 있다"는 안도감으로 이어지는 것 같다. 여기서 "우리가 있다"는 말은 달리 말해서 '자기의 확인'이다. 아직 '뿌리'가 있고 함께 느낄 수 있는 많은 '우리'가 있다는 데 대한 커다란 위안이다. 지금 많은 사람들은 외로움을 느끼고 있으며, 자기가 누구인지를 알고 싶어하고 있으며, '하나됨'을 원하고 있는 것이다.

그런데 〈서편제〉를 중심으로 일어난 전통의 재창출, 또는 '자기 찾기'에 관한 언설이 향해 가고 있는 방향은 어디인가? '자기 비하감의 극복'이라는 긍정적인 측면을 보게 되었다고 하자. 그래서 우리는 어디로 가려고 하는가? 동남아로 뻗어 가는 기업적 제국주의로? 북한 인민을 한꺼번에 프롤레타리아트로 만들어 버릴 흡수 통일로? 중국에 산업 폐기물을 몰래 내다버리는 '양심 없는 선진국'으로? '자민족 중심주의적'인, '전통에의 회귀'를 강조하는 감상적 민족주의는 위험하다. 본질주의적 전통주의는 파시즘과 닮아 있다. 〈서편제〉는 혹시 이런 담론을 불러일으키는 데 한몫을 하고 있는 것은 아닌지 '서편제'에 관해 '국민적 합의'(?)를 이루어 낸 듯한 언설을 한번 읽어 보자.

이세룡 씨가 쓴 것으로 제목은 "'서편제'에서 한국인의 아이덴티디를 찾은 휴머니스트 감독 임권택"으로 되어 있다.[7]

······ 임 감독은 주위에서 언급하고 있는 칸느 국제 영화제 출품이나 수상은 나중 문제라고 했다. 우선은 우리나라 관객들이 판소리의 맛과 멋을 느끼고 아는 게 중요하다는 것이다. 임 감독은 이런 자신의 마음을 욕심이라고 표현하는데, '서편제'를 만들 때, 처음부터 이런 욕심을 가졌던 건 아니었다. "시작할 때는 몇 사람만이라도 우리 것을 함께 느끼고 알아차리면 좋겠다는 작은 욕심이었는데, 끝내고 나서 관객들의 반응이 좋아 큰 욕심을 내게 됐다"고 임 감독은 유명한 눌변으로 궁금증을 풀어 줬다. '관객의 반응', 그렇다. '서편제' 시사회날 관객의 반응은 대단했다. 칭찬에 인색하기로 소문난 평론가들, 까다롭기로 유명한 기자들, 과묵한 후배 감독들이 하나같이 눈물을 닦아 내거나 눈시울을 붉히는 '드문 광경'이 벌어졌던 것이다 … (중략) …

소리품을 팔며 살아 나가는 소리꾼 유봉과 수양딸 송화 그리고 의붓 아들 동호 일가의 떠돌음 속에서도 끝끝내 놓지 않은 '소리'는 과연 무엇인가? 임권택 감독은 판소리를 가리켜 "우리 민족 한을 표출하면서 고통을 견디게 하는 신명

---

7) 이세룡, 〈'서편제'에서 한국인의 아이덴티디를 찾은 휴머니스트 감독 임권택〉, 《마스터 라이프》 4월호, 32-37쪽.

의 소리"라고 설명한다. 그래서 '서편제'를 '남도의 아름다운 자연 속을 떠도는 사람들의 한이 어떻게 판소리 속에 녹아들어 한풀이와 구원의 차원으로 승화되는가'에 초점을 맞췄다. '베싸메무초'가 유행하기 시작한 해방 공간, 소리패들이 악극단에 가담하여 구차한 삶을 연명할 때에도 주인공은 막무가내로 우리 소리만을 고집한다. 그것은 판소리가 우리의 소리이기도 하지만 "좋은 소리를 얻으면 배고픔도 잊고" 부귀 영화도 부럽지 않기에, 밥이 되지 않는 소리에 매달린다. 그러나 세월이 흐르고, 늙어서 기력이 쇠퇴해진 유봉은 '득음'의 경지를 딸인 松花에게 기대한다. 소리에 소질도 있고, 노력 또한 보통이 아닌 송화의 소리는 괜찮았지만 유봉의 성에 차지 않았다. 명창이 되기에는 송화의 소리가 부족했다. 궁리 끝에 유봉은 송화의 눈을 멀게 하여 어린 딸의 가슴에 한을 심어 준다. 결국 송화는 아버지가 못낸 좋은 소리를 얻지만 앞 못보는 소경의 신세로 구름처럼 떠돈다 …… 영화 미학의 승리로 간주되는 '서편제'에는 또 하나의 주목 거리가 있다. 그것은 딸에게 "한을 쌓고 한을 뛰어넘어야 한다"는 아비이자 스승인 유봉의 주문이다. 이 가르침의 대목은 참으로 중요하다. 이 대사는 우리 전통 문화의 특징이 한이라고 하더라도, 한이 오늘을 사는 우리들의 최종 목표가 되어서는 안된다는 임 감독의 메시지를 대변한다. 어쩔 수 없는 상황에서 비롯되는 한이 사람답게 사는 데 지장을 주는 까닭이다. 그러므로 임 감독이 "한에 묻히지 말고 그것을 넘어서는 소리를 내야 한다"고 영화 속 인물의 입을 빌어 말하는 것을 우리는 높이 평가해야 마땅하다. 〈서편제〉는 한을 흥으로 바꾸는 것이 판소리가 가진 힘의 정수라고 해석하고 있는데, 참으로 탁월하다. 이를 위해 임 감독은 영화 속에서 한과 해학을 적절하게 조절하여 우리들의 정신적 숨통을 열어 준다. 이 영화에서 '한의 소리'는 슬픔과 아름다움을, '해학'은 웃음을 자아내게 한다. 그렇다. 이 한과 해학이야말로 한국 문화의 특징이며 영화를 재미있게 만드는 두 기둥이기도 하다 …….

이세룡 씨는 이 영화를 '한국적인 숨결,' '판소리의 맛과 멋,' '가락과 자연 풍경의 조화,' '민족 한의 표출,' '한풀이와 구원의 차원,' '우리의 소리,' '득음의 경지,' '한을 쌓고 한을 뛰어넘기,' '한을 흥으로 뛰어넘기,' '한과 해학의 조절' 등의 단어를 통해 우리의 전통 문화를 '한'으로 규정해 온 것을 받아들이면서 그 틀 속에서 풀어 내고 있다. 이런 논의는 서편제를 논의할 때 가장 많이 이루어진 논의이다. 때마침 전통과 관련하여 학계의 주변부에서 일고 있던 '한'에 대한 담론도 서편제 상영을 계기로 대중화되고 있다. 어떻게 보면 이 영화는 '한'과 '신명'을 '한국적'이라 규정해 온 그 동안의 언설을 기정 사실화하는 역할을 하는 데 큰 몫을 한 것인지도 모른다. 그러나 이런 규정은 우리로 하여금 자신을 보게 하는 눈을 멀게 한다. 자신의 정체를 고정화시킴으로써 실제 보아야 할 것들을 보지 않게 한다는 것이다. 자고로 힘있는 집단은 스스로를 규정하지 않는다. '영국인'은 유우머집을 통해서 자신들과 '프랑스인'의 차이를 이야기할지언정 스스로 국민성을 규정하지는 않는다.

특히 이러한 '민족적 각성'은 서구가 가지지 않은 것을 중심으로 자신을 세우려는 점에서 함정을 갖는다. 이미 우리 자신들도 백여 년에 걸친 근대화 과정을 겪어 온 터인데, 그 동안의 역사적 축적을 무시하고 우리를 서구가 가지지 않은 무엇으로 규정한다는 것은 뭔가 크게 잘못된 일이다. 우리 속에 이미 들어와 있는 '제1세계'를 빼버린 자기 규정은 자기 기만이며 허상일 가능성이 높다는 것이다. 물론 이제까지 규정만 당해 온 집단이 스스로를 규정하려 나선 것 자체로 획기적인 사건이 될 수 있다. 그러나 그 규정은 곧 또 다른 함정이 되고 만다. 우리를 한 단어로 단순화시켜 보면 우리가 있는 것도 같고 무엇이 분명해지는 것 같기도 할 것이다. 그러나 실제로 자신의 모습의 극히 작은 부분에 지나지 않는 모습을 자신이라고 생각하면서 안정감을 얻게 된다면, 그래서 더 이상 자아에 대한 탐색을 하지 않게 된다면 그러한 자기 규정은 매우 위험하다는 것이다. 자아에 대한 탐색이 어느 때보다 활발하게 이루어져야 할 때에 '기성품 이론'처럼 위험한 것은 없다. 그런 이론은 우리를 감상적 민족주의의 차원에서 벗어나지 못하게 묶어 둔다. 이런 위험성은 여러 곳에서 나타난다. 관련하여 학생의 말을 들어보자.

"서양 사람은 이 영화를 이해하지 못했을 것이라는 생각이 들면서 자부심이 생기더라. 화면이 편안하고 성교 장면도 없고 우리 것의 소중함을 느끼게 해주었다. 애국자가 따로 없다는 생각이 든다. 우리 것의 가치를 아는 사람이지."

"'한국에 이런 아름다운 소리, 이토록 정감 있는 자연이 있다는 걸 처음 알았다. 이렇게 좋은 것을 왜 한국 사람은 자랑하지 않았는지 이해가 되지 않는다 …'고 주한 프랑스 대사관의 ○○○○씨가 말했다. 정말 우리는 그 동안 보물을 옆에 놓고도 보지 못했다."

위의 두 글은 자기 비하에 빠져 있던 이들이 자기 회복을 해가고자 할 때 흔히 갖게 되는 전형적 생각을 드러내고 있다. 우리 것, 우리만이 이해할 수 있는 것이 있다는 것에 대한 안도감, 그런데 그 우리 것이 좋다는 확인은 '서양 사람'을 통해서 한다. 우리 속에 기준을 만들어 오지 못했기 때문이다. 그냥 '우리 것'도 나쁘지 않다는 인식을 갖는 것, 이것으로 우선은 족할 수 있다. 자기 비하를 극복해 가는 과정에서 '본질주의'는 전략적으로 활용될 수도 있다. 그러나 그것이 '전략적'임을 모를 때, 서양과 동양, 가해자와 피해자의 이분법을 넘어서지 못할 때 우리는 만성화된 식민지성에서 점점 더 스스로를 소외시키게 될지도 모른다.

다행히 '자기 찾기' 논의는 여기서 그치지 않고 이런 감동이 세대에 따라 좀 다른 질감과 의미로 나타나고 있음을 논의한 글이 있다. 이영미 씨는 〈서편제, 노이즈, 김소월〉이라는 글에서[8] 이 영화가 빈곤과 식민지적 수모를 직접 당한 50·60대와 간접적으로 알고 있는 30·40대와 그렇지 못한 10·20대에 따라 달리 감상되고 있음에 주목하고 있다. 50·60대에게 이 영화는 잊어버리고 있었던 과거를 아련한 향수로 되살려 주었으며, 부모 세대의 고생을 이해하는 나이에 들어선 30·40대에게는 삶의 연속성을 느끼게 해준 면에서 이 영화는 각기 다른 감동을 안겨 주었다는 것이다.

이영미 씨는 또한 전통에 대한 인식이 세대에 따라 다르다는 점을 지적한다. 40대 초반 이하의 세대들에게는 전통 민속 예술이 더 이상 "떨어버려야 할 부끄럽고 구질구질한 김치 냄새가 아니라 세계 어디에 내놓아도 당당한 '예술'의 하나"라는 인식이 뿌리 내리고 있다면서 그는 이것을 이들이 70년대 전통 예술 부흥 운동의 분위기에서 대학을 다닌 세대라는 점과 연관시킨다. 그의 지적대로 우리는 지금 우리의 모든 것을 '구질구질한' 것으로 간주하던 '식민지적' 시대를 벗어나려고 하는 움직임을 보고 있다. '우리 것'에 대한 자존심을 회복하려는 세대의 목소리가 커지고 있는 것이다.

그런데 젊은 세대가 머리 속에 그리고 있는 '우리 것'은 '한'과 관련된 것일까? 그리고 그 젊은 세대 중에는 '우리 것'에 대한 인식이 아예 없는 / 또는 아예 없고자 하는 이들도 적지 않다. 이영미 씨의 지적대로, 10·20대들 중에는 마치 〈아마데우스〉를 보면서 모짜르트를 좋아하고 〈가면 속의 아리아〉를 보고는 오페라를 좋아하게 되는 것처럼, 〈서편제〉를 보면서 판소리라는 예술을 멋있게 느껴 음반을 산다. 이들에게는 우리의 '전통'도 하나의 선택 가능한 예술적 상품이지 '우리 것'이기 때문에 더 점수를 주어야 할

---

8) 이영미, 〈서편제, 노이즈, 김소월〉, 《문화 과학》 4호, 233-236쪽.

어떤 것이 아니다. 단적으로 지금 우리 사회에는 '봉건'과 '근대'와 '탈근대적' 세대가 공존하고 있으며, 이에 따라 '우리 것' 또는 '민족적'인 것에 대한 인식도 매우 다른 모습을 띠고 있다. 이러한 '비동시적인 것'들이 공존하는 현재를 읽어 내는 것, 이것이 실은 우리 자신을 찾는 지름길이다. '차이'를 획일화하지 않고, 차이로서 드러내는 것이 중요하다는 것이다. 그렇지 않고서는 우리는 또 다른 획일성의 횡포에 우리를 가두게 된다.

이런 위험성에 대해 감시의 눈을 게을리하지 않는 눈초리가 없지 않다. "서양이 목표 지점이 아니라는 것을 이제서야 발견한 아버지 세대의 반성"이 이 영화를 떠들썩하게 만들고 있는 것이며, 어버지들이 생각하는 '우리 것'에 대한 회귀가 자신들에게 무슨 의미가 될 것이냐는 젊은 층의 의심이 그것이다. 이 학생은 더 나아가 도대체 우리 것에 대한 자신감이 있는지를 묻고 있다(91학번 영석). "왜놈 노래, 양놈 노래가 아무리 지럴을 혀도 판소리가 판을 치는 세상이 오고 말겨" 하는 말이 그에게는 자조적 외침으로만 들린다는 것이다.

사실상 〈서편제〉는 이런 획일적 목소리를 낸 영화가 아니다. 그 속에 그려진 주인공들의 모습을 가만히 보면 그들은 한편 우리에게 매우 낯선 인물들이다. 여러 명의 학생들이 영화 속의 주인공들이 한국인인 자신에게 낯설고 신비감을 주는 존재로 보인다고 말했다.

영화 속에서 〈김명곤〉으로 밝혀진 남자 주인공은 까닭없이 판소리에 대한 자긍심으로 가득 차 있고, 언젠가는 '판소리가 판을 치는 세상이 올거야'라며 신념을 죽을 때까지 지킨다. 한이라는 국어 교과서의 단골 주제를 유언적인 형식으로 딸에게 남기는데 딸 송화는 그의 충고를 이해했는지 알 수 없고, 마지막 장면에서 남동생과 밤새우며 노래하는 판소리는 그것을 더욱 모호하게 한다. 그 당시의 하위 문화이고 가장 낮은 지위의 사람들이 재능을 발휘하도록 허가된 판소리에 왜 남자 주인공이 그토록 매달리는가는 보여지지 않았고 송화는 시종 일관 배고픔도 모르고 그 나이에 성적인 욕구도 없는 듯이 오로지 판소리를 위해 태어난 인간처럼 그려진다. 그 영화에서 실로 사람다운 사람은 돈 안된다며 집 나간 그녀의 남동생뿐이었다 ······.

그 영화 〈서편제〉를 줄곧 보면서 아프기도 하고 슬프기도 하고 조금 미묘한 심정을 느꼈다. 등장 인물들의 판소리라는 과거 것을 이어 가려는 몸부림 때문이 아니라, 주인공 여자가 장님이 되었다는 것 때문이 아니라, 또 그 당시 시대적 상황이 좋지 않았다는 것 때문이 아니라, 암튼 아프다는 것밖에는 토로할 수 없다. 그만큼 배웠다면 느끼는 것이 있어야 하고 토론 거리를 제공할 수 있어야 한다지만 벙어리가 장님만큼 속 편하다.(89학번 성규)

영화관에 간 이들이 다 감동적으로 이 영화를 본 것은 아니었을 것이다. 오랫동안 한국을 떠나 있던 한 교포는 이 영화를 보면서 '프랑스' 영화를 보는 것 같았다고 했다. "언제 한국이 그렇게 프랑스적이 되었노?"라고 그는 물었다. 이 말은 또 무슨 말인가?

실제로 이 영화의 이야기를 자세히 따라가 보면 우리가 통념적으로 알고 있는 이른바 '국민적 정서'에 반하는 부분이 없지 않다. 하나는 아버지가 딸의 눈을 멀게 하는 부분인데, 이 부분은 많은 관객들을 불편하게 만들었다. 우리 교실에서 한 학생은 그 딸이 자기 친딸이 아니니까 그렇게 할 수 있었다는 식으로까지 이해하고 있었고 인권 차원의 문제로 무척 거슬렸다고 하는 이들도 적지 않았다. '신체발부는 수지부모'라는 말이 있는 우리 사회에서 '전통' 운운하는 사람들일수록 이 부분에서 거북함을 느꼈어야 할 것이다. 사실상 우리가 알고 있던 인간관을 바탕으로 볼 때 '남'의 눈을 멀게 하는 부분은 가족주의가 지고의 가치가 되어 있는 점에서나 근대적 인권의 차원 모두에서 찜찜한 구석이 남아 있을 수 있다. 아무리 '심청'이라는 원형이 있다고 해도, 딸을 눈멀게 하는 '예술적 광기'는 자신의 귀를 자른 고호를 연상시키지 한국적인 것을 떠올리게 하지는 않는다. 그런데 이상하게도 이 면에 대해 불편해 한 사람들은 적었다. 이것은 무엇을 뜻하는가? 우리는 이제 '고호'적 예술가를, 장인적 기질을 가진 '근대적' 인간을 '인간답게' 보기 시작했다는 말이 아닐까?

우리가 알고 있는 '한국적 정서'로 이해하기 어려운 또 다른 장면은 오누이가 만나서 부둥켜안지 않고 노래만 하고 헤어지는 부분이다. 그런데 예상 외로 관객들은 이 부분을 무리없이 소화해 내는 것 같았다. 박완서 씨는 이 장면을 '60년대 고무신 관객'을 산뜻하게 배반한 것이라는 표현을 쓰면서 전격적인 찬사를 보낸다.[9] 그는 영화 마지막 장면에서 "조마조마해지면서 자리를 뜨고 싶다는 생각이 들었다"고 쓰고 있다. "누님! 동호야." 어쩌구 하면서 끌어안고 우는 결말로 그 동안의 감동을 어이없이 놓치고 싶지 않았다는 것이다. 이 영화에서 오누이가 "가락으로만 만나고 마음으로만 얼싸안고 대담하게 헤어지는 것"은 '유치한' 만남을 넘어선 '앞섬'이고 '승

---

9) 박완서, 《경향신문》, 1993년 5월 29일, 같은 책, 155쪽에서 재인용.

화'라고 그는 쓰고 있다.

우리는 여기서 봉건적, 피난민적 감성에서 벗어나고자 하는 관객의 열망과 임 감독의 '휴머니즘' — 이것은 매우 근대적인 산물이다 — 이 만나고 있는 지점을 본다. 임 감독은 부녀간에 있었을 법한 근친 관계에 대해서 인터뷰에서 이렇게 말한다. "실제로 유봉과 송화 간에 근친 관계를 했건 안했건 그건 그리 중요한 것은 아니지요. 두 사람 모두 사람인데 말입니다." 봉건적인 규범에서 벗어나 우선 사람을 사람으로 보는 '근대적' 인간관을 엿보게 된다.[10] 또 오누이가 만나서 끌어안지 않는 부분에 대해서 이렇게 말한다. "그렇게 살아 온 동호와 장님이 되어 떠돌고 있는 송화가 서로 만나지만 피차 내가 누구라고 드러낼 수 없는 것은 그 뒤 서로에게 도움이 될 수 없다는 것을 너무 잘 알기 때문이지요."[11] 역시 우리가 알고 있는 '한국적' 사고와는 거리가 먼 인생관이다. 이 '말없이 헤어지는' 장면은 실은 우리에게 낯익은 것이다. 중고등학교 때 뭔지 잘 모르면서 멋있게 보았던 대부분의 이태리나 프랑스 영화는 이런 식으로 끝이 났었기 때문이다. 얼마 전까지 이산 가족의 해후를 텔레비전 화면을 통해 보면서 함께 눈물을 흘리던 우리의 모습을 생각해 보면 이 장면은 '한국적'인 것과는 잘 맞아떨어지는 부분은 아니다.

임권택 감독은 연세대학교에서 있은 모임에서 오누이로서의 회포를 왜 풀게 하지 않았느냐는 학생의 질문에 그는 "나는 떠돌이 인생을 잘 알고 있다. 인생을 살다 보면 차라리 안 만나는 것이 좋을 때가 있다"고 답했다. 여기에 드러나 있는 인생관은 동양적인 인연과 해탈, 업과 같은 것과 연결되어 있는 것이며 임 감독 자신이 삶을 살면서 터득한 그 무엇이다. 그리고 그는 그것을 '억눌린 우리 민족의 어떤 것'이 아니라 인간이 안고 살아야 할 업으로 담담히 여기고 있음을 보여 주었다. 그가 오누이 상봉을 이산 가족 상봉 같은 것보다는 절제된 감정을 보이는 식으로 처리한 것은 바로 그가 가진 인생관에서 나온 것이며 지금 관객들 중 청장년층은 이런 식의 이별을 더 마음에 들어 한 것이다. 이 면에서 임권택 감독은 드물지만 훌륭한 이 시대의 아버지 노릇을 하고 있는 셈이다. 그는 '전통'을 고집하지 않았으며, 또 그 이야기를 전통적으로 풀지 않았다. 그는 자기 이야기를 진술하게 하였고, 그 진술한 이야기가 공감대를 형성하였던 것이다. 그것은 바로

---

10) 임권택, 같은 책, 202쪽.
11) 앞의 책, 204쪽.

자신이 열심히 살아온 삶에 대한 이야기였고 그런 면에서 관객들에게 호감을 주었다는 점을 간과해서는 안될 것 같다.

사실상 이 영화가 영상 언어를 완벽하게 구사해 냈다고 보기는 어렵다. 우선 그렇게 보기에 이 영화는 직접적 설교와 설명이 많다. "네 한에 머무르지 말고 한을 넘어서도록 해라"거나 "동편제와 서편제가 있는데 경지에 이르면 그 차이가 없느니라"는 등의 대사가 그러하고 "내가 네 눈을 멀게 했다. 용서했냐?" 등의 긴 사설이 그러하다. 생략의 묘미를 아는 근대적 관객에게 이런 대사는 부담스럽다. 그러나 아직은 우리 관객 중 많은 이들이 그런 설교를 원하는 것 같고 그러한 설교로 인해 잃은 관객보다 얻은 관객이 더 많다는 것이 내 판단이다. 어떤 면에서 이 영화가 대중적 인기를 끌게 된 것은 바로 '무식하게' 이런 설교까지를 집어 넣을 수 있었던 자신감이 아니었을까? 그러면 그 자신감은 어디서 오는 것인가? 그것은 그만큼 자신의 삶에 충실하였을 때 가능한 일이다.

원작가 이청준 씨는 영화 제작을 위해 동행한 여행기를 쓰면서 임 감독이 얼마나 철저하게 자기 자신이 이미 해답이나 해결의 방향을 마련해 두고 있으면서도 물음의 방식으로 원작가 자신을 신문했는지, 또 임 감독만이 아니라 그 영화를 만들어 낸 많은 사람들이 얼마나 철저하게 장인 정신으로 그 작품에 매달렸는지를 말하고 있다.[12] 이영미 씨는 이 영화가 젊은 층에게 가까이 다가갈 수 있었던 것은 바로 '프로' 정신을 다루었다는 점을 들고 있다. 극중 인물인 '유봉'에게서 드러나는 장인 정신과 우리 사회에서는 좀체 길러지지 않은 장인 기질을 가진 영화 제작진이 지닌 '실력'이 이 영화를 이야기할 때 빠져서는 안될 또 다른 중요한 주제일 것이다.

그러면 〈서편제〉는 전통적인 우리의 가치와 감성을 그려 내는 것 같으면서 실은 변화한 우리의 가치와 감성을 그리고 있는 것이 아닌가? 그리고 지금 우리의 가치와 감성이라는 것은 '한국 고유의 어떤 것'이라기보다 우리가 서양 영화에서 자주 보던 근대적 각본, 근대적 정서들과 더 가까운 것은 아닐까? "득음의 경지에 이르면 배고픔도 잊고 부귀 영화도 부럽지 않다"는 대사는 삶의 질을 요구하게 된 현대 우리들의 소망을 표현하는 것이 아닐까? 예술에 미친 떠돌이 인생을 보여줌으로 "인생은 결국 나그네 길이고 외로운 것"이라는 현대 도시인들, 특히 제3세계적 발전 과정에서 더욱 외롭고

---

12) 이청준, 〈소설은 내 몫이었지만 영화는 '그들'의 몫이다〉, 같은 책, 150-153쪽.

분열적이 되어버린, 그러나 마지막 꿈을 아직은 거머쥐고 있고 싶어하는 우리의 감정을 건드려 준 것이 아닌가? 판소리와 이 땅의 경치는 그런 면에서 '한국적인' 옷을 입히는 소도구가 아니었을까?

그 동안 우리는 '근대적 언어'의 흉내를 내왔지만 소화를 시키지는 못했었다. 나는 이 영화가 사실은 매우 근대적인 주제 — '자기 정체성에 대한 질문을 새롭게 던지기' — 를 매우 근대적으로 풀고 있다는 점에서 훌륭한 작품이라고 말하고 싶다. 구로자와가 〈칠인의 사무라이〉나 〈라쇼문〉에서 보여준 것과 같이 임 감독도 '전통적' 세팅을 빌렸지만 근대적인 주제로 근대적인 영화를 만드는 데 성공한 것이다. 우리는 실은 이제야 '근대'라는 시대로 본격적으로 들어가고 있는지도 모른다.

그렇다면 다시 처음 질문으로 돌아가서 '전통'이란 무엇이며 '한국적'이란 것은 무엇인가? 서태지가 〈하여가〉라는 제목의 노래에 태평소를 쓴 것은 '한국적인 것'을 찾으려 한 것일까? 그 바람에 우리 아이가 태평소를 불기로 한 것은 '우리를 찾는 소중한 움직임'인가? 김영동의 음악은 '국악'인가, '신국악'인가? 신국악은 세계적으로 유행하고 있는 명상 음악의 하나인 실험 음악인가 실험 국악인가? '근대적'인 것과 '전통적'인 것은 상반된 것인가, 함께 가는 것인가? "어렵고 딱딱하다는 고정 관념과 함께 대중과 멀어졌던 전통 국악이 새로운 감각과 형식으로 과감하게 현대의 대중과 함께 호흡하는 다양한 실험들이 꼬리를 물고 있다"고 한다.[13] 〈서편제〉가 이루어 낸 '현대'와 '전통'의 조합은 어떤 조합인가? 〈서편제〉를 통해 우리가 재창출해 내고자 하는 전통은 어떤 것인가?

담론 형성 과정으로서의 영화 읽기

사실상 〈서편제〉는 앞의 질문에 답을 주지 않는다. 그러나 이 영화는 무엇인가를 애타게 찾고 있는, 아니면 아예 포기하고 잠들어 싶어하던, 현대를 사는 한국인들의 정서를 크게 건드렸다. "잘살아 보세, 우리도 한번"의 노래 한마디로 집약되는 경제 성장의 이면에 숨어 있던, 생존에, 아니면 욕심에 허덕이던 세대가 꾹꾹 눌러 두었던 그 무엇이 꿈틀거리기 시작했다. 무수한 무국적 '기표' 속에 그냥 떠돌아다니겠다고 포기해 버린 젊은이들

---

13) 《조선일보》, 1993년 7월 15일자.

의 자의식을 또한 건드렸다.

우리는 여기서 전통 부활 운동이 실은 '근대성'의 징후이며 자기를 구하려는 몸짓이라는 사실을 알게 된다. 그것은 상실한 과거를 구하려는 이념적 의례이며, 인간을 도구화하는 방향으로 치닫는 물질 문명에 대한 항거이다. 또한 그것은 세계적 규모의 문화적 균질화 과정에서 서로를 구별하려는 조작적 / 의도적 노력이다. 새롭게 재편되는 시대에 자기 정체성을 새롭게, 좀 더 시대에 맞게 만들어 가겠다는 의사 표명이라는 말이다. 그리고 그런 와중에서 '한'이라든가 '신명'이라는 것이 마치 우리의 영원 불멸한 어떤 본질인 것처럼 부상되기도 하는데, 이런 본질주의적 언설은 위험하다는 것도 알았다.

지금 우리 가운데 일고 있는 자기 찾기의 움직임은 '민족주의'란 단어로 표현할 수 있지만 지금까지 우리가 알아 왔던, 거대한 외세에 대항하는 '저항적 민족주의'와는 좀 다른 민족주의여야 하고, 나는 서편제를 통해 그것을 읽어내 보고자 했다. 우리의 정체성을 어떤 단편적인 것에 억지로 갖다 붙이는 것은 위험하다. 우리를 더욱 소외시킬 우려가 있기 때문이다. 우리를 만들어 가는 민족주의란 문화적 자생력이 강조된, 생산적인 측면이 강한 것이어야 한다. 우리 것의 소중함을 다시 보는 눈을 갖게 되는 것, 이것은 갈수록 '피해 의식'이 짙어 가는 '신식민' 시대의 몸부림이 아니라 피해자 의식을 벗어나려는 '탈식민'적 자각이어야 한다는 것이다. 감독 자신이 언급하였지만 이 영화가 80년대에 나왔으면 이런 인기를 끌지 않았을 것이 분명하다. 우리의 상황은 지금 새로운 도약을 요구하고 있는 것이며, 서편제는 그런 교차로에 서 있는 우리에게 진지한 토론을 펼칠 좋은 거리를 제공해 주었다는 점에서 매우 중요한 문화사적 작품이다.

좋은 영화가 만들어지기를 기대하는 사람으로서 몇 가지 덧붙여 본다면 이 영화는 사실 너무 많은 주제를 다루고 있다. 판소리 / 우리 소리 / 우리 산하 / 득음의 경지 / 불교적 인생관 / 민초의 삶 / 떠돌이 인생 / 천대 받은 국악의 수난사와 회복 / 우리의 근대사 / 비극적 사랑의 이야기 / 그리움의 정서 / 인고의 여인상 / 쟁이 기질 / 외로운 프로 등이 그것이다. 이렇게 주제가 다양하게 펼쳐져 있기 때문에 관객이 보수적이건 진보적이건, 나이가 어리든 많든, 판소리를 감상하는 능력이 있든 없든 상관없이, 자기가 보고 싶은 부분을 보면서 감동을 할 수 있었다. 그리고 이런 잡화상적인 면 때문에 '수준 높은' 외국 작품에 길들여진 관객은 실망을 했다.

나는 작년부터 장기 공연을 한 〈자기만의 방〉 연극을 보면서, 또 예상 외로 관객을 동원한 〈그대 안의 블루〉를 보면서 비슷한 생각을 하였다. 지금 관객은 무엇인가에 몹시 굶주려 있으며 따라서 그 문제를 충분히 다루지 못하고 건드려 주기만 해도 만족해 한다는 것이다. 엄정하게 말하면, 내가 보기에 서편제는 잘 만들어졌기 때문에 주목을 끌었다기보다 적어도 '괴롭지 않은' 영화였기 때문에, 그리고 많은 주제를 한꺼번에 다루었기 때문에 주목을 끌었다.

궤변으로 들릴지 모르지만 이 영화는 흥행에 과다하게 성공을 했고, 바로 그 면에서 이 영화는 예술적으로 실패한 영화라는 생각도 한다. 이 영화의 흥행은 애초 영화 감독이나 제작자도 예견하지 못했던 일로서, 제작자는 "이번에는 흥행성과 상관없이 감독이 원하는 작품을 만들게 하자"는 입장이었다고 한다. 태흥 영화사 대표 이태원 씨는 "완성도 높고 작품성 있는 영화를 만들어 해외 영화제에나 내보내자는 생각이다"고 말했다. 임 감독 역시 "판소리가 너무 많은 부분을 차지하는 이런 영화도 관객을 끌 수 있을까 의아해 했다"고 고백한다. 이 영화가 예상치 못한 관객을 동원한 것은 앞에서 말한 여러 가지 긍정적 이유도 있지만 '잡화상'을 차렸다는 부정적인 요인도 있음을 알아야 할 것 같다. 구로자와가 만든 "완성도 높고 작품성 있는" 영화에 비한다면 이 영화는 분명 작품의 '완벽성'이 떨어진다. 그것은 내 단어로 우리 문화의 '식민주의적 절충주의'를 여전히 그대로 담고 있기 때문이다.

그런데 꼭 그렇게 완벽해야 하는가? 여기서 나는 이 질문을 던지고 싶다. 나는 장기적으로 우리가 좀더 '완벽성'이 있는 작품을 만들어 낼 수 있기를 바란다. 관객 100만 동원이 목적이 아니라 10만 동원이 목적인, '완벽한' 영화들이 나와야 한다는 것이다. 관객이 너무 다양하고 그들의 기호를 어떤 식으로든 만족시키고자 할 때 '완벽한' 영화를 만들기는 어렵다. 실제 지금 우리 관객은 여전히 그리 분화된 상태에 있지 않고 기대감도 높지 않기 때문에 지금으로는 서편제로 만족을 해야 하며, 그것으로 기뻐해야 한다. 그러나 조만간 '식민주의적 절충주의'를 벗어나 분화된 관객을 만족시키는 다양한 주제로, 다양한 언어로 좋은 영화들이 만들어져야 한다는 것이다.

나는 이 영화를 통해 많은 사람들이 지금 '자기 이야기'를 풀어 주는 무엇인가를 열정적으로 기다리고 있다는 것을 알았다. 철학적 개그와 우화에 질려 버렸건, 신파조의 가정 비극에 질려 버렸건, 그 동안 일 / 돈에만 미쳐 있었건, 하여간 많은 이들이 이제는 무엇인가가 우리 속에서 나오기를 몹시 애타게 기다리고 있다는 것이다. 이제 번역극이 더 이상 관객을 끌지 못하듯이 관객은 우리말을 듣고 싶어한다. 번역투가 아닌 생활 속에 스며들어 있는 우리말을 듣고 싶어한다. 자기의 소리가 없는 영화는 오던 관객도 쫓아버린다. 〈서편제〉가 칸느 영화제에서 상을 타는 것이 왜 중요한가?

지금 상황에서 나온 우리 영화가 서양에서 상을 탄다면 그것은 우리 국력의 신장세를 증명하는 사건이거나 다분히 '오리엔탈리즘'의 산물일 수밖에 없을 것이다. 너무나 오랫동안 우리는 서구의 문화적 지배 상황에 살아왔으며 이제 그들의 시각을 거의 우리 것으로 내면화해 버렸다. '오리엔탈리즘'이란 서구가 가진 동양의 이미지를 말하며, 그것은 지금 역수입되어 우리 자신들을 비추어 보는 안경이 되었다. 지금까지 서양 영화제에서 상을 타려는 영화들은 대개가 그러한 부분을 지닌 영화들이었다. 임권택 감독이 만든 〈씨받이〉도 예외는 아니어서, 그 자신이 그렇게 의도하지는 않았다 하더라도 서양 사람들의 구미에 맞는, 신비하면서 야만적인 면이 부각된 영화였다. 베니스 영화제에서 강수연이 여우 주연상을 탄 것 역시 우리의 국력이 상승세에 있었다는 사실과도 관련이 되지만 그가 가진 '동양적 요염함'도 크게 작용하였을 것이다. 〈달마가 동쪽으로 간 까닭은 ……〉 역시 서구인의 구미에 맞게 동양을 이색적인 곳으로 보여주었다. 동아시아의 이색적인 것을 보일 때 '불교적 색채'는 빠지지 않는다. 그런데 그 영화 속에 우리가 있었는가? 그런 작품에는 지금 우리가 절실하게 하고자 하는 이야기가 별로 담겨 있지 않다.

그런 면에서 나는 〈서편제〉를 두고 "가장 한국적인 것은 가장 보편적인 것이다"는 식의 말을 쓰지 말아 주었으면 한다. 근대화가 하나의 정점을 향해 가는 길이었을 때 "가장 한국적인 것은 가장 보편적인 것이다"는 말은 성립될 수 있다. 이들이 추구해 온 인본주의 속에서는 하나의 '주체'가 있을 뿐이며, 모든 지구상의 인간들은 그러한 '주체'이기를 희망했다. 따라서 "가장 영국적인 것이 가장 보편적인 것"이었듯이 논리적으로 "가장 한국적인 것이 가장 보편적일 수" 있는 것이다. 그러나 현실에서는 주변의 존재들은 그런 주체가 되기에는 늘 부족했다. 막강한 자본과 축적된 역량을 가진 '중심'과 경쟁한다는 것은 애초부터 공평한 게임일 수가 없다. 이런 구조 속에서는 아무리 노력을 해도 '보편적'(서양의) 기준에 맞는 최상의 작품이 우리 속에서 나오기는 어렵다. 그리고 따지고 보면 그런 것이 나와야 할 이유도 없다. 한국산 영화가 한국이 아닌 어디에서 100만의 관객을 끌어 모을 것인가? 훌륭한 영화는 한 명의 관객과 성실하게 대화를 나누고자 할 때 만들어진다. 그리고 그때의 관객은 익명의 다수가 아니고, 세계에 퍼져 있는

'보편적 인간'들이 아니고, 구체적인 역사성을 공유하는 사람들이다.

탈식민화를 향한 전환은 근대화에는 하나의 길밖에 없는가 하는 질문을 던질 때 가능하다. 서양을 정점으로 한 '발전'에 대한 회의는 이미 일이차 대전을 전후로 심각하게 일어 왔다. '대안적 근대성'을 추구하게 될 때, 우리는 많은 '세계성'을 상상할 수 있게 된다. 우리는 지금 '한국적인 것'으로 회귀하는 것이 아니라 급격하게 재편되고 있는 세계 질서 속에서 새로운 개인성을 바탕으로 한 대안적 근대성을 추구해 가야 한다. 새롭게 '우리'를 만들어 가야 하는 시점에 서 있는 것이다. 후기 산업 사회에 들어선 서양은 지금 '자본주의 정신'의 한 측면 곧 '도구적 합리성'이 지나치게 강조된 그 동안의 근대화 과정을 반성하면서 '생활 세계의 식민화' 현상을 극복해 가는 움직임들을 벌이고 있다. '자본주의 정신'이라든가 '합리화'라는 것을 한번도 실제로 만들어 가지 않았던, 오로지 생산력 증대와 사람을 도구화하는 데에 급급해 왔던 우리에게 지금 필요한 것은 무엇일까? 자생적 자본주의화를 해간 사회와 강요된 이식 자본주의화를 해나갔던 사회 사이에는 분명히 엄청난 차이가 있다. 서양이 광범위하게 '근대성'에 대한 자기 성찰적 논의를 펼치기 시작할 때 우리는 '한'과 '신명'이라는 단편적이고 추상적인 단어에 매달리려는 것이 바로 그 차이를 단적으로 드러내는 것이 아닌가? 자체 치유의 능력의 차이, 이 점에 대해 우리는 심사 숙고해야 한다. 안일한 언설로 자기 위로나 하고 있지 않은지 스스로를 돌아보아야 한다는 것이다. 특히 문화적 동질화와 이질화가 새로운 세계 규모 차원에서 또 아주 작은 지역 차원에서 일고 있는 상황에서는 더욱 그렇다.

〈서편제〉와 〈서태지와 아이들〉, 이 둘은 종종 상반된 것을 보여주는 현상으로 이야기되지만 내게는 동일한 시대적 의미를 가진 것으로 읽힌다. 나는 김민기의 음악에서 밥 딜런을, 들국화의 노래에서 비틀즈의 화음을, 동물원이 부르는 반주에서 엘튼 존의 피아노를, 신해철의 연주에서 딥 퍼플을 듣는다. 물론 이것은 나의 생각일 수 있다. 신해철은 딥 퍼플을 매우 싫어할 수도, 아니면 전혀 모를 수도 있다. 그러나 적어도 내게는 그들의 소리가 비슷하게 들리며, 직접적으로든 간접적으로든 영향을 주고받았을 것이라고 생각한다. 아니 정확하게 말하면, '주고받은' 것이 아니라 '받기만' 했을 것이다. 그런데 〈서태지와 아이들〉에 와서는 더 이상 그 원형을 알아볼 수 없는 많은 연주가들을 떠올리게 된다. 이제 우리는 더 이상 모방을 이야기할 수 없게 될 정도로, 원하든 원하지 않든 '제1세계'적인 것을 우리 속에 내면화시켜 버렸고 그런 물질적 조건 속에 살고 있다. 그러나 아직 우리는 그들이 아니며 그들은 우리가 아니다. 그 다름은 쉽게 간파될 수 있는 것이 아니며, 본질적인 차이로 남아 있는 것도 아니다. 그 차이는 우리가 만들어 가는 것이며, 지금까지의 서구 지향적 근대화가 우리를 동질화시켜 왔다면 이제 우리는 만성화된 '식민지적 근대성'을 벗어나서 '대안적 근대성'으로 가는 길을 찾아야 하는 것이다.

내가 이런 글을 쓰는 이유도 따지고 보면 좋은 우리 영화를 보고 싶기 때문이다. 나도 '사모하는' 우리나라 감독을 갖고 싶다. 자신을 돌아볼 수 있는 시간을 가지지 못하고 정신없이 시달리며 산다는 것은 얼마나 불행한 일인가? 실로 우리는 오랫동안 삭막하게 살아왔다. 삭막하게 살다 못해 착각속에 살아왔다. 마치 남의 것이 우리 것인 것처럼, 남의 꿈이 우리 꿈이고 남의 땅에서 이루어진 것이 우리 땅에서도 이루어진 것처럼 …….

우리에게 지금 필요한 것은 우리를 비춰 볼 시대 정신이다. 그리고 그 시대 정신을 만들어 갈 관객을 '만들어 가는 일'이다. 관객을 '괴롭히지 않는 영화'를 만드는 것은 영화인의 몫이고 모처럼 일기 시작한 '우리 것 찾기'의 움직임이 스스로를 또 한번 박제화하는 일이 없게 하는 것은 우리들의 몫이다. 문화 비평가의 몫은 사회 현상을 어떻게 보아야 하는지를 가르쳐 주는 것이 아니라 많은 사람들이 자신의 삶의 장에서, 자유로운 상상을 할 수 있게 돕는 일이다. ■

찾아보기

저자와의
협약하에
인지생략

탈식민지 시대 지식인의
글 읽기와 삶 읽기 2

각자 선 자리에서

초판 발행일 —————————————1994년 4월 27일
증보판 발행일 ————————————— 1995년 5월 25일
증보판 13쇄 발행일 ———————————— 2015년 3월 16일
지은이 ——————————————————— 조혜정
펴낸이 ——————————————————— 유승희
펴낸곳 ——————————— 도서출판 또하나의문화
1121-899 · 서울 마포구 와우산로 174-5 대재빌라 302호
전화 · (02) 324-7486 팩스 · (02) 323-2934
E-mail tomoon@tomoon.com http://www.tomoon.com
등록번호 ——————— 1987년 12월 29일 제9-129호

※ 잘못된 책은 바꾸어 드립니다.
※ 책값은 뒤표지에 있습니다.